ubu

# REINVENÇÃO DA INTIMIDADE

## POLÍTICAS DO SOFRIMENTO COTIDIANO

CHRISTIAN DUNKER

SOFRENDO DO OUTRO



SOFRENDO COM O OUTRO



PATOLOGIAS DO INDIVIDUALISMO À BRASILEIRA



POLÍTICAS DE TRATAMENTO

Esse lugar central, essa exterioridade íntima,
essa extimidade, que é a Coisa.
JACQUES LACAN

*Para Nathalia, que nunca me conta seus sonhos.*

## A BUSCA DA BICICLETA PERDIDA

Em 9 de maio de 1945, os alemães renderam-se aos soviéticos e aliados pondo fim à Segunda Guerra Mundial. Nesse dia, minha avó, com seus dois filhos, um deles meu pai, encontrava-se em algum lugar entre Dresden e Chemnitz, comprimida entre o avanço dos dois exércitos do leste e do oeste. A vida durante a guerra havia sido perigosa, mas organizada. O medo é o afeto da ordem, do egoísmo e da covardia moral. Quando as grandes cidades alemãs começaram a ser bombardeadas, minha avó fugiu para vilas cada vez menores até chegar a uma pequena aldeia costeira, no atual território da Polônia. Foram mudanças relativamente calculadas pela estimativa do perigo, apoiadas nos restos da família e da civilização. Costumamos temer a guerra como o palco primário da violência e do medo. Segundo minha avó, o pior não é a guerra, mas o que vem depois dela. A vingança em meio à anomia leva exércitos a desrespeitar regras elementares de ocupação. Estupros em massa, tanto por parte de soviéticos quanto de americanos, tornaram-se a regra consentida, se não estimulada pela estratégia militar. Assassinatos exemplares e punições simbólicas ocorriam lado a lado de modo a fazer a população *sair da frente*. Ajustes de conta eram praticados contra colaboracionistas e aproveitadores do regime: *justiça com as próprias mãos*.

Finda a guerra, uniformes são depostos. Não se discerne mais amigos e inimigos. Começa o tempo de pânico no qual vigora outro tipo de busca por refúgio. Uma busca que mistura atitudes opostas. Aparece a errância, o sentimento de que é preciso sair de onde se está, mas sem que se saiba muito bem para onde ir. Nessa hora, nos agarramos a uma espécie de ideia fixa, um ponto de retorno que nos diga, ainda que imaginariamente, onde fica nossa casa. Como se, no meio da tempestade de desorientações, nos apoiássemos em uma única intuição fulgurante, uma imagem de plena convicção sobre o que fazer. No caso de minha avó, isso criou um plano inexplicável: voltar para sua casa em Hamburg e reencontrar seus pertences que, por algum motivo mágico, teriam sobrevivido aos bombardeios que transformaram a cidade em um tapete de ruínas. Mesmo advertida da falta de senso em deixar dois filhos nas mãos de conhecidos, do risco de abandonar seu ponto de referência para o marido desaparecido na frente russa e da tolice de desguarnecer-se da ajuda da Cruz Vermelha, ela erraticamente insistiu em buscar a bicicleta deixada para trás em sua casa. E fazer o que depois? Pedalar até o Brasil? Com duas crianças na garupa?

Depois de duas semanas vagando pelos escombros de Hamburg, pois não havia mais placas ou ruas, ela finalmente descobriu a tal bicicleta pendurada na parede remanescente de um prédio destruído. Foi quando caiu em si e se deu conta de que iria morrer de fome. Não sabia como sair dali. Não havia percebido, até então, que estava perdida. E sozinha. Deixaria os filhos, o marido e a tal bicicleta ao léu para o inferno. Chorando de desespero, ela foi tocada no ombro por uma velha senhora, provavelmente tão errante e louca quanto ela. A tal senhora escutou sua história, tirou da sacola seu último pão e lhe apontou um caminho para sair dali. Como se vê, estar "perdido" e estar "encontrado" nem sempre são opostos perfeitos.

Este livro poderia se chamar *Amor em tempos de errância* ou *O que sobrou do amor na época do refúgio?*. Ruínas ásperas feitas de justiça com as próprias mãos, de pressa e urgência, ainda que de felicidade. Sobras de cidades destruídas e atos inexplicáveis de separação, reencontro, generosidade. Tudo isso convivendo com as antigas e conhecidas maneiras trágicas de defender-se do amor, de torná-lo ainda mais improvável: a neurose, a psicose e a perversão.

E o que sobrou foi uma bicicleta. Acho que com ela toda a cosmologia amorosa pode ser reconstruída. Sem esse evento único, improvável e contingente, em meio ao sofrimento tornado obstinação, o leitor não estaria lendo estas linhas agora. Por isso dedico este livro, que é uma investigação sobre as formas de amor, sobre suas interveniências políticas e sobre a possibilidade de ficar junto e separado, à minha querida avó.

# INTRODUÇÃO

Este livro segue a intuição antropológica e psicanalítica examinando como formas fundamentais de nossos sintomas relacionam-se com processos de individualização próprios da vida contemporânea, particularmente com uma das figuras mais ascendentes da individualização hoje: a experiência de sofrimento.

Sofrer é algo que depende essencialmente de três condições: a narrativa na qual está inserido; os atos de reconhecimento que fixam sua causa e a transitividade que o torna uma experiência coletiva e indeterminada. O transitivismo é um fenômeno típico da infância, relacionado ao complexo de intrusão, momento no qual a criança elabora a entrada de relações triádicas, particularmente com outras crianças da mesma idade. Nessa situação, frequentemente ela experimenta, por exemplo, se colocar como agente de uma ação na qual, na verdade, ela é paciente da ação do outro. Tipicamente, ela bate na outra criança e chora porque sente efetivamente que foi a outra criança que bateu nela. Ou então ela toma um brinquedo, mas sente e interpreta que foi a outra criança que tomou o brinquedo dela. Em adultos, a situação de transitivismo retorna, por exemplo, em desavenças e conflitos nos quais não se consegue dirimir quem está agindo, provocando ou causando um determinado estado de coisas e quem está reagindo, "devolvendo" ou respondendo ao ato iniciado pelo outro. Essa confusão entre quem age e quem sofre a ação aparece também em casos mais graves, notadamente em formações delirantes e alucinatórias nas quais um pensamento efetivamente experienciado pelo sujeito é sentido como causado ou imposto pelo Outro.

Essas três condições – narrativa, reconhecimento e transitivismo – combinam-se com uma hipótese: o sofrimento requer e propaga uma política. Isso quer dizer que a forma como contamos, justificamos e partilhamos nosso sofrimento está sujeita a uma dinâmica de poder. O poder dos opressores, o poder das vítimas, o poder dos indiferentes e até mesmo o poder da indiferença ao poder. O poder gerado por quem pode reconhecer o sofrimento e de quem esperamos legitimidade, dignidade ou atenção, seja esse alguém o Estado ou o ordenamento jurídico e suas políticas públicas, sejam as imagos do médico, do padre, do doutor ou do policial, sejam ainda aqueles com quem compartilhamos a vida cotidiana e, mais ainda, aqueles a quem amamos.

A ex-sistência (existir fora de si) compreende uma parcela de sofrimento que não é eliminável. Nosso corpo se degrada, nossas leis são repetitivamente imperfeitas, a natureza nos impõe reveses de toda sorte. As três Parcas continuam a tecer e cortar impiedosamente nosso destino. A isso Freud chamou de mal-estar (*Unbehagen*) e Lacan, de Real. Contudo, nem tudo no mal-estar é aceitável e requer nossa resignação. Por isso, diante do sofrimento há sempre uma escolha a fazer, transformar o mundo ou transformar a nós mesmos. Essa transformação depende, portanto, de como reconhecemos o sofrimento que nos acomete. Frequentemente nos recusamos a admitir, e até mesmo a perceber, que estamos sofrendo. Algumas vezes isso se apoia na interpretação de que sofrer e, principalmente, coletivizar ou externalizar essa experiência é uma fraqueza moral. Há, portanto, uma micropolítica envolvida no reconhecimento: culpa, responsabilidade ou implicação acerca das causas, das razões e dos motivos do sofrimento. Aqui acontece também uma espécie de conflito ou de concorrência entre as narrativas que sancionam ou derrogam, visibilizam ou invisibilizam o sofrimento. Individualizar ou coletivizar, culpar ou responsabilizar, incluir ou excluir, construir ou desconstruir afetos correspondentes a tais narrativas, tudo isso faz parte das políticas do sofrimento cotidiano. Compartilhar nosso sofrimento tornou-se uma tarefa ainda mais complexa depois do neologismo proposto por Lacan: extimidade. Encontrar a intimidade fora e o estranhamento dentro, sem que eles sejam equivalentes. Em vez de uma política *sem partido*, seria melhor falar aqui, com Cazuza, em uma política do *coração partido*.

Déficits e excessos de individualização revelam-se na própria experiência de sofrimento e na forma de fugir e negá-la. Isso aparece, por exemplo, na tendência à hipersocialização, a disposição a ficar permanentemente ligado, ocupado ou disponível, como na impotência para constituir situações e percursos de real solidão ou intimidade. Como toda política, ela faz um corpo, ela cria unidades de discurso, ela define um coletivo identificado por um mesmo traço ou uma mesma suposição de desejo ou de demanda.

Cada experiência de sofrimento é uma história que se transforma na medida em que é contada. Uma história ruim pede uma pior; a luta feroz por qualificar seu sofrimento como legítimo tornou-se uma das gramáticas morais mais importantes de nossa época. Sofrer com o outro ou sofrer do outro são os dois polos dessa gramática contagiosa. O sofrimento solitário e o sofrimento coletivo chocam-se nesse ponto, em que a escrita de uma história transforma o seu autor. A situação em que se está *lonely*, em inglês, ou *allein*, em alemão, é diferente da situação em que se está consigo mesmo, *selbständig*, ou se está só, *einsam*. O sofrimento que se sofre sozinho às vezes se transforma em outra coisa quando narrado. Há no alemão e no inglês uma expressão para essa diferença entre solidão e solitude, que se apresenta no verso de Alexander Pope, em "Ode à solidão":

> Deixe-me viver, sem ser visto, desconhecido
> Deixe-me morrer sem lamento;
> Roubado do mundo, sem uma pedra
> A dizer onde estou.[1]

Se o amor é este pequeno estado de loucura provisória, ele inclui tanto as pequenas comédias de erros quanto as grandes tragédias que compõem a psicopatologia da vida cotidiana. A *Psicopathologie des Jedestag* ou *Psicopatologia da vida cotidiana*, segundo livro homônimo de Freud, pode ser lida como patologia social *de* nossa experiência cotidiana, experimentada como pobre, tediosa, acelerada, demasiadamente previsível ou imprevisível. Mas a expressão também pode nos remeter a uma psicopatologia *a partir da* vida cotidiana, ou seja, como a vida cotidiana pode nos fazer sofrer, produzindo estados aflitivos ou conflitivos continuados, que terminam por formar sintomas.

Pensar nossa individualização a partir da forma como estruturamos o sofrimento na linguagem é um capítulo decisivo de nossa política de subjetivação. A maneira como interpretamos ou codificamos, nomeamos ou metaforizamos, descrevemos ou narramos nossa experiência de sofrimento transforma sua natureza, extensão e intensidade. Tal política pode se centrar sobre o que há de *ipseidade* (somos únicos em nosso sofrer), de *mesmidade* (somos como outros em nosso sofrimento) ou de nossa *identidade* (somos como nós mesmos e nos descobrimos como outros e até mesmo

1 "Thus let me live, unseen, unknown;/Thus unlamented let me dye;/ Steal from the world, and not a stone / Tell where I lye." Alexander Pope, *Ode on Solitude* [1700]. Tradução do autor.

nos reencontramos como outros nós mesmos ao sofrer). Poderíamos falar ainda nessa estranha condição contemporânea pela qual tornamos nosso sofrimento uma propriedade, capitalizando-a discursivamente ao produzir o que Lacan chamou de um a mais de gozo. Tal propriedade do sofrimento aparece também nas duas cartas de Rimbaud nas quais ele afirma que *o eu é um outro*:

> Eu é um outro. Azar da madeira que se descobre violino, e danem-se os inconscientes que discutem sobre o que ignoram completamente!
> [Carta a Georges Izambard]

> Pois EU é um outro. Se o cobre desperta clarim, não é por sua culpa. Isso me é evidente: assisto à eclosão de meu pensamento; contemplo-o; escuto-o; faço um movimento com o arco: a sinfonia faz seu movimento no abismo, ou de um salto surge na cena.
> [Carta a Paul Demeny][2]

Percebe-se que o *sofrimento do eu é o sofrimento do outro* em vários sentidos, cada qual com sua política, cada qual com sua lógica própria de reconhecimento. Entre a madeira e o violino, ou entre o cobre e o clarim, há uma continuidade da *mesma* matéria e uma diferença de forma. A madeira que infortunadamente *se descobre violino* indica a possibilidade de sofrermos com mudanças de forma. Entre os que discutem sobre o que ignoram, há uma referência ao sofrimento como alienação e desconhecimento, não só de si, mas na relação com o outro com quem discutem. Finalmente,

2 Tradução Marcelo Jacques de Moraes [UFRJ]. *Alea*, v. 8, n. 1, Rio de Janeiro, jan./jun. 2006.

na imagem da sinfonia e do salto no abismo há o sofrimento com a vertigem do futuro, o vir-a-ser, *único* e singular, ainda que incerto ou indeterminado.

Os textos aqui reunidos cobrem 26 anos de intervenções e reflexões práticas sobre este nosso ganha-pão como psicanalistas: o sofrimento. A forma desses escritos, alguns deles curtos, não responde apenas à agregação de colunas, entrevistas e artigos, mas tenta preservar no ensaio a matéria-prima do cotidiano, feito de unidades descontínuas ainda que em estrutura de repetição. Uma vida compreende hiatos e parênteses, retomadas e reticências, acelerações e descompressões, líquidos e sólidos, oposições que mobilizamos para caracterizar o sofrimento neste início de século XXI. Por isso, em vez de disciplinas enciclopédicas e princípios gerais de cura, o leitor encontrará aqui casos, situações ou regularidades clínicas que reconstituem o caleidoscópio incerto que é o problema deste livro.

"Sofrer juntos" ou "sofrer separados" formam assim as bases de nosso problema, que é saber como formamos conjuntos e séries de conjuntos neste espaço que chamamos de cotidiano. Entender processos de individualização como formações históricas implica políticas de reconhecimento ou de denegação de reconhecimento. Determinar os limites entre a experiência produtiva e a experiência improdutiva de sofrimento, no curso desta gramática de contrários, requer a apreciação das transformações pelas quais o Brasil passou em seus últimos vinte anos, particularmente no que concerne a seus modos de subjetivação e de individualização, uma vez que o sofrimento parece ser covariante de seus afetos hegemônicos.

Nesse sentido, a política discursiva e institucional afeta nossas formas de sofrer, por exemplo, regulando a relação entre lei e sofrimento. Por outro lado, a experiência de sofrimento é muito mais extensa do que as formas sociais de seu reconhecimento; por isso são criadas novas demandas de reconhecimento, praticando assim uma forma de política. Isso acontece tanto porque nós aprendemos a sofrer, quanto porque o sofrimento não é indiferente ao poder: seja ele pensado como impotência melancólica, seja como impossibilidade representada pelo incurável da experiência humana.

# Solidão:
# modo de usar

# 1 SOLIDÃO E SOLITUDE: A DIMENSÃO TRÁGICA DO SOFRIMENTO

Muitas tragédias contemporâneas se assemelham ao que aconteceu no bairro carioca de Realengo em 7 de abril de 2011, quando doze crianças foram mortas dentro da Escola Municipal Tasso da Silveira por um ex-aluno que se sentia rejeitado pelos antigos colegas e professores. Um homem que vivia isolado e retornou para se vingar dos colegas e da escola que o teria repudiado, para depois se suicidar. Posteriormente, vários serviços de saúde receberam denúncias contra solitários contumazes. A razão diagnóstica adora devorar tragédias.

Entendo que as tragédias nos convidam a reconhecer algo que está suprimido em uma determinada configuração social. Não são, portanto, espécies que se incluem em classes pré-constituídas, mas desafios para nossa imaginação política e psicológica.

Georg Lukács, em seu clássico *A teoria do romance*, mostrou que o herói moderno situa-se necessariamente entre o crime e a loucura, pois essas são as duas formas fundamentais de desterro. O herói é alguém que vive radicalmente a distância com relação a si e ao outro, seja como tensão entre o ser e o dever ser, seja como cisão interna, seja como oposição entre vida real e ideal. Lembremos que Dom Quixote, Hamlet, Don Juan ou Fausto são figuras do desterro e do autoexílio, personagens que escolhem não ter lugar. Daí que a solidão seja o sentimento essencial da tragédia, assim como o isolamento seria a experiência central da epopeia e a confiança, o tema-chave do romance.

A conclusão cristalina vale tanto para a literatura quanto para a psicanálise: sem a experiência da própria solidão, a vida nos parecerá postiça, artificial ou vulgar. A verdadeira e produtiva viagem solitária pode ser feita a dois, em grupo e até mesmo em meio à dissolução do indivíduo na massa, mas o pior mesmo é quando tentamos evitá-la. A solidão é uma das faces do que os psicanalistas chamam de separação ou de castração. Nela, o objeto com o qual nos identificamos para cobrir nossa falta e nossa falta no Outro é finalmente deslocado de sua função encobridora. Experiência simbólica por excelência, ela traz consigo não apenas a separação para com os outros, mas a distância e o estranhamento com relação a si mesmo. Solidão não é apenas introspecção ou introversão, mas dissolução da própria solidez do ser.

Ocorre que há certas situações de exclusão social, preconceito, segregação e supressão da diferença que promovem uma espécie de falsa solidão. Elas parecem dar corpo imaginário ao fracasso de estar com o outro. Assim, a solidão é substituída por outra coisa: indiferença, vazio ocupacional ou ressentimento. Por meio desses subterfúgios, nunca estamos sozinhos. O prejuízo psíquico causado pela impossibilidade de estar sozinho é incalculável. Interpretamos a ausência do outro como recusa de reconhecimento, reduzimos a experiência produtiva de solidão ao desamor, abandono ou devastação. Instilamos a luta imaginária para provar quem precisa menos do outro.

É por ser a solidão tão rara e tão difícil de construir que surgem tais patologias, maneiras de se defender, de mimetizar ou de exagerar um processo benéfico a ponto de sua finalidade tornar-se irreconhecível ao próprio sujeito. Tipicamente isso se expressa em sentimentos aparentados da solidão: o vazio, a irrelevância, a inadequação e a menos-valia. O que vem depois de uma maratona social de consumo, do início de férias, da insônia crônica, do final de namoro que não termina nunca: a recusa do fato trágico da solidão. Os protagonistas dos grandes romances do século XIX tinham na ironia um recurso formal para retratar o trabalho da solidão, uma forma de tornar produtiva a experiência de desencontro com si mesmo. É o caso de personagens machadianos como Brás Cubas ou Bentinho.

Nada menos trágico do que aquele que se leva a sério demais em sua própria falsa solidão. Por isso, antes de suspeitar da normalidade do vizinho solitário, vejamos se ele não está a nos fazer lembrar nossa própria solidão maltratada.

Se entendermos que os transtornos psicológicos definem-se pela introdução de uma coerção ou de uma restrição na vida relacional das pessoas, é coerente pensar que o sofrimento frequentemente trará efeitos de isolamento, afastamento ou ruptura das relações. Ocorre que esse movimento, que pode ser uma reação útil e desejável em uma série de circunstâncias geralmente penosas, torna-se ele mesmo uma fonte de outros problemas derivados da privação de experiências compartilhadas com outros. A solidão e o esvaziamento, ao lado do tédio e da apatia, foram os primeiros diagnósticos de época entabulados por Hegel, ainda no século XIX. Em outras palavras, o isolamento, a introversão ou a introspecção são respostas subjetivas que nem sempre são uma opção ou se iniciam como uma "escolha livre", mas que gradualmente podem assumir o feitio de um processo incontrolável, no interior do qual isolamento gera mais isolamento. A difícil manobra psíquica da separação pode se transformar dessa maneira em algo que aparenta ser uma separação, mas efetivamente não é. Como ocorre com o sujeito isolado, mas que na verdade está profundamente oprimido por falas, presenças e experiências das quais ele não consegue se separar subjetivamente. É o caso, por exemplo, do ressentimento. O ressentido pode estar sozinho e isolado; geralmente ele procura isso, mas não está de fato só e separado. Na verdade, ele não consegue se desligar de certos sentimentos anteriores e passa então a ressenti-los na solidão de seu quarto ou na antessala do sono.

Poderia-se pensar então que a boa solidão é a solidão escolhida, intencional e deliberada. Essa ideia da *opção* pelo isolamento é bastante traiçoeira, porque ela assume que certos *jeitos de ser* ou *estilos de vida* são aplicações livres que alguém realiza sobre a matéria-prima indefinidamente elástica e sem forma chamada *vida*. Também não gosto muito da palavra *transtorno*, apesar de ser o arremedo mais usual para não falar em doença, pois transtorno é a tradução do inglês *disorder*, ou seja, desordem. Como nossa cultura não é assim tão fanática pela "ordem", a ponto de achar que ela exprime a essência e a natureza última da normalidade, optamos por "transtorno". Mas transtorno sugere algo como uma pedra no meio do caminho, que a gente remove como um obstáculo contingente. A solidão torna-se um transtorno quando assume a dimensão de um *tem que* ou de um *não pode com*.

O sujeito que está solitário, mas "pode" perfeitamente ir a uma festa, frequentar a escola ou ver os amigos, está aquém da linha. Aquele que apenas "acha que pode", mas quando exposto a uma prova direta recorre ao autoenganoso *Mas quando eu quiser eu consigo*, irmão do similar alcoolista *Quando eu quiser eu paro*, deve se preocupar. Estão aqui todas as depressões, as distimias, as obsessões e as estratégias de dizer não para o Outro. Muitas pessoas acabam desistindo de amigos que se isolam, pois acreditam na declaração nominal de que "ele não quer", então o que vamos fazer, senão respeitar a "opção". A coisa não é bem assim, já dizia Kant, pois até que ponto o sujeito é livre para querer ser livre? Até que ponto a vontade é livre para ter vontade de vontade?

O segundo critério diagnóstico é a coerção, mas esse é mais fácil de ser identificado. Trata-se daquela pessoa que diz direta ou indiretamente que ela *tem que ficar sozinha*, e aí entra a segunda parte da frase, *tem que... senão*. Nesse *senão* estão incluídas as fobias sociais, as agorafobias, os transtornos do pânico, as personalidades esquivas, ou seja, todas aquela situações nas quais a rua ou o Outro inspiram medo ou angústia insuportáveis. Assim, fico sozinho porque estou seguro e distante daquilo que é conflitivo ou ameaçador. Nesse caso, o sujeito não está dizendo algo como *Não preciso de você* ou *Você me abandonou, por isso eu te abandono também*. Aqui a gramática do sofrimento está baseada em *Não consigo estar diante do olhar do Outro que me critica, mas em relação ao qual eu desejo estar incluído*.

O caso extremo do primeiro tipo é o sujeito que se retira do mundo para remoer sua raiva até o momento que sai de lá para se vingar. O caso paradigmático do segundo tipo é o sujeito que não consegue estar com o Outro porque este é muito e intrinsecamente ameaçador, como no autismo e na Síndrome de Asperger. Haveria, é claro, formas combinadas, como aquelas que se retiram traumaticamente do mundo, a exemplo do personagem do filme argentino *Medianeras: Buenos Aires da era do amor virtual* [Gustavo Taretto, 2011]. Nesse caso, trata-se simultaneamente de dizer não ao mundo e de dizer não para si mesmo.

Chegamos então ao que se pode chamar de *solitude*, a solidão boa e necessária, cuja impossibilidade anuncia o patológico. A solidão desse tipo e nessa qualidade intensifica certas experiências perceptivas e imaginativas. Ela é condição para o reconhecimento de grandes questões. Com o outro, nosso próximo e vizinho, frequentemente nos esquecemos de nós mesmos, o que reaparece nas experiências de angústia, separação e luto. Muitas separações objetivas mostram-se retrospectivamente apenas uma ação para reintroduzir parênteses de solidão em uma vida poluída por ocupações e tormentos. Quando a criança descobre a possibilidade de ficar sozinha, toda sua relação com o Outro se modifica. Ela aprende que sua presença é contingente e não necessária e, portanto, que ela pode querer e ser querida. Essa separação é fundamental para a constituição de nossa capacidade de amar e a inclusão da contingência que lhe é necessária. É impossível criar sem amor e angústia, e essas duas experiências dependem da capacidade de estar só. Não se trata apenas de quietude, isolamento e esvaziamento, mas de um conjunto de sentimentos altamente necessários para a saúde mental, sumariamente: estranhar a si mesmo, espantar-se com o mundo, perceber-se contraditório, fragmentado, múltiplo, diferente de si mesmo, frágil, vulnerável, capaz de sobreviver e de "suportar-se". Durante boa parte de nossa história cultivamos a solidão como experiência enriquecedora:

a) Na filosofia: a meditação grega (premeditação dos males), o retiro monástico, a meditação investigativa (como em Descartes), a introspecção psicológica.
b) Na arquitetura: os inúmeros dispositivos para favorecer o cultivo da solidão, como os jardins ingleses (feitos em forma de labirinto para que a pessoa possa se perder e, portanto, se reencontrar), os claustros, os átrios, as criptas, os escuros do barroco.
c) Na pintura: o tema da paisagem e seu correlato, o retrato.
d) Na poesia: o tema da saudade, do desterro, da perda e do amor inconcluído.
e) Na literatura: quase todos nossos heróis são solitários (de forma voluntária ou involuntária), Dom Quixote, Hamlet, Don Juan, Robinson Crusoé, Fausto, o *flâneur* de Baudelaire, nosso Brás Cubas e assim por diante.

A ligação entre ideias obsessivas e compulsões com uma estratégia subjetiva baseada no isolamento já havia sido descrita por Freud. Talvez não seja um acaso que as primeiras ocorrências históricas da palavra *obsessão* liguem-se ao período de emergência do cristianismo como prática de auto-observação e controle de si. É preciso ver como a classificação, a escrupulosidade e o gosto pela ordem e pela discriminação são atitudes subjetivas que nos permitem reduzir o desprazer e enfrentar conflitos. Todos nós temos que *separar as coisas*, seja entre o que acontece em casa e o que acontece no trabalho, o que acontece entre amigos e o que acontece entre namorados, seja nossa vida pública e nossa vida privada, sejam ainda separações que impomos a nós mesmos, como a vida adulta e a infância, o passado e o presente, o conjunto de relações que tivemos com uma pessoa do conjunto de relações que teremos com outra pessoa (que por vezes virá a ocupar função ou posição similar diante de nós). Ora, uma vida sem a clareza de que *uma coisa é uma coisa* e *outra coisa é outra coisa* seria uma vida insuportável.

Ocorre que essa defesa subjetiva normalmente se apoia em estratégias de objetivação, que concorrem para produzir uma forma de vida na qual as "separações externas" são uma espécie de garantia e de confirmação para "separações internas". O Japão e, especialmente, a vida nas grandes cidades japonesas são um exemplo maior da combinação de forças que geram o isolamento. Uma cultura na qual tradicionalmente o valor do grupo de origem ou da comunidade de trabalho é fundamental, onde a vergonha de se mostrar abaixo das expectativas desse grupo supera a culpa por decepcionar a realização do próprio desejo, vai oferecer poucas alternativas para as formas de vida que se separam desse ideal comunitário. O isolamento que se sucede entre adolescentes costuma ser uma espécie de consagração da já superindividualizada vida social. Lembro ainda: não é porque "grupo" é o valor de referência que os indivíduos não sejam, eles mesmos, isolados dentro desse grupo. Basta que apareçam certas experiências que o grupo não reconhece como suas. Assim, aquilo que é considerado "desviante" ou "fracassado" pode ser simplesmente excluído por um grupo que se define pelo sucesso e pela norma.

Um exemplo de como o próprio grupo, inclusive o grupo familiar, pode se submeter a uma experiência de isolamento se encontra em filmes como *Capitão Fantástico* [*Captain Fantastic*, Matt Ross, 2016] e *Ninguém pode saber* [*Dare mo shiranai*, Hirokazu Kore-eda, 2004]. Desde a narrativa fundacional de Daniel Defoe e seu Robinson Crusoé temos esse fascínio por uma vida em estado de autonomia radical, um dos traços primeiros do individualismo moderno. No filme de Kore-eda, inspirado em fatos reais, um grupo de irmãos decide viver sozinho depois que sua mãe os abandona no apartamento em que vivem. Em vez de procurar uma instituição que os separará, eles desenvolvem uma forma de vida relativamente viável. Nesse caso, o sucesso pessoal deve ser pensado como um sucesso grupal. Ocorre que, em certas circunstâncias, que a cultura japonesa destaca, mas que exprimem processo amplamente em curso no Ocidente, a percepção da "regra do jogo social" se empobrece a tal ponto que a inadequação em relação à imagem que representa o sucesso torna-se segregatória. Retrair-se e isolar-se é uma maneira de tentar criar uma comunidade alternativa, no interior da qual se pode obter algum sucesso.

Note que o fenômeno dos *hikikomori*, ou seja, os que estão "solitários em casa", pertence a uma família que inclui os *herbs*, que não se interessam pelo casamento e pelo sexo, e os *nem-nem*, que nem trabalham nem estudam (também conhecidos como *neets*: *Not currently Engaged in Employment, Education or Training*). Tudo indica que teremos cada vez mais espaço para esse tipo de subjetividade definida por uma espécie de errância do desejo, de descompasso com o mundo (como no curta *Descompasso*, de Jasmin Tenucci, 2011), de desencontro permanente com o Outro (como em *Encontros e desencontros* [*Lost in Translation*, Sofia Coppola, 2003]), de desagregação das relações familiares (como nos filmes de Lucrecia Martel). Em muitas dessas situações ocorre uma espécie de degradação da narrativa do sofrimento, algo contrário à narrativa do desajustamento e da inadaptação que vigorava até aos anos 1990. Como sugeri anteriormente, há um isolamento que é uma demanda que recusa o Outro e há um isolamento que é uma demanda que recusa a si mesmo. Contudo, esta nova forma de isolamento, vamos chamá-la de isolamento oriental, é uma espécie de suspensão da demanda, que não pede nada e que não oferece nada, e se concentra apenas na construção de muros. O que caracteriza os *hikikomori*, os *herbs* e os *neets* é que eles fazem uma crítica social eficaz ao nosso modo de vida. Ao elevar a "vontade livre" ao paroxismo, podemos ver, através de sua forma de vida, até que ponto *nossa* forma de vida é inviável, orientada pelo binômio bipolar produção-consumo.

Os *hikikomori* japoneses, apesar de conhecidos por evitar o contato com outras pessoas, comunicam-se por redes sociais. Nesse ponto, muitos levantariam a questão em torno das redes sociais e de como a vida digital substituiu o encontro real. É de Darwin a seguinte observação: ao chegar em uma ilha afastada no oceano Pacífico, ele podia ver imediatamente sinais da colonização local, não apenas porque surgia uma igreja e uma prefeitura, mas porque havia pelo menos um presídio e um bordel. O bordel e o presídio são nossas duas estratégias elementares de enfrentar o espaço indeterminado, ou seja, definindo-o de fora para dentro pelos muros e de dentro para fora pelo que, desde nossa fantasia, não se inscreve no espaço público, o que deve ser posto entre quatro paredes e o que não pode sair de quatro paredes. Há um equivalente desse processo quando pensamos nesse novo espaço que é o da vida digital. Rapidamente, a oferta de poder se contactar com qualquer um gerou fenômenos de sexualização e de condominização. É claro que os presídios são os grupos mais ou menos abertos, as comunidades definidas por gosto ou afinidade. Ou seja, microlugares, sites ou equivalentes, nos quais nos instalamos e depois de alguns meses não saímos mais. As redes sociais podem aprofundar o isolamento de alguém quando olhamos para a tirania do sucesso que elas impõem como fenômeno discursivo. Boa parte disso decorre de uma estratégia um pouco defensiva, uma vez que os perigos e as facilidades do anonimato deram ensejo a todo tipo de *cyberstalking*. Passada essa fase, preferimos nos defender com o próprio nome em vez de um *nickname* ou um avatar. Isso não muda e na verdade amplia a potência destruidora da vida a céu aberto, basta ver os *headhunters* e as entrevistas que incluem uma *vistoria virtual* antes de admitir alguém em um emprego. A complexidade e o risco social representado pela conversa "virtual" atacarão quem não tem nada a perder e os que temem por sua imagem. Essa busca de alguma "celebridade obtida com o sangue de celebridades" afasta aqueles que precisam e buscam um pouco de autenticidade na relação com outros, mesmo que mediada virtualmente. Ocorre que, ao final, as coisas se replicam. Assim como no mundo real, a introspecção e o isolamento são vencidos à custa de muito trabalho "hermenêutico", ou seja, à custa de muita decifração de códigos, discursos, esquemas de relação e formas de intercâmbio que se dispersam em ambientes muito diversos. Por exemplo, dá muito, mas muito trabalho encontrar *alguém* por meio de sites de relacionamento do tipo Par Perfeito, mas a graça talvez esteja justamente nesse esforço.

Podemos dizer que tanto a impossibilidade de ficar sozinho, traduzindo essa experiência em isolamento e fracasso social, quanto a impossibilidade de ficar junto com outros, sentindo essa presença como intrusão e perda de autonomia, são modalidades de sofrimento. Mas é possível ainda que as duas ocorram ao mesmo tempo. Não é por termos nos tornado mais individualistas, egoístas e narcísicos, mas porque nossa tolerância a desvios e inadequações de imagem ficou mais sensível à medida que gramáticas do espaço público avançam sobre o espaço privado e, assim, reciprocamente. O que os outros acham de nós tornou-se mais e mais importante quando generalizamos o princípio geral da distinção em termos de linguagem, trabalho e desejo. Contentamo-nos cada vez menos em ser uma coisa no trabalho e outra em casa, em desejar de uma maneira na família e de outra na carreira, em nos expressar de uma forma com os amigos e de outra com os colegas. Forçamos assim os limites para a sustentação de identidades segundo critérios cada vez mais exigentes de autocoerência e autenticidade. Contar-se apenas como mais um, sentir-se irrelevante, perceber-se consumindo e opinando como todo mundo gera cada vez mais dissonância. Há cada vez menos conforto em se perceber como parte de uma comunidade de semelhantes indiferenciados. Dito isso, poderíamos agrupar os sofrimentos narcísicos em dois conjuntos:

a) Os que procedem da experiência de esvaziamento, no qual nos sentimos como um tubo ou como uma imagem transparente, pelo qual as coisas passam, mas nada de relevante fica e é realmente digno de ser vivido. Na literatura é o tema de *Frankenstein*, o monstro formado por pedaços de outros corpos, que sofre de uma insaciável vontade de encontrar o outro. Como os replicantes do filme *Blade Runner, o caçador de androides*, de Ridley Scott [1982], sujeitos oprimidos pelo sentimento de inautenticidade.

Como zumbis, autômatos ou vampiros, que *precisam da presença do outro* para se sentirem vivos. O esvaziamento de si, sob certas circunstâncias, pode levar a uma penetrante capacidade de enxergar o mundo desprovido de ideais, ilusões e desejos. O protótipo aqui é a melancolia grega, historicamente associada com a alta capacidade criativa e de pensamento. Estar vazio envolve uma interpretação do estado de nossos laços de reconhecimento quando a ênfase recai sobre si mesmo; basicamente, quando sinto que não mereço ser reconhecido por aqueles que eu gostaria de ser reconhecido.

b) Os que procedem da experiência de "isolamento", no qual nos sentimos apartados do outro, seja ele nossa comunidade de origem, nossa família ou nosso núcleo central de reconhecimento. Na literatura é o tema do desterro, do exílio ou daquele que se sente solitário em meio à multidão. Não é que ele se sinta vazio, mas ele não sabe mais quem ele é e às vezes não se preocupa com isso. No cinema, são bem representados pelos personagens de Humphrey Bogart, tipicamente densos por dentro, mas isolados ou esquecidos se consideramos sua situação social. O isolamento com relação ao outro pode levar a uma impressionante capacidade de auto-observação, à apatia ou ao desespero e incerteza. O protótipo aqui é a acídia medieval, ou seja, uma espécie de desolação ou insegurança da fé que atacava os monges enclausurados (na origem, era um dos sete pecados capitais, posteriormente substituído pela preguiça). Estar isolado envolve uma interpretação do estado de nossos laços de reconhecimento no qual o acento recai sobre o outro; basicamente quando não sinto que estou sendo reconhecido por aqueles por quem eu gostaria de ser reconhecido.

O temor da solidão é o temor do deserto e o temor do desterro. A maneira mais simples de reencontrar a própria solidão é a viagem solitária: a leitura e a música em primeiro lugar, mas a viagem real também, como em *Comer, rezar, amar* [*Eat, pray, love*, Ryan Murphy, 2010]. A maior parte das pessoas pensa que o amor é uma experiência comunitária. Em grande medida, ele é uma experiência de solidão. Os infinitos espaços de tempo, que não passam nunca, entre um encontro e outro, as intermináveis especulações de ciúme, os temores da perda, os diálogos que fazemos e refazemos com a cabeça no travesseiro são todos efeitos da impossibilidade de ficar só, que a experiência de amar convida a fazer de modo radical. É por isso também que a pior e a melhor forma de solidão é aquela que se vive a dois; a segunda pior experiência de solidão é aquela que se vive quando nos sentimos anônimos em meio à massa, quando sentimos que todos os outros pensam, agem e vivem de uma maneira diferente da nossa e que a nossa diferença é uma diferença que não faz diferença.

A solidão benéfica nunca se estrutura em torno de *Eu não preciso do outro*. É justamente quando me dou conta de que preciso do outro, mas não absolutamente, que a solidão se torna um espaço criativo. Ou seja, nesse momento ela deixa de ser sentida como experiência deficitária. A solidão patológica é sentida como humilhação social, o que costuma ser resolvido por meio de mais e maiores práticas de isolamento, distância e controle sobre a presença do outro ou por meio de próteses na qual mimetizo estados de compartilhamento com o outro, que na verdade são divisões de falsa solidão. Solidão benéfica é solidão reconhecida. Cultivo da solidão é cultivo do Outro que nos habita.

Há pessoas que jamais vão sozinhas ao cinema ou a restaurantes, pois elas têm certeza de que todos à sua volta estão olhando e dizendo (ou pensando): *Veja aquele solitário, um fracassado que não conseguiu granjear respeito, amizade ou amor de ninguém*. Esse é um exemplo da solidão patológica, ou seja, aquela que é sentida como deficitária. O truque aqui, naturalmente, é que de fato a pessoa está às voltas com um fracasso (e, no mais das vezes, ela sabe disso), mas não é o fracasso de conquistar o outro, mas o fracasso de ficar sozinha.

Se alguém não é capaz de inventar uma vida interessante sozinho, se a coisa mais interessante que pode acontecer na sua vida é encontrar alguém que te diga que você é interessante, isso ocorre porque... você não é interessante. Muitas vezes a presença dos outros é sentida como fonte de irritação, invasão ou perda de intimidade, justamente porque ela nos priva deste bem maior que é a solidão. Bem que pode, sob condições muito especiais, ser partilhado com o outro. O início do tratamento psicanalítico é precedido por um período de entrevistas no qual analista e analisante travam os primeiros contatos, ganham confiança e preparam-se para a grande viagem. Muitas discussões técnicas intrincadas ocorreram para definir exatamente quais seriam os critérios que separam tais entrevistas de ensaio do início do tratamento propriamente dito. Há um critério que me parece sempre o melhor, por ser pragmático e eficaz em sua simplicidade: esse momento acontece quando paciente e analista *podem* ficar em silêncio, ou seja, não é que devam nem se conduz as coisas para que isso ocorra. Mas quando isso acontece, sem que nenhum dos dois tenha que cobrir o abismo da solidão com alguma palavra vazia, começa a análise.

Estar cercado de gente não é o mesmo que estar fazendo sua parte no teatro do mundo, cultivando e aprimorando seu personagem, ganhando alguns gramas a mais de reconhecimento e atenção. Estamos cercados de gente quando vemos uma ópera ou quando vamos a um show de rock, mas naquele momento parece que há uma única conversa entre a solidão do cantor e a nossa.

Sabemos que precisamos de solidão quando nos sentimos vazios ou isolados. As patologias da solidão apontam que estamos em falta com a verdadeira solidão. A coisa se torna venenosa, porque nossa primeira reação é combater esses estados de isolamento e o vazio com "falsas experiências de solidão" ou com "próteses de experiências de reconhecimento", às vezes com festas, outras pelo engajamento em conversas ou relações "vazias".

Dessa maneira construímos um modo de vida no qual a solidão só vem mesmo na forma de insônia. De repente, a benéfica e importante solidão sazonal virou um modo de vida, baseado na fuga ao vazio e na luta contra o isolamento. Ou, pior ainda, a fase terminal, quando a solidão desdobrada em vazio e isolamento nem mais é sentida como tal, identificando-se de tal forma com a vida em geral ressentida, empobrecida e desvitalizada. Um bom teste prático para isso é o seguinte: Toda vez que não há nada te ocupando, você pega um cigarro, pensa numa garrafa ou tenta abrir o Facebook? Toda vez que começam as férias ou chega domingo à noite, ou os filhos saem de casa, você sente um vazio composto de dolorosa tristeza? Está na hora de tentar urgentemente uma solidão de verdade.

Os momentos de real importância na transformação ou passagem de um momento para outro ao longo da vida são precedidos por pequenos períodos de autoisolamento e esvaziamento de si. É comum que jovens mães clamem por alguns minutos de trégua e não é apenas pela dureza da tarefa exigida pelos cuidados com os filhos, é porque a nova condição de mãe exige solidão, o que as circunstâncias desfavorecem. Autoisolar-se é uma maneira de deixar a voz e o olhar do outro esvaziar-se do Outro, de ver nossa própria situação "de longe" ou inversamente "em uma proximidade inexplorada". Por isso ela é considerada uma condição para o desenvolvimento da autonomia, da independência e da emancipação. Não porque isso gera uma individualidade que prescinde do coletivo social, mas porque isso permite reconhecer melhor o tipo de posição na qual nos encontramos em relação ao Outro. Em vez de *isolamento*, prefiro a palavra *separação*. Ou seja, separar-se do Outro é um movimento, um tempo, que é absolutamente necessário para poder estar com o outro. Mas geralmente só nos damos conta disso quando já é tarde demais.

Os bons vendedores intuitivamente sabem disso. Depois de invadir e seduzir o potencial comprador com vantagens e informações sobre o produto, eles sabem propiciar aquele momento de intervalo, esse tempo de decisão, o instante que torna o movimento autêntico e seguro para o próprio sujeito.

A noção de isolamento é um pouco descritiva demais. O que é alguém isolado? Alguém que não vê pessoas ou que não se interessa por elas? Alguém que pode estar próximo do outro de forma asfixiante, mas que é incapaz de se colocar em seu lugar, esse alguém pode estar vivendo um isolamento imaginário agudo. Ou seja, o autoisolamento é uma experiência simbólica, e não uma exclusão física. Pense no castigo que é a prisão e veja se há ali algum isolamento ou privacidade. Por outro lado, há o isolamento, que é a interpretação de que se está sendo afastado ou segregado pelo outro. Aqui entra um dos principais fatos indutores da solidão patológica, ou seja, a indiferença como recusa de reconhecimento simbólico do outro.

Ou seja, a solidão é tão fortemente repudiada pelo indivíduo, mesmo em estados de isolamento e esvaziamento, porque ela se associa fortemente aos estados de desproteção e insegurança. Dessa maneira ela se torna rara, ainda mais rara se pensamos que o consumo é sua prótese espontânea. *Estar fazendo alguma coisa* pode se tornar um antídoto venenoso contra a solidão, isso porque o trabalho da solidão é um trabalho de suspensão de si. Nada mais distante da verdadeira solidão do que aquele que a identifica com o conhecimento de si, pois afinal isso não é solidão, mas ocupar-se consigo mesmo, como aquele que se inspeciona diante do espelho.

A construção da solidão aproxima-se mais do recolhimento e da procura de certas experiências produtivas de indeterminação. Experiências de *perda de si*, de *suspensão de si*, de *incerteza de si*. Não se trata de descaso, afinal já se mostrou que a solidão patológica, como corrupção de laços sociais, é muito prejudicial à saúde. Isso é simples de entender: cuidamos de nós mesmos através dos outros; aquele que se demite dos outros, geralmente corta os laços e os meios para cuidar de si mesmo. Experiências de indeterminação podem envolver, por exemplo, a atração por situações de risco, como se observa em certas adolescências. Elas podem envolver a produção calculada, ainda que inconsciente, de desequilíbrios relacionais. Podem aparecer em experiências de transformação, reversível ou irreversível do corpo. Podem vir por meio da investigação de estados alterados da consciência, química ou experiencialmente induzidos. Podem envolver o cultivo e a valorização de experiências de estranhamento, calculadas ou involuntárias, como as que produzimos quando viajamos ou nos lançamos em um novo universo.

É possível que a solidão tenha uma relação com um fenômeno conhecido como resiliência, ou seja, a capacidade de recuperar-se e de reconstituir laços rompidos ou precários. O conceito de resiliência tornou-se popular na psicologia da virada do século XX ao denotar principalmente nossa capacidade de recomposição. Na física, o fenômeno descreve a propriedade que um material possui de voltar às suas condições iniciais depois de passar por deformações. Sofrer fortes emoções ou afetos disruptivos não é um grande problema desde que não se espraiem tomando conta da vida do sujeito, reproduzindo-se indefinidamente em contextos distantes daqueles que originaram transformações iniciais. Foi assim, aliás, que Nietzsche chegou a este grande diagnóstico da modernidade, ou seja, o ressentimento. Sentir de novo, *re-sentir*, propagar e fixar-se ao que foi sentido uma vez, eis um critério negativo de resiliência. Também os impulsos, nossos e dos outros, são condições que nos atravessam o caminho frequentemente, mas para alguns isso se torna contagioso, o que leva a ciclos fechados de impulsividade ou à repetição entrópica sob a forma de impulsividade e reatividade permanentes. Acredita-se que pessoas resilientes mantêm uma perspectiva de que é possível transformar sua própria situação e que a sua variação é esperada e por isso estariam mais sensíveis às alterações do meio ambiente e aos outros, com os quais conseguem partilhar sentimento e emoções (empatia). Observemos que a emergência do conceito de resiliência e o declínio relativo de seu conceito antecessor, o stress, pode ser entendido em um contexto ideológico de expansão do neoliberalismo. Aprender a gerenciar suas emoções, principalmente a raiva e o ciúme, retornar rapidamente a um estado subjetivo anterior, reduzindo a capacidade de permanecer afetado por uma transformação, manter o otimismo e expandir a rede de relações sociais compõem um perfil de funcionamento compatível com trabalhos em horários flexíveis, excesso de interveniência micropolítica nas empresas e, sobretudo, uma autoimagem de si como empreendedor.

O fenômeno é muito curioso, pois pessoas altamente munidas de bens simbólicos e relacionais podem ser muito menos resilientes do que aquelas que enfrentaram sérias adversidades na vida, sem aparentemente nenhum recurso para atravessá-las. Afinal, basta reconhecer a força do dito popular que encontramos nas mais íntimas aspirações que pais e mães têm para com seus filhos: *Espero que você cresça firme e forte, capaz de se virar sozinho.*

**2**

**PRECISO DE UM TEMPO SÓ PARA MIM** *Esta mulher que aparece em meu sonho, veja bem, ela não é minha mãe.* Diante de esforços espontâneos para negar algo, Freud argumentava tratar-se de uma negação, também conhecida como denegação (*Verneinung*), ou seja, uma maneira de dizer a verdade ali onde se mente, uma maneira de se colocar ali mesmo onde dizemos que não estamos, uma forma de dizer o contrário do que se quer dizer. Existe uma política das negações em psicanálise que nos ensina a levantar suspeitas sempre que alguém coloca intensidade ou veemência demasiada na negação de algo. É por isso que um *Não quero te ofender, mas...* prenuncia uma ofensa vindoura e que aquele que exagera em dizer que seus comentários são pessoais geralmente trai sua ambição de conquistar as massas. Um análogo contemporâneo da denegação clássica pode ser encontrado nesta fórmula cada vez mais insistente no interior das relações amorosas: *Preciso de um tempo só para mim*. Cada vez que escuto tal fórmula me preparo para descobrir uma denegação. Ela pode selar o encerramento de um casamento, anunciar uma pausa estratégica na relação ou aliviar o brutal *Não te amo mais*.

Há três situações diagnósticas que costumam produzir tal declaração, correspondendo a três maneiras distintas de negar o tempo: depressivos, neuróticos obsessivos e jovens mães com filhos pequenos. Na depressão, esse apelo por mais tempo tem o sabor típico daquele que quer se curar ingerindo mais veneno. Mais tempo para desperdiçar, mais tempo para ser entregue ao grande deus do vazio ingestor de noites insones e fins de semana desérticos. Assim como o anoréxico come "nada", o depressivo come tempo. Mas ele não está completamente equivocado em sua demanda. Ele pede mais tempo, no sentido de certa qualidade temporal que permite concluir sua inserção no desejo do Outro, ou seja, para que ele tenha certeza de que realmente quer o que está pedindo. Aqui a tradução deveria ser: preciso de *um* tempo, de um *certo tipo* de tempo, ainda que não saiba bem do que esse tempo é feito. É o tempo de separação do tempo do Outro.

Na neurose obsessiva, que tão comumente confundimos com o discurso masculino, trata-se de outra coisa. Aqui, *um tempo só para mim* opõe-se a *um tempo para o outro*. Amar é oferecer sua presença. Como o obsessivo estima que o outro lhe pedirá amor infinito, quanto mais ele dá, mais ele se sente obrigado a dar, terminando por sufocar-se, sozinho, com sua própria especulação. Essa é a raiz do movimento pendular pelo qual é impossível estar junto de quem se ama, mas é também impossível ficar separado. Como a demanda do outro é sentida como infinita e a presença do sujeito, como finita, a situação só pode terminar na insustentável e angustiante posição deficitária baseada na solidão a dois. Contudo, a separação, igualmente vivida como solidão, também é impossível, porque ela gera distância e a distância gera a falta que, por sua vez, causa o desejo. Portanto, de longe te desejo; de perto sou consumido por sua demanda. Solução? *Eu preciso de um tempo, só para mim, todo meu, no qual você não se intrometa em palavras, atos ou pensamentos.* Dele emergirei senhor de meu próprio tempo e soberano de minha própria falta, compreendendo o que quero. Esse tempo da dominação do tempo do Outro vai dar errado (quase) sempre.

Finalmente, entre as jovens mães acossadas por filhos pequenos, o *tempo para mim* é o tempo para lembrarmos que um dia não fomos maternas, que nem sempre a vida resumiu-se a trocar, lavar, mamar e cuidar. Não é só o intervalo de tempo no qual não é preciso *fazer* nada, mas também não é necessário *ser* nada. Deixar de ser imprescindível, deixar de *ser para*, deixar de ser em um tempo que não nos pertence mais. Ele pode evoluir para o tempo morto do Candy Crush ou para a anestesia alcoólica ou televisiva, mas no princípio era apenas um instante. O instante salvador de um tempo no qual a negação incide sobre o *precisar*.

O tempo indefinido do depressivo está apaixonado por sua própria conclusividade e por isso ele precisa de mais lentidão e de menos extensão. Nada há de mais depressivizante do que o apressamento da demanda do Outro, antes que o próprio sujeito se reconheça nesse processo. Por isso o depressivo pede, com toda pertinência, por mais tempo. Um tempo de hiato, de férias, de parênteses na vida, a partir do qual ele poderá finalmente se engajar em seu desejo então redescoberto. A demanda é verdadeira e falsa porque, quando damos esse tempo em solidão, geralmente o que emerge são novos empuxos de juízo crítico, auto-observação e comparação tão venenosos para o depressivo. Portanto, é preciso acompanhar o tempo exato do depressivo em toda a sua lentidão própria, mas não sancionar a realização de seu sonho de suspensão do tempo, que aliás ele já está vivendo em seu pesadelo de uma vida onde o sol nunca se põe. A sincronização com a lentidão na experiência subjetiva da temporalidade é frequentemente confundida com aumento do tempo desocupado, tempo jogado fora, tempo morto. Quando o depressivo pede descompressão, relaxamento e trégua na demanda diária e se contenta com isso, trata-se de uma mudança qualitativa e não quantitativa na experiência do tempo, que geralmente os que o cercam não conseguem ler.

O tempo infinito da compreensão obsessiva é servo de sua própria alternância e por isso ele requer mais risco de perda, necessário para fazer antes de pensar. Assim como o depressivo está sempre concluindo, preso no *já* antecipatório, o obsessivo está sempre pedindo adiamento. Sua procrastinação não é um pedido de lentificação, mas de aderência às condições desejantes. Ele precisa saber mais, ponderar melhor, apropriar--se do tempo do processo. Quando tais condições forem realizadas, aí sim começará o jogo da vida. Antes disso, ele está em uma espécie de limbo, observando as façanhas que ele deve realizar ou lamentando as possibilidades perdidas. No fundo trata-se de uma espécie de luta imaginária para saber quem é o senhor do tempo: eu ou o outro? Tratando o tempo como dinheiro que se pode possuir, trocar ou emprestar, este *tempo só para mim* é um apelo de exclusividade. Em torno disso ele desenvolve seu apelo pela compreensão infinita. O mais difícil no tratamento desse sintoma é mostrar como ele já perdeu o que imagina possuir.

O tempo das jovens mães, que também dizem *Onde está meu tempo?*, não se trata com mais lentidão experiencial nem com a realização da perda, mas com a abertura para o fato de que neste instante está o infinito. E isso basta. Enquanto o depressivo quer fazer do tempo uma unidade da qual ele estaria de fora e o obsessivo procura fazer do tempo um reino *só para si*, as jovens mães inventam um tempo reduzido ao instante eterno enquanto dure. Por isso, tipicamente é uma demanda por algum tempo, não muito, nem exagerado, como que para confirmar ou lembrar, para si mesmas, que é possível e que já existiu em suas vidas outra temporalidade. É um instante autodidático que confirma, a cada ocorrência, que a maratona de cuidados e de devoção à causa materna não consumiu todo o ser do sujeito. Quando esse instante não acontece, quando a mãe não consegue se desligar subjetivamente de sua criança, corremos todos os riscos de uma depressão ou de uma psicose pós-natal. Porque aquilo que não se pode fazer simbolicamente começa a se impor como ação na realidade.

# 3

**A MELANCOLIA DE OZYMANDIAS** Para a psicanálise, o luto não é apenas a experiência da perda e o trabalho de sua recomposição, mas um modelo e protótipo dos processos de simbolização sobre os quais se erige a cultura. O tema é vasto e nobre desde que Montaigne nos ensinou que escrever é aprender a morrer e Hegel insistiu que o espírito é o osso e a cultura, suas ruínas. Também para Freud a sequência histórica dos fracassos esquecidos e invertidos em sucessos monumentais regula a gênese da cultura como sistema de transmissão simbólica da experiência. É a história dos desejos desejados, para retomar a expressão de Kojéve.

Recentemente Slavoj Žižek[1] retomou o problema reinterpretando nosso fracasso em fazer o luto como causa do empobrecimento de nossa imaginação política. E ele chega a detalhar o impasse recorrendo aos cinco tempos do luto descritos por Elisabeth Kübler-Ross: negação, raiva, negociação, depressão e aceitação. Fazer o luto, como qualquer psicanalista advogará, não é meramente esquecer ou desligar-se de um ente ou objeto querido. Implica reconstruir relações que se revelam apenas após a perda; é descobrir do que eram feitas tais relações para, em seguida, ativamente, deixar que o Outro nos deixe. Contudo, o grande drama é que não sabemos de saída o que foi perdido. Momento trágico no qual o melancólico se fixa. Assim, o processo começa pelo inventário marcado pela lembrança compartilhada daquilo que não sabemos ainda a extensão nem a essência. Diante do luto nos sentimos solitários como os *últimos homens* de Nietzsche.

Contra esta concepção "ressurrecional" em teoria da cultura, devemos lembrar que o momento de luto mais difícil e mais controverso de ser descrito clinicamente é a quinta fase:

1 S. Žižek, *Vivendo no fim dos tempos*. São Paulo: Boitempo Editorial, 2012.

a *aceitação*. Para Hegel, o problema remonta ao fato de que o luto é infinito, a conversa da cultura é interminável, para voltar ao Blanchot piorado.

Essa outra maneira de abordar o problema começa com o poema "Ozymandias", escrito por Percy Shelley em 1818, retratando a imensa estátua de Ramsés II, que termina enterrada nas areias do deserto, esquecida e fragmentada. E no pedestal estaria escrito: "Meu nome é Ozymandias, rei dos reis:/ Contemplem as minhas obras ó poderosos e desesperai-vos"/ Nada mais resta. Ao redor a decadência/ daquele destroço colossal sem limite e vazio./ As areias solitárias e planas/ espalham-se para longe".

Na década de 1970, o desenhista Dave Gibbons criou o personagem da série *Watchmen* chamado Trovejante (Ozymandias no original), alguém de rara inteligência e domínio corporal que envelhecia muito lentamente. E o tema reaparece no rock do Sisters of Mercy e no cinema de Woody Allen, finalmente elevado à categoria de "melancolia de Ozymandias", mencionada por vários de seus personagens. Trata-se agora de uma espécie de desespero narcísico do criador quando se depara com o fato de que, por mais perfeita que seja sua obra, ela e, consequentemente, ele desaparecerão. E é uma "desaparecência" no presente. Uma perda da qual ele está convicto da extensão e da essência. Viver para uma obra, viver para o trabalho, viver para os filhos, viver para contar, torna-se assim um falso destino.

Não se trata apenas da lição de humildade diante do futuro infinito, mas do enterro da linguagem no presente. É o sonho recorrente de Primo Levi. A guerra acabou, ele escapou dos campos de concentração, regressando para casa com a família. Mas, ao tentar contar o que viu, todos à sua volta começam a bocejar e, um a um, deixam a mesa, até que ele fica sozinho. O mesmo acontece com as vítimas de estupros na guerra da Bósnia, que se suicidam quando voltam para casa e descobrem que não há ninguém interessado em ouvir sua história.

Tudo se passa como se o trauma adquirisse uma nova força à medida que ele não é reconhecido. É como se ele se realizasse uma segunda vez, primeiro na experiência do mau-encontro, segundo na impossibilidade de compartilhá-lo narrativamente. Para Freud, o trauma não é apenas o encontro com uma experiência intrusiva, hostil ou sexual, que pode acontecer de forma mais ou menos empírica na vida de uma pessoa. O trauma é um dispositivo de subjetivação, ou seja, por meio dele nos constituímos como sujeitos. Por isso não importam os cuidados ou o esmero educativo; seremos traumatizados em alguma medida. Isso significa que os traumas se acumulam, se reinterpretam, se remetem uns aos outros em uma estrutura semelhante à de um acontecimento que nunca termina de terminar. Por isso traumas vêm com figuras como fantasmas, zumbis e vampiros que nos reenviam ao passado que não passa, o passado que volta dominando nosso presente. Esse, no fundo, é um dos modelos freudianos para nossos processos de socialização ou mesmo de culturalização. Entramos em uma existência com supostos e determinações que desconhecemos, por exemplo, o fato de nossa mortalidade, da desagregação de nossos corpos ou da insuficiência de nossas leis para nos garantir a felicidade. A descoberta desse tipo de condição é sempre e inevitavelmente traumática. Por isso a cultura se transmite como o trauma. Isso não justifica nem reduz o papel dos traumas específicos e seus efeitos deletérios, que, todavia, podem ser explicados por esse processo maior. A intuição de Ozymandias tenta tratar o traumático da finitude com uma espécie de permanência em forma de pedra, ou seja, de símbolo. E Ozymandias tornou-se ele mesmo um símbolo da evitação do luto, inclusive do luto da perda de si, pela nossa integração à cultura.

# 4

**COMEÇAR E TERMINAR** Um clique e anos de fotografias, marcas de uma história de amor, desaparecem para sempre. Dois cliques e todos os números dela são desintegrados para sempre do telefone celular. Três cliques e o Facebook altera o estatuto de uma relação, adicionalmente apagando todos os contatos, a partir de então, indesejáveis. Quatro cliques e os e-mails dele vão para o cemitério infinito, sem lugar e sem rastro. Aquele cujo nome não deve mais ser pronunciado foi devidamente excluído de sua vida. Você está pronto para começar de novo. A verdadeira relação líquida deve corresponder ao que alguns analistas de consumo chamam de geração teflon, ou seja, *feita para que nada grude*. Tida como inodora, insípida e translúcida, essa forma de vida inspira duas dificuldades que têm merecido vasto esforço interpretativo dos psicanalistas: a separação e o compromisso.

Boa parte da literatura sobre luto, perda e separação trata também, indiretamente, de outro tema infiltrado: o difícil trabalho de começar de novo. Certos clínicos argumentam que um grande amor só acaba quando conseguimos outro. De fato, mesmo sozinhos continuamos amando. Cedo ou tarde, os amantes começam a dar os braços uns aos outros, como em um anel de benzeno que se fecha em si mesmo. Reconstruímos histórias imediatas ou antigas, reforçamos os laços colaterais de amizade, reinvestimos nas ligações primárias, criamos amores possíveis com a literatura e o cinema. Reinventamos amores impossíveis com nossa memória e fantasia. Freud dizia que a neurose ataca nossa capacidade de amar, substituindo-a pela *fuga da realidade*, quando nosso objeto se esvai, ou pela *fuga para a realidade*, quando é nosso "aparelho de amar" que se vê danificado.

Na década de 1990, cardiologistas japoneses descreveram a síndrome do coração partido (síndrome de Takotsubo) como um quadro em tudo similar a um ataque cardíaco, com testagem positiva para enzimas e alteração do funcionamento do ventrículo esquerdo, mas sem obstrução coronariana. Contudo, o quadro é reversível em pouco tempo e não deixa sequelas, afetando caracteristicamente mulheres em pré-menopausa que passaram por grandes perdas ou desilusões amorosas. A síndrome está associada ao estilo de vida moderno, que vem transferindo para o universo das relações amorosas os princípios de desempenho, avaliação de resultados, análise de risco e segurança jurídica que presidem as relações de trabalho e produção.

A descoberta faz lembrar um experimento clássico realizado por Martin Seligman.[2] Comparam-se dois ratos que nadam em um tanque de água. O primeiro nada livremente até morrer após duas ou três horas. O segundo é retirado da água um pouco antes do momento crítico e recolocado na mesma situação após um período de descanso. O rato que passou pela experiência de ter sido salvo "no último instante" parece ter aprendido algo muito poderoso. Ele é capaz de nadar por um tempo dez vezes maior que o outro. Examinando-se o coração do primeiro rato, nota-se que ele parou em bradicardia, ou seja, lentamente deixando de funcionar, como que derrotado pela tarefa *sem sentido* de nadar sem saber onde aquilo ia dar. Mas o coração do segundo rato estava em taquicardia pois ele lutou até colapsar.

Também na clínica, algumas separações que não terminam nunca talvez não sejam casos de dificuldade em aceitar a perda, mas de recusa a começar de novo. Aquilo que é sentido como insubstituível no amor que se foi talvez seja o correlato de uma boa experiência anterior de "salvamento no último segundo". De acordo com Bauman, nossas relações amorosas tornam-se cada vez mais líqui-

2 Martin E. P. Seligman, *Helplessness: On Depression, Development and Death.* San Francisco: W.H. Freeman, 1975.

das, ou seja, desprovidas de laços de compromisso e de fidelidade, moldadas pelas condições do encontro, fluidas em relação à efemeridade de nossos desejos e de seus fluxos de gozo. Essa imagem de como *gostaríamos de nos sentir* torna mais penetrante o sofrimento imposto pela incapacidade de esquecer e passar para o próximo. Ser incapaz de reagir com indiferença ao amor fugaz, que insiste em retornar em nossa memória ou a nos perturbar com as notícias de sua felicidade (sem nós), aponta que a vida líquida pode estar negando um fragmento do lodo que a tornou possível. Como se, além da água translúcida dos tanques no experimento de Seligman e sua expectativa de salvamento antidepressivo, devêssemos contar com o fato de que às vezes somos capturados pelo lodo que obstrui nossa visão enquanto nadamos em desespero. A permanência irresistível e insidiosa em algo que nos possui, com toda a sua sujeira, turvação e amargura, talvez seja uma espécie de retorno do que a vida líquida recalca, uma vingança de nosso desejo de permanecer para sempre, sem ter que começar de novo.

A síndrome do coração partido ataca na primavera e, de fato, essa sempre foi considerada a estação dos começos. Na vida em formato de videogame aprendemos muito sobre como deletar pessoas, mas pouco sobre a arte de desistir, despedir e guardar as fotos de recordação, com carinho e gratidão.

## 5 SOBRE A MORTE E O MORRER

**SOBRE A MORTE E O MORRER** Entendo por concepção pessoal de morte a forma particular como alguém interpreta e constrói algum sentido para a finitude de si. Mas a concepção pessoal sobre a morte contém outro aspecto, talvez mais importante, a saber, a forma como alguém lida ou elabora com a ideia da falta, da separação ou da ausência de sentido que acompanha o tema e a realização da ideia de morte. Esses três ângulos do problema devem ser conjugados no entendimento de como essa questão, inescapável ao homem, se cruza com as formações psicopatológicas.

Por exemplo, sabe-se que a depressão se caracteriza pela presença de ideias de morte. Ideação que pode variar desde a aparição súbita e intrusiva de imagens de morte (acidentes) até a lembrança de situação em torno da morte (funerais), a evocação e o sentimento da presença de entes perdidos e ainda, nos casos mais graves, ideação suicida. Tais experiências incidem de modo diverso em alguém que acredita na vida após a morte – de modo mais ou menos ligado a uma religião codificada, a uma metafísica pessoal ou a um culto comunitário – e em alguém que é ateu. Elas podem ser sentidas como "premonitórias", e daí adquirirem uma tonalidade persecutória; ou como "punitivas", e daí adquirirem uma conotação masoquista, ou ainda ao modo da aparição de ideias "irracionais", e daí adquirirem a conotação de perda de controle.

A psicopatologia moderna começa quando a experiência da "perda de si" deixa de ser remetida à intrusão de uma entidade mágico-religiosa para ser associada aos conflitos da própria condição de vida do sujeito diante de sua história e de suas relações com seus semelhantes. Na Antiguidade encontramos duas narrativas fundamentais sobre a origem do sofrimento e sua relação com a loucura. A narrativa grega postula que sofremos em estado de possessão, quando os deuses se apoderam de nosso destino, deliberam sobre nossa vontade e nos conduzem a decisões que nos tiram da "linha". Delirar é basicamente perder a linha que conduz à aragem da terra onde se quer semear algo, deixar de sulcar o solo de modo paralelo, como as cordas deste instrumento musical que é a lira. Ao contrário dos heróis gregos, que sofrem porque estão sobredeterminados pelos deuses, os heróis judaico-cristãos sofrem porque perderam sua relação com a fé. Eles estão perturbados pela ira de Deus, como Isaías ou Jó, estão a serviço do povo eleito, como Ruth ou Judith, ou cumprem um destino prometido, como Moisés ou Josué. Em todos os casos, sua fé é posta à prova, e a perda, a dúvida ou o descaminho na fé está na origem dos piores e melhores sofrimentos. Por isso podemos dizer que a experiência antiga da loucura concentra-se em torno da experiência de uma perda: a perda da própria vontade para os greco-romanos, a perda da fé para a cultura judaico-cristã. A modernidade assimilou essa sabedoria antiga ao escolher a melancolia como grande paradigma de sofrimento, notadamente a partir do século XVI. Na melancolia temos esse sentimento da perda de si, não mais remetido à interveniência dos deuses e suas paixões, nem à perturbação da crença, mas ao descaminho das experiências que nos fizeram ser o que somos. Surge assim a conexão entre a maneira moderna de sofrer e certa filosofia da história que nos fará entender que nosso sofrimento se insere em uma série de desejos desejados que nos precederam em nossa cultura, em nossa família, em nossa história pessoal. Encontraremos uma segunda chave para a estrutura narrativa de nossas modalidades de sofrimento em nossas relações com o que negamos, nossas alteridades mais ou menos fixas como a morte, a filiação, nossas alienações compulsórias e as leis da troca social e desejantes que nos são impostas. Aqui, herdamos dos antigos o sentimento de que não possuímos nossos próprios desejos porque no fundo eles são desejos sobre o desejo do Outro, são desejos que só existem e só se realizam na medida em que se vinculam ao desejo dos outros. Tanto nessa vertente do reconhecimento quanto na perspectiva da história, a loucura moderna se torna não apenas experiência da perda, mas perda da experiência. Sentimento de uma vida que não nos pertence, que não é autêntica nem suficientemente livre ou justa.

Ora, estar *fora de si* (*estar fora da casinha*), conforme a mais banal das metáforas para a loucura, é facilmente remetido a narrativas laicas ou religiosas sobre a própria natureza do sentido. Na experiência do pânico ou de angústia extrema, ao lado dos sinais típicos de taquicardia, opressão peitoral, desarranjos gastrointestinais, dores de cabeça, formigamentos e vertigens, há uma repentina aparição de sentimentos invasivos com a característica "sensação de morte iminente" ou ainda, como muitos pacientes, desde os descritos por Freud em 1893, dizem: "sensação de enlouquecimento". Ora, uma crença pessoal, religiosa ou metafísica na sobrevivência da alma dá pouco espaço ou admite com dificuldade a "ausência de sentido" no interior da experiência humana. Frequentemente o que entendemos como *falta de sentido* neste mundo representa outra forma de sentido *em outro mundo*. Tais pacientes podem então interpretar sua própria experiência de "iminência de morte" como algo dotado de sentido, ainda que desconhecido para o sujeito, de tal forma que o sobreinvestimento dessa crença poderia controlar melhor as crises. Ora, o que se nota muitas vezes é o contrário: a repetição das crises de pânico, apesar dos procedimentos protetores (orações, peregrinações, retiros etc.), pode colocar em xeque a própria vinculação religiosa do sujeito, tornando o problema ainda mais extenso do que era em seu início. Por outro lado, aquele que está mais *acostumado* a habitar um universo com *falhas de sentido* pode sobreviver melhor a essa experiência. Note-se que, se o critério é a ausência ou presença de sentido, aquele que confia na ciência ou que acha sua própria forma de vida *sem falhas de sentido* estará mais exposto à dificuldade de lidar com as crises de pânico, ainda que subsidie sua crença em um saber laico.

No geral, pode-se dizer que a concepção pessoal sobre a morte interfere indiretamente nos processos psicopatológicos. Ou melhor, pode torná-los mais penosos ou aumentar a resiliência do sujeito. Sabe-se, por exemplo, que pacientes que possuem uma crença religiosa possuem um prognóstico de sobrevida mais favorável diante de doenças graves ou terminais. É possível que o ponto aqui seja a função "protetora" da crença e de sua capacidade para tratar e tramitar as experiências catastróficas ou traumáticas. Por outro lado, a concepção mais vitalista ou espiritual da morte é estranhamente indiferente ao processo de adoecer anoréxico ou bulímico. Ou seja, o sujeito sabe que seu emagrecimento pode levar à morte e tem um entendimento de que a morte possui conotação mágica, metafísica ou religiosa, mas isso não interfere em suas práticas objetivas relativas à alimentação.

Da mesma maneira nas toxicomanias ou nos procedimentos de *cutting* e de autoagressão, a crença pessoal em torno da morte estranhamente interfere pouco nas práticas sintomáticas ou impulsivas. O *cutting* é uma prática cada vez mais frequente em mulheres, particularmente adolescentes, que diante de um sentimento insidioso de inadequação ao próprio corpo ou diante da extrema dificuldade de reconhecer e fazer reconhecer seu lugar no Outro, realizam cortes em seu próprio corpo. Usando giletes, compassos, escarificam o próprio corpo (arrancando, mordendo ou beliscando) como forma de transformar a angústia flutuante em uma experiência de dor, muitas vezes associada com tonalidades eróticas. Traço marcante de tal sintoma é a dimensão dissociativa na qual ele é praticado: como se fosse uma "coisa" à parte na vida. Como se não tivesse consequências em termos de cicatrizes ou marcas. De fato, tudo se passa como se fossem compartimentos psíquicos separados, agir dessa maneira e... morrer.

A concepção de morte começa a ser substituída por uma concepção e um temor do processo de morrer. A dor, a impotência, a dependência, o desamparo que cercam o morrer tornam-se assim o concentrado de temores que nossa época define em associação com a *perda de si*.

Diante da morte, este mestre absoluto, é preciso ter algo que dizer. Não algo a dizer para ela, mais habituada que está aos atos, mas algo para dizer. O cavaleiro medieval que joga xadrez com a morte em *O sétimo selo* [*Det sjunde inseglet*, Ingmar Bergman, 1957] não quer dizer nada para a morte, mas dizer algo no tempo que resta. A morte é uma coisa, o morrer, outra. Morrer é saber que a morte existe e ainda assim viver. Muita gente faz essa distinção prática ao dizer: *Não tenho medo da morte, tenho medo de sofrer, tenho receio de deixar as coisas em aberto*, ou seja, tenho medo do *processo de morrer*. É isso que Lacan chamou de *segunda morte*, por contraste à *primeira morte*, que seria o final da vida.

Como já mencionado no capítulo 3, Elisabeth Kübler-Ross, em *Sobre a morte e o morrer*,[3] descreve cinco fases regulares do morrer: 1) negação ou isolamento, 2) cólera ou raiva, 3) negociação ou barganha, 4) depressão ou tristeza e, finalmente, 5) aceitação. Essa sequência foi confirmada para perdas em geral. Vale para dissolução amorosa, destruição fami-

3 E. Kübler-Ross, *Sobre a morte e o morrer* [1969], 4ª ed. São Paulo: Martins Fontes, 1998.

liar, bancarrota financeira, desastre ecológico, degradação moral, perda de partes de nosso corpo. Inclui até mesmo a substituição da imagem que temos de nós mesmos e que temos que deixar para trás a cada vez: da infância para a adolescência, desta para a adultez e finalmente para a velhice. A cada mudança de emprego, cada casa ou relação que abandonamos há um luto por ser feito. As cinco fases foram descritas com base em pacientes terminais e um dos motivos para a controvérsia em torno da quinta fase é que, até então, o processo parece ocorrer de forma simétrica naquele que se vai e naqueles que ficam. Na última fase ocorre uma dissimetria. Os que ficam têm que se haver com a culpa de sobreviver e a raiva de ser deixado, com o lento processo de despedir-se de quem se despediu de nós. Processo que terminará com a incorporação simbólica daquele que se foi e que passará a fazer parte de nós. Não apenas em nossa lembrança ou saudade, mas a fazer parte de nós ali onde nem mesmo sabemos que ele está. Parte esquecida de nós, talvez a mais importante.

No filme *Biutiful* (2010), dirigido por Alejandro Iñárritu, encontramos um homem, a quem restam dois meses de vida, que tem que *colocar as coisas em ordem*. Isso não é lidar com os assuntos práticos, como se a vida fosse se resolver ao modo de uma equação com suas variáveis. Essa dimensão, aliás, é *magicamente resolvida* quando ele se dedica a dar os poucos passos que faltam em sua relação com a própria vida. Também no filme *Além da vida* [*Hereafter*, Clint Eastwood, 2010], encontramos essa quase morte, que é a *vida como ela vem sendo*; assim como em *Amor* [*Amour*, Michael Hanecke, 2012], a quase morte aparece na figura da esposa amada, vítima de Alzheimer. Quase morte por um tsunami, quase morte que rege a pergunta do irmão gêmeo sobrevivente, quase morte daquele que vive nas imediações dos que se foram. É essa *quase morte* que aparece também no filme *A janela* [*La ventana*, Carlos Sorín, 2008], no qual um ancião aguarda a chegada do filho. Preso à sua cama, refaz um sonho inconcluso de infância.

A ascensão de filmes sobre a "quase morte" parece tematizar, em nossa cultura, a importância crescente que reconhecemos na estrutura irônica da vida, ou seja, o interesse na falta de sentido. É o que eu gostaria de chamar de *fase zero do morrer*, fazendo um acréscimo a Klüber-Ross e combinando isso com a noção de "segunda morte" proposta por Lacan.[4] A segunda morte diferencia-se da primeira e conhecida cessação da vida que habita um corpo porque ela ocorre como suspensão da "cadeia significante". Ou seja, quando se dá a experiência radical de que a existência possui estrutura de intervalo e de que nossa essência vazia é composta pelo tempo. Nesse ponto ele pode considerar sua própria falta no mundo, permitindo-se um novo início radical. Por isso poderíamos pensar que a segunda morte aproxima-se do luto de si mesmo (a quinta fase de Klüber-Ross), mas também da "quase morte", como fase zero na qual nos destituímos como sujeitos.

Seria preciso relativizar nosso mito neurótico de que, se a vida é uma história, os últimos capítulos decidem tudo, ilusão de que o final de um processo contém toda a sua verdade. Uma das versões mais importantes desse mito tem Sócrates como personagem. Depois de beber a cicuta, o velho mestre está rodeado por seus discípulos, que aguardam uma palavra final de sabedoria, o momento sintético no qual a vida seria ponderada contra seu prório limite e finitude. É nesse momento que Sócrates, o inventor da ironia filosófica, teria dito: "Não podemos esquecer que devemos um galo a Asclépio".

Asclépio, fundador da medicina, era filho de Apolo e da mortal Corônis. Nasci-

4 Jacques Lacan, *O seminário, livro VII: a ética da psicanálise* [1959-1960]. Rio de Janeiro: Jorge Zahar, 1988.

do de cesariana, após a morte de sua mãe ele foi levado pelo centauro Quíron, que lhe ensinou a arte da cura. Adquiriu tamanho domínio das ervas e da cirurgia que podia trazer os mortos de volta à vida. Por isso Zeus o puniu, matando-o com um raio. Portanto, quando Sócrates faz a menção ao sacrifício de um galo a Asclépio, ele ironiza as possibilidades da medicina de curá-lo do veneno que havia tomado e ao mesmo tempo alude à possibilidade de sua imortalidade. De toda forma, nesse momento de quase morte ele tanto suspende a verdade de sua existência quanto anuncia sua subtração, fazendo o luto de sua segunda morte logo antes da chegada da primeira.

# Afetos compartilhados

# 6 A TRAIÇÃO E SEUS HORRORES

Há um conto de Nelson Rodrigues que mostra um noivo hesitando diante do casamento a partir do dilema: *E se ela me trair?* É uma obsessão. Por mais que a apaixonada lhe garanta fidelidade e amor eterno, a posição do noivo é de suspeita radical e antecipada: *E daqui a vinte anos? Nunca se sabe....* O dilema se resolve de forma trágica. O corpo da suicida jaz na cama ao lado da inscrição na parede: *As mortas não traem.*

A lógica da traição envolve a violação de um pacto do qual se deduzem expectativas de fidelidade e lealdade. Não há traição sem o rompimento de um contrato, mesmo que tácito. O contrato é, por assim dizer, a promessa de eternização do desejo, sua garantia ao longo do tempo. A jura de amor, por exemplo, anuncia que aquele sentimento não cabe no tempo ao qual pertence, que se pode confiar no seu futuro. Ora, sem essa confiança, que estrutura a fidelidade, seria terrível estar com o outro. Porém, mais terrível ainda é quando essa confiança é total. Quando o outro é todo confiável, os movimentos do seu desejo são integralmente antecipáveis, ele não nos surpreende mais. É o tédio, verdadeiro contrário do amor. Se pudéssemos ser radicalmente fiéis, como queria o personagem de Nelson Rodrigues, nos congelaríamos numa única relação amorosa. A fidelidade, nesse sentido, é uma espécie de ficção para suspender a morte e que paradoxalmente nos mortifica quando diz: *Serei sempre idêntico a este que agora enuncia que te ama.* O trágico humano é que seu desejo é irredutível à garantia prometida pelo contrato *con-traído*. Como saber que não seremos jamais "seduzidos"? O desejo é prisioneiro de sua própria enunciação, ele é seu próprio acontecimento. As mortas não traem simplesmente porque não desejam; elas são absolutamente fiéis.

Considerar a questão nesses termos não reduz o problema da traição ao da relação sexual fora do casamento, mas conjuga o seu sentido à traição realizada pelo herege, pelo delator ou pelo espião. A traição ronda o desejo, o que se modifica é o tipo de contrato. Se o "não pecarás em atos, palavras e pensamentos" é tão impossível de ser realizado, por que não cessamos de enunciá-lo e pedi-lo o tempo todo? Trata-se de um efeito paradoxal, como se a força de enunciação da lei incitasse o desejo de transgredi-la. As campanhas conservadoras contra o uso de drogas tradicionalmente ignoram esse efeito. As pessoas tomadas pelo ciúme também. Nada mais frequente que o ciúme doentio empurrando, convidando o outro à traição. O ciúme, ao mesmo tempo que exige reafirmação do amor, aponta para o objeto proibido, enfeitiçando-o. Por outro lado, ao assinalar a concorrência, o ciúme dá oportunidade para a reafirmação da escolha. *Teu desejo por mim será tão maior quanto maior for tua capacidade de não me traíres*. Isso está dito no ciúme.

Historicamente, homem e mulher ocupam lugares distintos na trama da traição. Cabe ao primeiro enunciar e guardar a lei e à segunda transgredi-la pelo desejo. Na ideologia medieval, a mulher é intrinsecamente perigosa pois incita o desejo, até então inexistente, no homem servo burocrático da lei. Feminino, *fé minus*, aquela que tem fé a menos, interpreta Tomás de Aquino. Até o início do nosso século a traição era tipicamente um perigo feminino. Do lado do homem ela era quase institucionalizada, e a traição quando instituída não é traição propriamente dita, mas um novo contrato, como no caso do sujeito que tem duas esposas, e não uma esposa e uma amante. Os bordéis, por exemplo, até o fim do século XIX eram casas abertas com alvará próprio expedido pelo governo, que impunha regras ao seu funcionamento, o bairro, a presença de uma lanterna vermelha, a visita regular de um médico do Estado etc. Era publicamente claro que do homem se esperava separação entre sexo e amor e da mulher, a sobreposição. Daí a tolerância e as casas de tolerância, dirigidas à traição masculina, bem como o rigor com que se considerava sua eventual impotência. A virilidade machista, comumente associada à homossexualidade, diz respeito ao lugar onde o homem se encontra imaginariamente como causador do pacto. O homem institui a lei, a mulher a perturba. É claro que para instituí-la ele deve dispor do que a antecede, o potencial de violência. Nisso seguimos as teorias clássicas do direito. Cria-se assim a figura do macho supremo em potência. A traição se adere a ele como parte de seu personagem. A traição obrigatória deixa de ser traição, é o colapso do desejo que ocorre toda vez que ele se transforma em lei. A partir de então, a saída é trair a obrigação de traição.

Com o declínio dos grandes lastros para pactos simbólicos, como o Estado, a Igreja e a família, o contrato se privatizou e com ele a traição. Ela passa a ser essencialmente amorosa; estar com o outro sem amá-lo é a suprema traição. O vizinho é mera contingência. Ser traído é muito menos uma humilhação pública, um sinal de falta de virilidade ou de beleza e muito mais uma denúncia de que não se é amável. Menos que desonra, trata-se de um ataque ao narcisismo. Esse deslocamento modifica as práticas de vigilância. Se antes estávamos às voltas com técnicas de domesticação do corpo, interessa-nos agora a suspeita sobre o movimento do desejo. Capitu traiu Bentinho? A pergunta exerce atração sobre nós porque o romance inteiro é construído com base na suspeita e nos reconhecemos como suspeitadores e suspeitos por excelência. Não confie em ninguém que confie em você, essa é a máxima cínica dos nossos tempos.

Trágicas são ainda as condições do contrato contemporâneo, quando a jura de amor se vê tomada como uma fala suspeita, quando o *eu te amo* se torna peça retórica da sedução, quando ele não promete sua eternização mas se conforma em sua efemeridade. Nesses termos é impossível trair, mas é igualmente impossível lembrar. Quando os contratos se endurecem, sabemos demais quem somos e traímos para nos descobrir mais além de nós mesmos. Quando os contratos são suspeitos, não sabemos mais quem somos e esperamos que o outro nos diga isso a qualquer custo. Que nos diga o tempo todo que somos objetos dignos de amor. A traição é aqui a traição de si mesmo, a queda e a transparência desse pedido amoroso. Trair é deixar transparecer que ingenuamente acreditamos em algo além de nós mesmos. Trair é ser um pouco menos cínicos e suspeitos do que pensamos. Infiel é aquele que perdeu a fé na promessa, e não o que se esqueceu dela. Parece que inventamos um modo de trair sem sermos infiéis. A mulher que trai o marido com ele mesmo, quando imagina outro em seu lugar durante a relação sexual, não se esquece do pacto firmado, apesar de não mais acreditar nele.

Nesse contexto, a traição está associada à saudade. A saudade é um risco que o traidor contemporâneo não ousa correr. Don Juan possui todas porque não trai nenhuma. Quantas aventuras fracassam quando enfim o bom marido se separa da esposa chorosa e fica com a amante. Quando se apaga a satisfação do engano, perde-se o desejo que a mantinha. Descobre-se que traía por amor à esposa. A saudade, em um mundo pautado pelo ideal da independência subjetiva, está na antecâmara de horrores da traição. Indica que se estava mais comprometido do que se devia. Por outro lado, a saudade, que alguns autores atestam ser a melhor tradução para *desiderium* (desejo, em latim), é uma espécie de memória desejante capaz de manter alguém fiel mesmo depois do fim do contrato. A saudade é o artífice dessa traição solitária, muito mais escondida que os passeios furtivos pelo outro lado do muro do vizinho. A saudade pode ser apenas o desejo de começar de novo, às vezes com a mesma pessoa, ou com seu substituto simbólico. Nesse caso não seria também uma homenagem? Pode-se trair alguém que nunca se viu antes, que nem mesmo sabe estar envolvido nesta trama imaginária? A questão é como ser perdoado pela traição, como nos absolvermos de nosso próprio desejo? O inconsciente implica uma rede de pactos, vários deles sem um sujeito que se tenha comprometido. O inconsciente subverte a ordem do contrato entre indivíduos, ele articula uma espécie de responsabilidade que não gravita entre a obrigação e a proibição, mas uma relação de comprometimento com o desejo, a contingência e a impossibilidade que o caracteriza. Nesse sentido, nem toda traição é violação de uma ordem a ser recuperada; pode ser também a fundação de uma nova ordem, mesmo que sua lei não tenha sido totalmente escrita.

## 7 O CIÚME E AS FORMAS PARANOICAS DO AMOR

"Assim a debilidade dos membros infantis é inocente, mas não a alma das crianças. Vi e observei uma, cheia de inveja, que ainda não falava e já olhava, pálida, de rosto colérico, para o irmãozinho no colo da mãe." O olhar clínico de Santo Agostinho detecta nesse trecho o que talvez seja a mais interessante vicissitude do amor: o ciúme. Séculos depois, ao isolar o complexo de Édipo como encruzilhada fundamental do psiquismo, Freud não estava às voltas com outra coisa. O ciúme é um sentimento demasiadamente humano, pois ele traduz a tragédia da inclusão de um terceiro em um espaço antes supostamente habitado apenas pelo par amoroso. Por outro lado, essa intrusão de um terceiro representa a exclusão interna do próprio sujeito. Preterido, desamado e separado em relação à sua experiência anterior, à qual ele permanece incluído, o ciúme torna-se parte da experiência de simbolização do amor. A partir dele, aprendemos que todo amor pode ser perdido, que há sempre a ameaça de um terceiro, mesmo que esse terceiro seja a morte de um dos amantes. A existência simbólica de um terceiro pode ser vivida como paranoia da perda iminente, mas ela evoca também a necessidade simbólica de que para se fazer amar é preciso fazer algo, fazer por merecer, e não apenas ser.

O ciúme envolve esta dimensão eminentemente simbólica tanto porque triádica quanto pelo fato de que ele presume uma alternância entre presença e ausência dos envolvidos e ainda porque ele convida ao trabalho de suposição e elaboração de saber. Nesse trabalho especulamos: *O que será que o outro tem que eu não tenho?* Mas também interrogamos o desejo de quem amamos querendo saber mais sobre sua gramática, seus termos e condições. O ciúme permite organizar relações de troca a três termos, fato fundamental para entendermos a família, os grupos e a sociedade. É nesse espaço triádico que todos nós um dia viemos a perguntar: *Qual a causa do amor? O que este terceiro possui e que me falta para ser amado?* A pergunta, como todas as perguntas essenciais, não admite resposta. Se entender o fenômeno do ciúme é enfrentar a questão das causas e desrazões do amor, seria mais honesto de saída decretar nossa falência diante do assunto. No entanto, a poesia não fez o suficiente ou não lemos poesia suficiente, de modo que historicamente se produziu esta estranha figura, o psicólogo, especialista em turvações amorosas, convocado a apresentar sua tediosa versão sobre o tema. Até segunda ordem, o discurso amoroso é sem fim, como um delírio, sempre prestes a dizer a palavra final que escapa. Há que se escolher uma versão e, no nosso caso, ela remonta a Platão. O filósofo argumenta que, ao contrário do que se pode pensar, amamos não o que o outro possui mas o que lhe falta. Amamos um vazio (o termo técnico é *agalma*), que tem a estranha capacidade de se deslocar entre os homens. Ou, como diz Carlos Drummond de Andrade, "porque o amor é amor a nada". É uma angulação pessimista do problema, mas que não deixa de ser romântica. Prossigamos. Quais as consequências dessa tese para o entendimento do ciúme? Diríamos que é nesse vazio, causa do amor, que o ciúme fabricará imagens, traços, signos para ocupá-lo e assim responder ao enigma. Quando a *agalma* se preenche não há mais pergunta, logo não há mais amor.

O ciúme, portanto, supõe algo onde não há nada, onde há falta de algo. Essa suposição e a forma como se dá revelam o que aquele sujeito pensa que ama quando ama alguém. O ciumento faz interpretações em busca do objeto do amor: ele é antes de tudo um pensador meticuloso. Pequenos detalhes, um tom de voz, uma palavra e está armada a conjectura. Inicia-se o processo: certificações, vigilância, suspeitas. Flagrar o ato criminoso torna-se uma obsessão. A confissão do traidor é esperada e temida, mas de toda forma obrigatória. Quanto mais ciúme, mais método, mais rigor, mais engenhosa a reflexão.

Podemos avaliar a posição daquele que é tomado pelo ciúme com base em duas vertentes. De um lado, o que Freud chamou de ciúme projetado, de outro, o ciúme delirante. No caso do ciúme projetado, o desejo de trair é transferido para o outro; é ele que olha para outros e outras, não eu mesmo que tenho que recalcar esse desejo em mim. Assim chegamos a uma das montagens mais infelizes do ciúme, aquela que projeta no outro para recalcar seu próprio desejo. Trata-se de conter nele o que o sujeito não reconhece em si, ou que reconhece e atualiza na forma de infidelidade e culpa. O equívoco desse tipo de ciúme é a suposição de que há simetria do desejo ou da correspondência amorosa. Alguns chegam mesmo a se sentir denunciados pelo ciúme – como posso sentir ciúmes se afinal não preciso dele? Deixar o outro com ciúme é uma estratégia clássica de sedução; torna inevitável a confissão amorosa.

O ciúme delirante, por sua vez, evolui de um complexo sistema de negações que parte de uma frase simples: *Eu (um homem) amo ele (outro homem) [e não admito isso]*. A primeira negação substitui o "eu" por "ela"; dessa forma engana-se afirmando: *Não sou eu que o ama, é ela que o ama, e por isso ela me trai.* Isso cria verdadeiros infernos na terra, tipicamente formados por maridos que controlam e agridem suas esposas baseados na convicção delirante, formada pelo recalque de sua fantasia homossexual de desejo. Quanto mais a mulher apresenta provas, silencia ou tolera a violência, mais a convicção delirante ganha força, como se o sujeito ficasse ainda mais ofendido porque ela não é capaz de reconhecer que seu verdadeiro objeto de amor é outro e está em outro lugar.

Nos dois casos o ciúme entra para propor o objeto, sugerir que ali se encontrará o preenchimento da falta. No entanto, é uma perspectiva antiplatônica esta do completamento no andrógino (ironizado no texto de Platão, *O banquete*). Na sua modalidade moderna, fala-se das duas metades da laranja. O amor à equivalência ou ao ajuste das necessidades subjetivas dos que nele se envolvem é aqui a raiz do ciúme, consequência necessária da hipótese de que há um objeto que nos faça Um. Ciúme por asfixia, pela falta da falta. Quando dois se completam demais, o desejo se vinga. É talvez um ponto de liberdade para um novo movimento. Tal interpretação tem o mérito, a nosso ver, de explicar o juízo do senso comum que diz que um pouco de ciúme é benéfico para todo relacionamento. Benéfico, pois faz intervir, mesmo que apenas como uma possibilidade virtual, o terceiro e a falta. Ele acusa, nesse caso, certa insatisfação que funciona como motor para novos engajamentos subjetivos.

Nada mais propício ao aparecimento do ciúme do que o clássico marido cuja vida se resume a satisfazer as demandas da esposa. No filme *O processo do desejo* (*La condanna*, Marco Bellocchio, 1991), tal figura aparece exemplarmente descrita: um juiz que dá *tudo* para a esposa e é exatamente por isso que ela o rejeita. Não falta nada para amar. Uma fábrica de automóveis americana fez uma pesquisa para saber qual era o carro que correspondia ao sonho dos americanos. O carro que fosse tudo o que todo americano queria – o carro-objeto. Produziu-se então o automóvel e ele se demonstrou um fracasso completo de vendas. Lógico, não queremos tudo o que queremos, amamos quando surge algo além do que imaginamos. Os fabricantes de automóveis americanos definitivamente não leram Platão. Tudo indica que eram propensos ao ciúme.

Dar tudo, isso faz o ciumento traduzir o que sente num ato amoroso. Se te vigio, se te amedronto, se te mato...

é porque te amo. Talvez não tenha existido pior mal nas ações humanas do que aqueles cometidos em nome do bem e do amor. Talvez a ética do ciumento seja a ética do tudo dizer, daí a primazia da confissão. A ausência de segredo inventa uma ficção para realizar a totalidade amorosa. Mas é também uma ética masoquista onde não se consegue interromper a realimentação do sofrimento. "Eu me mordo de ciúme/ eu me mordo, eu me acabo,/ Eu falo bobagem, eu faço bobagem", diz a música do grupo Ultraje a Rigor. Que estranha satisfação é essa a do ciumento crônico? Que paixão irrefreável o empurra para o todo dizer da verdade amorosa? O ciúme é a perseguição do amor verdadeiro, garantido. De fato a ilusão do amor verdadeiro é tão enganosa quanto a que faz significar os fracassos de uma relação, depois que ela se interrompe, a partir do dito – *era um falso amor*.

Amar é dar o que não se tem, dizia Lacan. Ao ciumento a fórmula aparece ao contrário: possuir, reter, ter, não perder de modo algum o outro. Garantir que todo o seu desejo tenha um único endereço. Não há terceiro. No entanto, ele mesmo sabe das dificuldades para controlar o incontrolável, por isso o ciumento, nesse caso, varre a sujeira para baixo do tapete... do outro.

O segundo tipo de ciúme não está às voltas com o preenchimento do que falta ao outro mas com uma imagem fixa: a cena de traição. Sua preocupação maior não reside na suspeita insidiosa e sim numa certeza antecipada. Não está em jogo a realidade, se bem que pareça, mas uma convicção que atravessa sua fala: houve, há e haverá traição. Os argumentos, nesse caso, só servem para atestar que o ciúme é justificado. O ciúme impulsiona ao ato violento. O pensamento se aproxima da lógica dos

inquisidores medievais, como aponta o texto básico dos queimadores de bruxas:

> Tortura-se o acusado que vacilar nas respostas, afirmando ora uma coisa ora outra, sempre negando a acusação. Nestes casos, presume-se que esconde a verdade. Se negar uma vez, depois confessar sob tortura, não será visto como vacilante e sim como herege penitente, sendo condenado.[1]

Enfim, trata-se de um pseudojulgamento, uma vez que a culpa está dada de antemão. Note-se como também nesse caso o outro é reduzido ao que se sabe dele. Afirmando ou negando, as consequências são as mesmas. Em formas mais abreviadas, esse tipo de ciúme costuma se caracterizar pela pergunta insistente: *Quem é ele (ou ela)?* A atração pela cena da infidelidade se assenta na figura do terceiro. Ora considerado aquele que seduziu, corrompeu a inocência de quem foi embriagado pelo feitiço, ora tomado por um fascínio, este terceiro é a chave da questão. Se não o fosse, o que levaria à continuidade da investigação do outro, uma vez que já se sabe que ele é culpado? Nesse caso, a ligação do ciumento inclui certa inveja em relação ao seu parceiro. A hipótese evidentemente recorre à noção de inconsciente. Nos termos de Freud, inveja-se o fato, por exemplo, de esta mulher ser possuída por outro homem; a recusa deste desejo homossexual promove o fascínio por este outro homem e o ódio pela mulher. Um ódio cuja aparência é de irracionalidade. O ciúme paranoico reclama, dessa forma, de uma indiferença à sua demanda amorosa. Indiferença pertinente, uma vez que o endereço dessa demanda não é aquele de quem se diz sentir ciúme.

Montaigne dizia que na ordem das relações humanas a realidade conta pouco. Nos apegamos a ficções. Preferimos a ilusão prazerosa ao desgosto da pálida realidade. O fato

1 Heinrich Kramer & James Sprenger, *O martelo da feiticeira* [1487]. São Paulo: Editora Três, 1994.

notável do ciúme é que ele parece comandado por ficções que adquirem o estatuto de realidade.

> Mas então qual é o modo de ser do eu? [...] Conhecer-se é tomar consciência de sua própria inanidade, de sua deficiência de ser. Reconhecer e assumir o vazio que habita no mais profundo de si. Mais profundamente o eu é uma usurpação que procede de uma ficção.[2]

A mentalidade jurídica do ciumento o põe assim num beco sem saída ao encontrar no fundo de si não o vazio, mas o reflexo do outro. Um julgamento sem fim onde o veredicto é o que menos importa. Alguns apaixonam-se pelo estado de dúvida, cultuando-a como uma obsessão. Outros tragicamente "empurram" seu objeto de amor para os braços do amante. Bentinho é um exemplo do primeiro tipo. Os heróis lascivos de Nelson Rodrigues são casos do segundo tipo. O ciúme é aí um pedido de retomada da relação amorosa, um teste dos seus limites. Um pedido para que o outro reaja ao preenchimento da *agalma*, que faça diferença onde encontra simetria em excesso. Ao contrário do ciúme paranoico, é um pedido de saber menos.

Quando Afrodite é tomada por ciúme no momento em que vê os mortais adorando a mortal Psiquê, o ciúme convida Psiquê à morte. Salva por Eros, o ciúme das irmãs convida Psiquê à solidão. Salva da solidão, o ciúme de Afrodite convida então Psiquê a provar seu amor.

Lembremo-nos desta parte menos conhecida do mito, que funciona como uma espécie de alegoria da cura do ciúme como seu afeto fundamental. Abandonada por Eros, Psiquê erra pelo mundo, até encontrar o

2 Michel Montaigne, "Apologia de Raymond Sabond" [1595], trad. Sergio Milliet, in *Ensaios*. São Paulo: Editora 34, 2016.

templo de Afrodite. A deusa, ciente de que fora enganada e mãe protetora de Eros, impõe uma série de tarefas, supostamente infinitas, durante as quais Psiquê certamente perderia sua beleza e esqueceria seu amor por Eros. Os quatro desafios de Psiquê consistem em: 1) separar grãos de diferentes tipos no prazo de uma noite; Ela cai no sono, mas as formigas a ajudam a realizar a tarefa; 2) trazer a lã do velocino de ouro. Ajudada pelos juncos, ela consegue enganar ferozes animais e cumprir a tarefa; 3) trazer água do rio Estige, que nascia em uma montanha íngreme, impossível de escalar. Surgem então as águias de Zeus para ampará-la; 4) trazer um pouco da beleza de Perséfone para reparar parte da beleza de Afrodite, perdida quando ela precisou curar os ferimentos de seu filho Eros. Temos aqui o desafio mais difícil, que ilustra o processo de reparação em curso no ciúme. Psiquê deve trabalhar para recompor esse elemento que está na raiz de seu ciúme. Mas nesse desafio ela não conta com a ajuda dos animais ou dos enviados dos deuses. Ela vai ao Inferno e convence Perséfone a ajudá-la, mas, no caminho de volta, percebe que sua própria beleza havia se desgastado depois de tantos trabalhos, ou seja, ela percebe em si a mesma fragilidade que levou Afrodite a constituir sua vingança, mas também sua possibilidade de reparação. Aberta a caixa em que transportava a beleza faltante, Psiquê cai em sono profundo. Aqui Eros intervém e pede a Zeus que interfira em sua causa. É assim que, através de um quarto elemento, Psiquê se torna imortal, casando-se com Eros e daí nascendo a filha Hedonê (Prazer).

Temos aqui os elementos estruturais dos ciúmes: o julgamento perpétuo, a vingança e o trabalho de restauração. Nesse sentido, o sono de Psiquê é a marca da interrupção da fase de julgamento e vingança e do início de uma reconstrução. Seu trabalho, ao final e decisivamente, não é um esforço de persuasão ou prova de amor, mas uma reafirmação de seu desejo transgressivo, que uma vez a fez perder Eros por curiosidade e que uma segunda vez a ameaça de perdê-lo ao abrir a caixa que portava, destinada a Afrodite. No fundo, foi ao sair da posição daquela que apenas atende à demanda do outro, neste caso a ciumenta Afrodite, que Psiquê consegue recuperar o amor de Eros.

## 8 A FUNÇÃO TRANSFORMATIVA DO ÓDIO

Sêneca, o antigo filósofo estoico, dizia que a cólera, ira ou raiva é o afeto dos impotentes, ou seja, daqueles que acham que têm mais poder do que de fato têm. É assim que nós representamos os tiranos e seus tiranetes, sempre impacientes, insatisfeitos e coléricos. Mas isso não quer dizer que o ódio é um afeto do qual deveríamos nos ver livres. Ademais a cólera, assim como a indignação e o respeito são sentimentos que modulam nosso ódio, substituindo sua orientação destrutiva por ideais simbólicos de regulação social. Quando vejo o ódio ser elevado à condição de um sentimento social intolerável, nessa cultura da animosidade e do desentendimento generalizado que tomou conta do Brasil a partir de 2013, penso que há certa injustiça sendo cometida contra esse afeto.

O ódio é um afeto muito importante. Diariamente encontramos pacientes que se queixam de injustiças cometidas contra si, de maus-tratos ou de desprezos sofridos. Frequentemente percebemos um personagem ausente: a raiva. Aquele marido violento, que chega em casa, chuta o cachorro e resmunga com os filhos, mas cuja esposa só consegue dizer *Não é culpa dele, é da bebida* ou *No fundo ele é uma pessoa boa*, sofre com uma patologia do ódio. Nenhum afeto deve ser considerado um vilão do ponto de vista clínico, nem mesmo o ciúme ou a inveja, mas a impossibilidade de experimentá-lo ou, ao contrário, a sua perseverança, deslocamento e intensificação, sim. E cada afeto possui uma espécie de matriz funcional, um clichê experiencial, segundo a expressão de Freud, que explica a sua gênese e determina a sua série histórica. Ou seja, os afetos não têm uma memória, por isso se diz que não existem afetos inconscientes, mas eles têm um traçado, uma recorrência que une suas diferentes situações de incidência. É por isso que cada experiência de amor recapitula todas as anteriores, e cada experiência de perda nos chama para todas as perdas anteriores. Lacan dizia que todos os sentimentos são mentirosos, com exceção da angústia, porque eles nos levam a criar contextos semelhantes para acontecimentos diferentes. Os afetos são recíprocos porque eles tendem a efetuar uma reprodução performativa de si mesmos no outro, agindo por um tipo de contágio, por meio do qual atribuímos a nós mesmos a causa das paixões daqueles que nos cercam. Por exemplo, se me encontro com o outro de quem gosto e ele se apresenta tomado pela alegria, essa alegria se transmite transitivamente para mim, a menos que eu esteja tomado por um afeto mais forte que o dele e este se imponha ao outro como afeto dominante na situação. Essa capacidade de transposição dos afetos, mesmos que eles procedam de causas que não se relacionam diretamente com o sujeito, explica por que são mentirosos. A angústia, por sua vez, resiste a essa transformação, uma vez que sua causa é precisamente a "falta da falta", ou seja, a ausência de causalidade discernível para o afeto. A angústia não mente porque ao final ela nos separa do outro imaginário ao mesmo tempo que nos confronta com o Outro simbólico.

Entende-se que o ódio emerja em uma situação na qual o espaço público e o espaço privado estão sujeitos a uma indeterminação progressiva de fronteiras: sejam elas corruptíveis ou incorruptíveis. Isso é pontuado pelas telas de televisão que mostram, irônica, cínica ou pornograficamente, o que deveria ficar escondido: as coxias, os bastidores, o atrás do palco. Quando a alternância entre público e privado se dissolve, temos um ingrediente explosivo para a emergência de formações paranoicas.

O aspecto mais interessante da gramática do ódio é sua função erótica. O ódio incita o excesso, permitindo que, em doses pequenas e calculadas, ele separe a ternura da sexualidade, gerando um incremento de excitação. É por isso que existem casais que adoram brigar, apenas para poder se reconciliar. Se o amor terno, infantil e familiar pode tornar as relações mais calmas e pacíficas, é comum também que essa calmaria se transforme na fraternidade tumular do sexo. O antídoto para isso é um grama e meio de ódio. A função dominadora e afrodisíaca do poder, bem-vinda entre quatro paredes e destruidora quando se torna regra para o laço social, depende do ódio assim como o amor depende do respeito. Muitos homens são impotentes porque não conseguem fantasiar serem desonestos, injuriosos e agressivos com suas mulheres. Atenção: fantasiar, nesse caso, é exatamente o oposto de praticar isso na vida social, ademais muita violência doméstica se origina na inversão dessa regra.

Mas há um tipo de ódio que não está baseado na concorrência em torno do "ter", da inveja e do ciúme, mas em torno do "ser". Esse é o ódio por trás da homofobia, da agressividade de gênero e da violência disruptiva. Nesse caso, é antes o ódio ao que se "é", do que não se consegue admitir em si, que é projetado no outro a quem se agride. A mera existência do outro é sentida como um decréscimo de felicidade, um rapto de gozo ao sujeito, uma ofensa à sua forma de vida. Basta que sua forma de vida seja baseada na união orientada para a exclusão, o que chamei, em meu livro *Mal-estar, sofrimento e sintoma,*[3] de *lógica de condomínio*. Esse ódio percebe o outro como um objeto intrusivo. E de fato ele é. Um intruso feito da mesma matéria que excluímos, em nossa fantasia inconsciente, para constituir nosso ódio. Aqui o sujeito age como se um pacto imaginário tivesse sido rompido. E de fato ele foi.

O ódio é um afeto fundamental para os processos de separação. Sem ele, o so-

3 Christian I. L. Dunker, *Mal-estar, sofrimento e sintoma: uma psicopatologia do Brasil entre muros*. São Paulo: Boitempo Editorial, 2015.

frimento pode ser infinito, e mesmo assim nenhuma transformação é ensejada. Sem uma pitada de ódio, nenhum luto termina. Freud descreve o trabalho de luto dividindo-o em três momentos.[4] No primeiro, o sujeito coloca diante de si o estatuto de realidade da perda. Ele pergunta o que foi perdido naquilo ou naquele que se foi. No segundo momento, ele estabelece uma identificação alternante com o objeto perdido cujo núcleo é o amor. Oscila-se então entre a hipótese de que, se eu tivesse amado um pouco mais o outro, ele não teria me deixado, e a conjectura de que, se ele tivesse me amado um pouco mais, não teria me abandonado. Essa soberania do amor pode tornar o luto um processo infinito de inversões que realimenta o luto com o sentimento de impotência, abandono e ressentimento. O terceiro momento determina o encerramento do luto e a incorporação final do objeto perdido, com toda a sua indeterminação e ambivalência, é o gesto de deixar que o outro nos deixe. Esse movimento envolve experimentar, ainda que em baixas doses, o sentimento de ódio pelo fato de que o outro não nos amou tanto quanto gostaríamos, e reconhecer que nosso amor não é assim tão onipotente a ponto de garantir que nossa presença, dedicação e cuidado sejam suficientes para proteger o outro de sua própria finitude. Talvez seja por isso que Lacan tenha argumentado que o ódio é um afeto que envolve a transição entre o imaginário e o real, enquanto o amor é um afeto que se faz na intersecção entre o simbólico e o imaginário. Ou seja, o ódio é o sinal de que reconhecemos a presença de um fragmento de real que atravessa a estrutura de ficção na qual o amor se desenvolve. Nenhuma separação é realmente possível sem esse fragmento de real.

Sem um grama de ódio muitos casais se tornam apenas irmãos e bons amigos. Mas falamos de uma pitada ou de um grama, e

4 S. Freud, *Luto e melancolia* [1917]. São Paulo: Cosac Naify, 2012.

não de uma libra nem uma tonelada. Na tragédia de Shakespeare *O mercador de Veneza*, o velho e invejoso Shylock tem direito, por contrato, a uma libra de carne de seu devedor Antônio. E ele escolhe pedir o coração de seu oponente como ressarcimento da dívida. Os juízes decidem então que ele poderá extrair o coração do réu, desde que não derrame uma gota de sangue. É exatamente assim que deve funcionar o ódio. Como afeto que nos convida à separação e ao ajuste de contas, mas que não se confunde com a utilização da justiça como pretexto para praticar a vingança. O ódio deve ser separado do a mais de gozo que ele carrega potencialmente consigo. Nesse caso, é como se o momento separador, sinalizado pela aparição desse grama de ódio, não fosse admitido. Sem ele, torna-se impossível terminar o trabalho de reparação ou de reconstrução simbólica do que foi perdido, levando o ódio a se tornar um estado permanente e não um sinal que reatualiza nossa agressividade e nossa hostilidade apenas para que possamos nos reapropriar dela em outro nível. A função positiva e necessária do ódio nos remete a essa experiência, tantas vezes valorizada por Winnicott, por meio da qual aprendemos que o objeto sobrevive à nossa agressividade, que podemos odiar o outro por um momento e depois reconstituir nossa relação com ele. A possibilidade de perdoar, voltar atrás e renegociar guarda uma relação íntima e profunda com os destinos que podemos encontrar para o ódio, em nós mesmos e no outro.

Mas em muitos casos o ódio não está a serviço da separação e de um processo transformativo, mas da manutenção de uma unidade ainda mais poderosa, ainda mais odiosa. Um ódio que não se vive sozinho, mas que covardemente cria grupos imaginários contra inimigos imaginários é tipicamente dirigido ao poder que se tem a mais ou a menos que o outro (inferioridade ou superioridade). É assim que ele deixa de estar a serviço da circulação e da distribuição e passa a se dirigir ao que o outro é, ou ao que não se suporta ser. Esse ódio não está a serviço de um trabalho de transformação. Ele não quer redefinir o contrato nem fazê-lo valer; tudo o que ele quer é transformar uma libra de carne em um infinito, para que tudo continue como antes, no quartel de Abrantes.

# 9

**CONFORMAÇÕES DA INTIMIDADE** Há alguns anos vem aparecendo nos consultórios uma nova forma de sofrimento psíquico. São pessoas que se declaram incapazes de formar um laço de intimidade com o outro. Cumpridoras dos rituais que cercam os relacionamentos familiares, as amizades profissionais e extraprofissionais, sentem que agem como todo mundo. No entanto, perdura uma estranha sensação de que estão a olhar o mundo como se estivessem fora dele. Isso aparece por vezes em sonhos onde estão sobrevoando lugares, apreciando a paisagem, olhando tudo mas jamais interagindo. Também está presente num persistente sentimento de deslocamento em relação aos outros. É como se algo lhes estivesse sempre a escapar. Paradoxalmente muitas dessas pessoas mostram-se bastante hábeis no contato social, exercendo profissões em que isso é um atributo importante. Perspicazes na exposição de ideias e na condução de seus interesses, não há traço de timidez ou de inibição. Aparentemente tudo está a contento, a não ser por este incômodo pormenor: raramente estão de fato com o outro numa relação íntima. Quando isso se insinua, abate-se também um desconforto difuso que geralmente é resolvido pelo engajamento em uma forma qualquer de ocupação. Algumas vezes nomeiam esse desconforto como se estivessem sendo improdutivos, inúteis ou sem função. Estar na presença de alguém, na iminência de uma situação íntima, parece algo sem sentido, perda de tempo, pois não se estabelece nenhuma finalidade para isso. Intimidade neste caso não quer dizer a construção de um contexto sexual, de confiança ou de amizade, mas é mais bem adjetivado em palavras como cumplicidade, segredo e confidência.

Ao lado da falta de intimidade surgem um desagradável sentimento de solidão a dois e a insistente sensação de vazio. É como se a vida se passasse num de cenário de filme B, onde a cena da representação prossegue com os atores cientes da sua própria condição mal disfarçada. Quando tentam romper essa sensação de inautenticidade, geralmente o produto lhes soa mecânico e artificial, o que acentua ainda mais a convicção de que há algo fora do lugar. Outra característica não deixa de atrair a atenção do clínico: geralmente são pessoas nascidas e criadas em grandes centros urbanos mas que têm suas famílias de origem em outros países ou em outras cidades do país. Trata-se assim de uma segunda geração de migrantes ou imigrantes em que se pode observar um contraste significativo entre o modo de vida dos avós e dos pais e aquele a que são submetidos os filhos. Esse é um indício de que talvez o problema em questão tenha alguma relação com as fortes transformações culturais geradas com o estilo de vida contemporâneo.

O espaço da intimidade, tal como o conhecemos hoje, se originou de certas transformações sociais ocorridas ao longo do século XIX. Uma das mais importantes foi a conformação da família como um lugar de refúgio e de isolamento. No mesmo período podemos datar a aparição do chamado ideal de amor romântico, acompanhado pelo desenvolvimento de uma nova sensibilidade que duvida de si mesma, que precisa pôr à prova a verdade de seus acontecimentos. Precisa distinguir uma falsa paixão de um amor verdadeiro, uma sedução interessada de uma ternura ambivalente, uma aliança fortuita de um compromisso confiável. Pois foi essa sensibilidade que deslocou a verdade para a esfera da subjetividade. Somos o que somos, não na superfície, nas representações e apresentações públicas e coletivas de nossas imagens, mas nas profundezas associadas agora ao essencial, perene e verdadeiro. Essa sensibilidade prescrevia o íntimo como condição crucial para dar garantias aos relacionamentos privados e encontrar a certeza subjetiva que faltava.

Isso se explica porque a vida pública, o teatro do mundo, tornara-se um lugar crescentemente complexo e perigoso. A industrialização associada aos processos culturais fez emergir um mundo padronizado. A forma de vestir, comer, comprar, trabalhar e se divertir é cada vez mais homogênea. O poder se torna invisível, o sistema, e não pessoas identificáveis, torna-se protagonista.

Podemos imaginar o que se passou se pensarmos numa pequena cidade do interior, onde todos se conhecem e as relações são pessoalizadas e diretas. Há um forte controle coletivo das decisões individuais; um namoro, um casamento, mesmo uma nova iniciativa econômica são acontecimentos discutidos e julgados no quadro de uma complexa trama de amizades, alianças familiares e compromissos subentendidos. Esse estado de coisas pode gerar certo desconforto pela ausência de privacidade, mas, ao mesmo tempo, produz segurança pela elaboração coletiva dos problemas. Suponhamos então que esse pequeno vilarejo cresça, que afluam para lá muitos estrangeiros, que se construam fábricas, apareçam costumes diferentes e um novo tipo de interação social passe a ser predominante. As pessoas tornam-se relativamente anônimas. Não se sabe mais quem é quem. O espaço público passa a ser enigmático, atraente mas ao mesmo tempo perigoso. O antigo cerimonial de compras na mercearia, acompanhado de uma longa conversa pessoal sobre os últimos acontecimentos, é substituído pelo rápido e impessoal som eletrônico do código de barras. O ato de compra torna-se silencioso e rigorosamente administrado. E assim se sucederia com a ida ao velho cinema, o *footing* na praça central, a quermesse na paróquia, o funeral comentado por meses a fio, aquele objeto de "status" adquirido pelo vizinho, todos eles acontecimentos que têm seu sentido enfraquecido pelo novo protagonista do espaço público: a massa indiferenciada.

Mas, se essa descrição funciona de modo aproximado para os processos de subjetivação até a segunda metade do século XX, a partir de um dado momento a própria noção de massa e de intimidade passa por uma transformação radical. A introdução da felicidade como fator de saúde e de realização econômica, a mutação da experiência privada, notadamente da família, em uma série de novas modalidades de reconhecimento e de autorrealização, a entrada de novas tecnologias biopolíticas, mediada por redes sociais e por outras formas de experiência pós-humana, criam outras figuras hegemônicas de sofrimento: pessoas que não conseguem narrativizar sua infelicidade, subjetividades pós-traumáticas, que não reconhecem nenhuma hermenêutica nem nenhuma historicidade em suas modalidades de sofrimento, ampliação generalizada das modalidades narcísicas de inadaptação, de inconformidade corporal, de déficit de intimidade ou de massivo isolamento individual não problematizado.

Lembremos que uma situação similar àquela passada por nossa cidade imaginária foi responsável pelo surgimento da intimidade moderna. Espaço intermediário entre o familiar e o estranho, sua função é propiciar a interpretação e a elaboração daquilo que a família por si mesma não alcança mais e que o teatro do mundo, formado por atores anônimos, não pode resolver. Os romances e as novelas, primeiras formas de literatura produzida para a massa, são ao mesmo tempo consumidos na intimidade da leitura e reelaborados na esfera da intimidade relacional. Eles fornecem um rico material narrativo e vocabular para lidar com a experiência subjetiva. São assim um instrumento para o cultivo da intimidade como espaço de interpretação e de tradução dos signos ambíguos que passam a circular nas trocas humanas. Mas agora a função social da literatura se alterou na medida em que todos se tornam autores, partilhando suas biografias em redes sociais ou aspirando à sua generalização em novas modalidades de distinção acessíveis, em tese, a qualquer um: celebridades, subcelebridades, fama e distinção tornaram-se assim um ideal razoável, cujo preço torna-se um módico sacrifício, que, uma vez não recompensado, estimula a criação de uma cultura da depressão ou da bipolaridade ordinária.

Muitos dos que se queixam direta ou indiretamente da dificuldade em sustentar ou propiciar espaços de intimidade mostram igualmente certa imperícia para lidar com narrativas e signos dotados de ambiguidade. A ironia, as entrelinhas, o duplo sentido de um pequeno gesto ou de uma troca de olhares são experimentados como situações perigosas. O valor de uma mensagem no espaço público e no espaço familiar não é o mesmo. A intimidade procura reparar essa distância. Sua ausência lança o indivíduo diretamente nessa cisão. A consequência se manifesta num tipo particular de solidão: aquela que se vive a dois ou aquela que se experimenta ao andar no meio de uma multidão. Solidão mais terrível, pois testemunha o desenraizamento de quem a experimenta.

A solução, muitas vezes pretendida pelos que atravessam os impasses da intimidade, costuma ser expressa nos mesmos termos que são parte ativa do problema. Trataria-se de obter uma técnica, uma ordem regular de comportamentos que se deveria seguir para produzir a intimidade. Uma técnica é um sistema de procedimentos que objetiva alcançar o maior benefício possível com o menor custo no menor tempo e que é capaz de ser aplicada no maior número de ocasiões. A intimidade parece negar cada ponto dessa definição. Quando se pretende extrair qualquer benefício da relação de intimidade, isso acaba por interrompê-la. A denúncia de um interesse, a revelação de uma intenção, além da própria análise da narrativa da intimidade, acabam por dissolvê-la.

O menor custo é uma lei que também não se aplica, uma vez que a sustentação da intimidade se mede pela dificuldade em mantê-la. A prova de amor e o sacrifício orientado para o outro são condições do espaço íntimo que permitem avaliar sua densidade. O tempo da intimidade, por sua vez, é naturalmente longo e entrecortado. Reduzi-lo, imprimindo-lhe agilidade e rapidez, evitando os detalhes, deforma a narrativa que lhe dá suporte. É por isso, por exemplo, que um simples cumprimento ao ser amado se transforma numa interminável e minuciosa narrativa de duas horas quando contado para a amiga confidente.

Orientar-se para reproduzir certas formas de intimidade é outro contrassenso. É fazer prevalecer as identidades e não as diferenças entre as pessoas, o que é afinal o material último da intimidade. Seu discurso não é deliberativo ou instrumental, ele não objetiva solucionar problemas ou se constituir como um meio para determinado fim. Ele é um fim em si mesmo. Os impasses da intimidade contemporânea se devem, talvez, à dificuldade em ser absorvida pelo mundo da técnica. Certas regras implícitas cercam sua gerência. Por exemplo, deve-se sempre responder a uma declaração íntima com outra, deve-se sempre enaltecer a expressão íntima alheia. Ocorre que essa intimidade administrada torna-se assim mais um exercício narcísico do que a elaboração coletiva da falta de saber sobre si mesmo. Acompanhando sites de relacionamentos ou plataformas que visam conectar pessoas, observa-se a recorrência de um discurso cujo cerne é a produção de identificações. Mesmos gostos, mesmas orientações, mesmos estilos de vida, como se nossas escolhas fossem determinadas por agrupamentos definidos por uma mesma equação entre prazer, satisfação e gozo, e não por modalidades agonísticas de desejo ou diferença. O desejo depende de uma espécie de hiância ou de hiato no saber sobre si mesmo. Sua experiência é muito similar à descoberta de que não sabíamos tudo sobre o que queremos e que esta pessoa que surge em nossa vida trará a promessa de que esse fragmento de saber exilado de nós mesmos pode ser explorado em uma aventura comum. A mudança de nosso polo de subjetivação da produção para o consumo, com a consequente mutação de nossos sistemas morais da interdição para a prescrição, tornou mais difícil deixar vazia uma parte do saber sobre o que queremos. Produziu-se uma falsa identificação entre o que queremos e aquilo de que gostamos. Isso dificulta a produção de espaços de indeterminação, antes chamados de experiências de intimidade, na qual o compartilhamento desse não saber faz função de causa do encontro e de laço amoroso.

No filme *Central do Brasil* [Walter Salles, 1998], podemos acompanhar uma discussão muito interessante sobre a intimidade. A começar pelo contraste entre os protagonistas: de um lado, uma criança do sertão nordestino, desamparada pela perda súbita de sua mãe; de outro, uma escritora de cartas, supostamente uma profissional da intimidade para aqueles que não sabem ler. O cenário é uma estação de trem, reduto da circulação das massas, mas também o interior religioso e fraternal do país. A profissional das letras é um belo exemplo da colonização técnica da intimidade. Escreve mas não sente, recolhe segredos mas não os testemunha, sintomaticamente se apropria das cartas que acaba por não enviar. Serve ao espaço da intimidade mas não se regula pelos seus princípios. O menino, por sua vez, responde como pode à tragédia que se abateu. Volta simbolicamente ao lugar onde sua filiação se sustenta, para ele a testemunha de sua breve história. O choque entre o pedido de inclusão e a resposta instrumental da senhora das palavras é aterrador. Ambos parecem viver um equívoco continuado. O conflito vacila quando o menino migra lentamente para o lugar do filho que ela não teve. Inversamente ela vai se destacando do lugar de representante da mãe em que fora colocada. Surge a intimidade. Seu processo é encarnado vivamente pela viagem. Metáfora da narrativa, a viagem é a expressão do processo de reconhecimento e descoberta do familiar no interior do estranho e do estranho no familiar. Central do Brasil, edifício ferroviário, ícone da desaparição da pessoa num universo violento e individualista, mas também Central do Brasil, interior do país, reduto da tradição originária e regida pelos laços pessoais de sangue, honra e religiosidade. Entre eles, a intimidade. Não compreendo bem como alguns críticos puderam ver nesse filme apenas a expressão do processo pessoal e íntimo de seu diretor.

O movimento da cultura de massas que se apropria da intimidade como um produto de consumo talvez explore o equívoco entre privacidade e intimidade, não apenas nos programas de televisão que tematizam os dramas privados, expondo situações bizarras que antes esperávamos ficarem restritas ao interior da família ou do casal, mas também nas entrevistas, no noticiário da vida privada das celebridades, na exposição via satélite do êxtase religioso. Enfim, toda a série de produtos da indústria cultural gera a ilusão de que, dispondo do espaço privado, se terá acesso ao íntimo.

Ocorre que a intimidade tem a estrutura de um diálogo. No interior desse diálogo, a experiência subjetiva se particulariza, comparativamente ela se especifica numa espécie de anatomia subjetiva regida por várias vozes. Quando falta um outro vivo e encarnado, esse diálogo se apoia num interlocutor imaginário, como vemos na prosa de Clarice Lispector ou na poesia de Fernando Pessoa e no filme *Central do Brasil*. O diário íntimo e o que Freud chamou de devaneio diurno são outros exemplos de suportes para o diálogo da intimidade. A música também se presta a esse papel na conversação imaginária. Mas os suportes não são garantia da narrativa íntima. Ela precisa ser acompanhada ainda de um esforço de memória, uma retransformação dos acontecimentos pelo destaque conferidos a certos detalhes. É uma memória ativa que deve trançar os elementos da narrativa musical, literária ou cinematográfica com a narrativa pessoal, permitindo que esta se transforme na comparação com aquela. É por isso que na narrativa da intimidade a conversa parece não ter fim; uma narrativa quando concluída é apenas parte de outra narrativa na qual ela acaba por se inserir. Essa abertura, própria da estrutura da intimidade, nos faz entender por que, naqueles que vivem os impasses da conformação atual da intimidade, a situação é reconhecida como destituída de propósito, não orientada e improdutiva.

A imagem da vida privada de alguém, por mais minuciosa que seja, não produz por si só esse diálogo. A confusão entre privacidade e intimidade talvez seja uma das causas exteriormente motivadas do problema que estamos abordando. Há sites na internet em que se pode observar por uma câmera tudo o que se passa na casa de outra pessoa, seus hábitos, suas relações sexuais, seus afazeres higiênicos, enfim, pode-se ver tudo sem no entanto efetivar a menor parcela de intimidade. Parece-me que essa é uma das ilusões que a atual conformação apresenta. Queremos uma intimidade administrada, com regras claras e explícitas. Por outro lado, queremos respeito aos limites da privacidade e da autonomia. Finalmente, queremos ainda que ela contenha a verdade não antecipável sobre nós mesmos. A verdade que não conseguimos antecipar é aquela que subverte a estrutura de ficção que tornou um amor possível. Lembremos que a relação entre saber e verdade é uma relação dialética, ou seja, ali onde há um fragmento de gozo desconhecido, assim como ali onde há um fragmento de desejo a ser enunciado, nós supomos uma espécie de completamento do saber, de fechamento da falta. Ora, esse lugar que sempre se desloca, representado pelo que falta ao saber para que ele chegue ao estado de totalidade, é o que Lacan chama de "verdade". Ou seja, a verdade está mais para o capítulo ainda não contado de minha história do que para um juízo estável sobre a natureza última das coisas.

Enquanto não reconhecermos que é nessa contradição que ela se desenvolve e que sua substância é mesmo a incoerência dos assuntos humanos, que não são nunca redutíveis a uma narrativa única e linear, estaremos longe de enfrentar a complexa conformação de nossa intimidade.

## 10 DESMASCARAR AS IMPOSTURAS DO AMOR

A máscara caiu. Na relação entre casais, essa revelação do que está atrás das máscaras é uma pesquisa fundamental, que determina e mantém nossa forma de amar. O namoro ou casamento é uma experiência que passa por várias reposições. Portanto, a máscara vai cair várias vezes. Quando isso não acontece, o amor acaba porque ficamos íntimos demais e não há estranhamento ou redescoberta do outro. A máscara colou-se em nossas caras de tal forma que viramos um personagem um para o outro. Um casamento ou um namoro, especialmente quando ele é mais longo, geralmente envolve "vários" casamentos, cada qual com um regime de máscaras próprio: seja de carnaval, de bandido ou de médico. Uma relação é refeita ou reposta periodicamente se não acaba, ainda que continue como um dia a dia funcional. Esses momentos, que nem sempre são feitos de DRs (discussões de relacionamento), muitas vezes acontecem em silêncio, em diálogos cruzados ou indiretos, às vezes de modo imperceptível aos dois participantes. Neles se colocam em pauta as condições que nos fazem amar alguém, as virtudes e os vícios mútuos, o que cada um tira de si e do outro. São momentos de constatação, ainda que imaginária, de que *o outro é isso* e que, consequentemente, nos reduzimos a ser seu complemento apenas como *aquilo*. Momentos nos quais nossa fé na capacidade de nos reinventar chega ao fim. Esgota-se um projeto. Descobre-se do que eram feitas as ilusões que nos permitiram chegar até ali. Também é nessa hora de crise pirotécnica ou melancólica que nos perguntamos se a relação entre o que queremos e o que gostamos, no outro e em nós mesmos, pode ser suportada.

Freud argumentava que a psicanálise é apenas o uso calculado e metódico dessa força maior capaz de inspirar processos transformativos, que é o que chamamos de amor. Muitos são apaixonados pelo amor, mais do que pelo outro ou pela outra em si, porque ele é apenas esse motor pelo qual nos deixamos transformar em outro e que ao mesmo tempo esperamos que transforme o outro em alguém diferente de si mesmo. É o sentido dessa transformação que dá graça e significado a uma relação, tornando o amor um bom companheiro para o desejo e um antídoto razoável ao gozo. Mas, em geral, nossas montagens amorosas têm uma data de validade. Não porque o amor necessariamente acaba, mas porque aquela forma de amar tem uma lógica que encerra seu próprio término. O amor não é infinito, ele é finito, com isso de tempos em tempos ele deve recomeçar, com o mesmo ou com outro. Por isso, nesses rituais de passagem, nas respostas que compõem uma viagem amorosa, ponderamos sobre os projetos que se tem pela frente e o desejo de renovar nossa ligação e nosso compromisso com eles, mais do que com aquele que será nosso parceiro. Geralmente saímos renovados desse encontro com essa pessoa íntima, que por um curto período examinamos como se fosse um estranho. Porém, às vezes esse processo termina com a descoberta de que esse estranho é também um inimigo, e que durante o processo ele se transformou ou revelou-se outra pessoa.

Tomemos como exemplo o casal de namorados que estava com o casamento marcado, depois de uma trajetória exemplar de sacrifícios e esforços, de projetos e obstáculos vencidos. Mas, às vésperas da cerimônia, a noiva descobre que seu noivo maltrata sistematicamente seus cães de estimação toda vez que ela sai de casa. Descobertas como essa têm a curiosa potência exterminativa de extinguir o amor. O noivado rompe-se imediatamente depois que ela vê as cenas gravadas dos maus-tratos. O amor se desfez de uma vez só, sem explicações, reparos ou segundas chances. Falamos muito do *amor à primeira vista*, mas são poucos os exemplos de *desamor diante da última imagem*, com exceção da cena em que se flagra uma traição. Por que a imagem de alguém maltratando um animal muda tão radicalmente nossa percepção de quem é essa pessoa? As reações da maior parte dos que opinam sobre o caso não é de que ele cometeu um erro, ainda que grave, e que eventualmente poderia ser reparado, mas de que ele se *tornou outra pessoa*. A máscara, o disfarce, a vestimenta que ele exibia antes caiu, e no lugar dela emergiu a devastadora verdade de *quem ele é*, e não apenas do que *ele fez*. Não penso que a gravidade unânime que atribuímos ao fato ou a força de verdade capaz de destruir um amor decorram do ocultamento, da mentira ou da quebra de confiança. Afinal, ele passou a morar com ela, dividir sua casa, mas não traiu essa confiança batendo nas cadelas de estimação da sua noiva, quando ela estava ausente, e fingindo gostar delas na sua presença. Penso que a raiz de nosso juízo sem volta vem da mesma fonte que afirma que, quem não gosta de samba, criança ou animal, bom sujeito não é. Procede da mesma sabedoria que diz que para conhecer uma pessoa basta lhe dar poder.

O momento que precede um casamento é geralmente cercado de angústia. Muitos casais escondem isso se ocupando com afazeres e tratativas ou esperando que o futuro resolva a dúvida que os assedia no presente. Trata-se de um momento em que os três termos de nossa lógica da vida amorosa são expostos ao exame atento e sensível não só da intensidade do amor que se vive, mas da sua qualidade. Muitos dizem que um compromisso longo e incerto como um casamento exige muita vontade e muito amor, mas poucos se perguntam sobre a qualidade do amor necessário para a tarefa.

Quero crer que esse valor moral que atribuímos a quem respeita os animais e, inversamente, nossa aversão por quem os desrespeita venham do fato de que os animais são parte de nossas experiências formativas sobre o amor. Das experiências que moldam e determinam nossa qualidade e aptidão para amar. Animais fazem parte de nossa forma de vida, da história de nossas famílias. Há, portanto, uma dívida simbólica de gratidão que o maltratador viola. Ou seja, alguém que não é capaz de retribuir o amor que os cães nos dispensam, de forma, aliás, tão gratuita e espontânea, será realmente capaz de retribuir o amor que eu mesma terei a lhe oferecer? Está em jogo aqui não apenas o amor que temos pelo outro, mas, pelo contrato que firmamos com ele, o amor às palavras, o amor aos outros que entram em nossa vida quando casamos com alguém, como a parentela, os amigos, os inimigos e assim por diante.

Nossa relação com os animais repete, de maneira invertida, os cuidados que recebemos na primeira infância. Nós também fomos, no início, dependentes, desamparados e estávamos nas mãos de uma figura prestativa e generosa, mas que tinha todo poder sobre nós. Nossa capacidade de sentir piedade vem daí. A irresistível combinação de piedade, simpatia e acolhimento que a imagem de um animal *fofinho* desperta em nós, também. Contudo, esse é um amor de baixa qualidade e de grande aptidão à dispersão quando falamos em um projeto de longo prazo. Animais de estimação são como filhos. Mas filhos que não crescem, não resistem para ir à escola, não reclamam por autonomias adolescentes nem vão embora para a faculdade e se casam, nos deixando para trás. Portanto, quando nesse momento decisivo temos um ato de desagravo ao representante de nossos filhos futuros, isso sugere fortemente: *Alguém assim não será um bom pai*. Alguém assim pratica um amor avarento ou ciumento, pois não consegue transferir, ainda que em parte, o amor que sente por alguém para as pessoas ou os animais que esse alguém ama. Está aí um amor que terá dificuldade para engendrar o seu próprio futuro, porque desde a origem ele não se generaliza, não se irradia, não se transfere.

Com os animais de estimação cada um revive essa forma de amar e ser amado que Freud descreveu como narcisismo. Nele, confunde-se o amar o outro e o amar-se a si mesmo através do outro. E muitas vezes essa confusão se infiltra e atrapalha decisivamente a vida dos casais. Quando alguém declara que ama os cães a ponto de ter dois ou sete deles em casa, isso não representa nenhuma contradição com o ato de maltratá-los. Tudo depende da qualidade do laço que se estabelece nesse amor. Muitos homens que virão a agredir futuramente suas esposas ou namoradas não estão mentindo quando declaram seu amor; eles apenas estão se referindo a um amor de tipo mais simples, que será exposto e degradado em ódio, ciúme ou agressividade diante das tarefas e dos desafios de uma vida comum.

Quando amamos nossos cães, nossos filhos ou nossas mulheres *como a nós mesmos*, podemos chegar a maltratá-los da pior maneira. Daí a importância de amar o outro conferindo algum espaço para o fato de que ele é um estranho, alguém diferente de mim. O amor não é garantia nem de si mesmo nem do desejo que ele deve habilitar. Isso vai aparecer na relação com os animais, como uma espécie de raio x das nossas formas de amar. Quem trata seus animais como uma parte de si mesmo, humanizando-os realmente como filhos ou brinquedos, chamando-os de nenês, por exemplo, pode estar indicando uma forma mais simples e narcísica de amar. Se quando as coisas acabam é que descobrimos do que elas eram feitas, o *efeito verdade* que a descoberta da violência provoca, dissolvendo instantaneamente o amor entre os dois, pode acontecer pela percepção de que *com um amor desse tipo serei eu a próxima vítima.*

O momento de escolha ou de re-escolha, quando paramos para perguntar *Quem é este com quem dividimos nossa cama e nossa intimidade?*, é também e necessariamente um momento de estranhamento. Uma espécie de janela temporal subjetiva; colocaremos na balança, de um lado, uma escolha de predominância narcísica, onde escolho, principalmente, *amar-me através do outro*, e, de outro lado, uma escolha que está determinada pelo outro, *quem ele é e o que ele faz*, em relativa independência de nós. Talvez tenha sido nesse ponto que o estranhamento simbólico, necessário para o processo de escolha, se sobrepôs ao acontecimento real de uma decepção que toca os horizontes futuros dessa mesma escolha. Se a escolha narcísica gira em torno de *Você me ama e eu te amo*, tendemos a recolocar essa pergunta indefinidamente. A escolha pelo desejo com o outro conclui este capítulo e abre para uma nova pergunta: *Agora que nos amamos, o que vamos fazer com isso? Que mundo e que sonhos vamos conquistar juntos?* Muitos casais fogem desse ponto de re-escolha com medo de que, nessa hora, venham a descobrir que estão dormindo com seu inimigo íntimo.

# 11 O AMOR PELOS ANIMAIS E SEUS LIMITES

Animais de estimação são como filhos, mas filhos que não crescem nem nos abandonam, como vimos no capítulo anterior. Retribuem nosso amor com sua presença e solicitude, sem conflitos ou oscilações na qualidade afetiva, oferecendo suporte simbólico para experiências de reconhecimento, metafóricas e metonímicas, centrais na formação e na reconstrução de nossa capacidade de amar. Eles podem ser parte de nossa recuperação psíquica, como vemos na abordagem proposta por Nise da Silveira,[5] mas também se prestam a suportar, silenciosos, nossas formas mais patológicas de amar, como os acumuladores de cães ou gatos, os que submetem animais a uma vida "demasiadamente humana" e, no limite, os estupradores crônicos de animais. Está em jogo aqui a sutil diferença entre ser *como um* filho, amigo ou amante e ser *o próprio* bebê, companheiro e objeto de satisfação erótica. Nossa gramática amorosa, definida pela inversão entre amor e ódio, entre amar e ser amado ou entre amar e ser indiferente, depende essencialmente deste *como se*. Por isso, amar não é dissociável da poesia e de suas práticas equivalentes, como a atividade lúdica ou o trabalho onírico. Por isso, em nosso amor pelos animais nós os fazemos *falar conosco*, sentindo suas atitudes como fidelidade canina ou independência felina.

Portanto, animais domésticos são *como nós*, eles vivem em nossa casa, como parte de nossa família e extensão metonímica de nosso modo de vida. No entanto, eles não são *nós*, mas uma metáfora dos humanos, pois a eles não aplicamos nossas leis nem esperamos sua participação na vida política. Justamente por isso eles se colocam em posição decisiva para que exercitemos este limite tão difícil entre o amor narcísico, no qual nos

5 Nise da Silveira, *Imagens do inconsciente* [1981]. Petrópolis: Vozes, 2015.

amamos através do outro, amamos o outro como uma extensão projetiva de nós mesmos, e esta outra forma de amor, na qual sua alteridade, sua estranheza e sua diferença são os fatores decisivos. Em suma: animais nos convidam a investigar este limite entre o amor metonímico (o outro como parte de mim) e o amor metafórico (o outro como Outro).

Freud dizia que o amor é uma pulsão especial porque ela não tem apenas uma oposição, como entre a atividade e a passividade, mas três: entre amar e ser amado, entre amar e odiar e entre amar e ser indiferente.[6] Quando amar se opõe a ser amado, segundo o tema clássico da correspondência, os animais tornam-se uma espécie de totem de nosso amor primário, cujo exagero nos faz entender a força irresistível da imagem de animais fofinhos, desamparados e supremos em sua disponibilidade para receber e oferecer a nossa mera presença como um presente. Metáfora do outro que um dia fomos ou que gostaríamos de ter sido. Quando tomamos a inversão entre amar e odiar, entendemos por que podemos dirigir nosso ódio aos animais, exercendo sobre eles crueldade impiedosa, voracidade instrumental e ambição de domínio. Metonímia do que não suportamos em nós mesmos.

Contudo, quando falamos da oposição entre amor e indiferença, não estamos nem no totemismo metafórico nem no animismo metonímico, mas no cruzamento contingente de nossas perspectivas humanas, com uma espécie de destino comum e inumano. Desta feita, eles nos ensinam algo sobre o próprio limite que nos constitui, nos abrindo para formas de amor ainda não descobertas.

6 S. Freud, "Pulsão e suas vicissitudes" [1917], in *Obras (In)completas de Sigmund Freud*. Belo Horizonte: Autêntica, 2014.

## 12 A VERGONHA COMO DENÚNCIA DA FANTASIA

Falar em público é uma atividade cada vez mais estimulada nas escolas, no mundo corporativo e nas situações sociais. Isso pode ser pensado como uma exigência geral de uma forma de vida orientada pelo investimento na sociabilidade do contato múltiplo e permanente. É possível que, com o aumento da importância proporcional da fala pública, tornem-se também mais visíveis e preocupantes as dificuldades que cercam tal ato. Um caso como o que se acompanhou no filme *O discurso do rei* [*The King's Speech*, Tom Hooper, 2010] seria pouco plausível hoje, na medida em que o papel cotidiano de qualquer dirigente implica falar em público. Fazer apresentações, seminários, aulas, intervenções e comentários é hoje parte inerente de uma nova forma de trabalho, mais compartilhada, flexível e com maior horizontalidade de processos decisórios. A ascensão de uma cultura participativa, na qual a exposição, a comparação e a confrontação de posições viram uma regra maior, torna o compartilhamento de afetos uma espécie de valor moral.

É compreensível que a queixa clínica de que no momento de falar em público sobrevenham dificuldades corporais, impedimentos e embaraços tenha se tornado mais rotineira do que era tempos atrás. Uma cultura que se organiza em estrutura de espetáculo cria dificuldades para aqueles para quem a privacidade é essencial. Por exemplo, no quadro clínico chamado *mutismo seletivo*, crianças e adolescentes, mais raramente adultos, criam para si situações de vida na qual falar com o outro se torna algo gradualmente prescindível, ou então reduzido a poucas pessoas mais próximas. Argumenta-se que dispositivos digitais têm ajudado a sustentar tais quadros, mas essa não parece ser sua determinação última.

Desde que Kant, no século XVIII, definiu a autonomia como uso público da razão, estabelecendo esse critério para distinguir a minoridade da maioridade moral, ficou esclarecido que se tornar sujeito envolve uma potência expressiva. Ocorre que o uso da linguagem é condicionado tanto por estruturas formais (cognitivas, sintáticas, discursivas) quanto pela tomada de posição com relação a valores estéticos, culturais e identificatórios. Assumir a língua (que se impõe a nós) por meio da fala (que nós impomos à língua) já foi apresentado como definição dessa competência humanizante e desejante conferida pela linguagem. Encontramos um exemplo de como o uso público da linguagem é cada vez mais fetichizado quando um texto didático emprega a expressão "os livro" contextualmente para discutir a diferença entre oralidade e norma culta e é atacado violentamente pelos que advogam a *limpeza étnica* da língua ensinada às crianças. Muitas produções neológicas são admitidas pela proliferação das gírias, dos idioletos e dos falares particulares; ao mesmo tempo o falar público tornou-se perigoso. Ele denuncia algo especial e involuntariamente revelador sobre nós, só pela forma como falamos. E mais, o inibido verbal mostra que sabe disso. Na Inglaterra, por exemplo, é comum encontrar pessoas que pacientemente forjam sotaques específicos, pois sabem que isso pode ser decisivo na hora do fechamento de um negócio ou na admissão a um emprego. O sotaque *upper class* é uma marca de origem e distinção social, eventualmente mais valiosa do que a indumentária e as posses materiais.

Freud argumentava que os sintomas são exagerações de processos úteis e relevantes em outros contextos. As dificuldades de fala pública não são propriamente um sintoma, mas o que a psicanálise chama de inibição, ou seja, a suspensão de um processo ou função em seu estado nascente. Essa evitação pode se generalizar em uma atitude que empobrece muito a vida relacional, obstruindo a capacidade de realização e oferecendo em troca apenas algum controle artificial da realidade. Uma inibição organiza-se como uma identificação ou como um "sintoma envelhecido ou fora de contexto". Isso quer dizer que o problema pode não ser notado, pois a pessoa evita, contorna ou cria barreiras para não se expor a uma determinada situação. Se a culpa é o afeto central dos sintomas (propriamente ditos), a vergonha é o afeto típico da inibição. A vergonha exige uma nítida separação entre o público e o privado que a culpa, por sua vez, transcende e ultrapassa sem piedade. Daí que em muitos casos dessa inibição da fala em público esteja em jogo uma espécie de defesa e lembrança veemente de um estado de origem, uma afirmação, em vários sentidos, de onde viemos. Diante da impossibilidade, imaginária ou real, de partilhar essa origem e de fazer-se reconhecer por meio dela, o sujeito escolhe *retirar-se do jogo*. Não é só um fracasso em seguir o princípio do desempenho discursivo, há também um sentido crítico contra a situação social na qual a indeterminação da fronteira entre público e privado torna-se cada vez mais nebulosa e precária.

O tema clínico da vergonha é discutido por Lacan a partir de um caso da psicanalista inglesa Ella Sharpe.[7] Trata-se de um advogado às voltas com problemas relacionais envolvendo especialmente seus pares. Alguém que, no trabalho e na vida social, teme triunfar. Alguém que, por exemplo, durante uma partida de tênis, em que se encontra em posição de vencer o ponto e o jogo, é compelido a arremessar a bola longe garantindo assim seu fracasso. Ainda no quadro desse jogo aparecem manifestações em que o paciente em questão não consegue deixar-se zombar, rir ou

7 J. Lacan, *O seminário, livro VI: o desejo e sua interpretação* [1959-1960]. Rio de Janeiro: Jorge Zahar, 2016, pp. 189-228.

provocar pelos adversários. O jogo tornou-se assunto envolto em seriedade.

A análise progride ao ponto de ele trazer o que a analista chamou de sonho crucial. No sonho ele realiza uma viagem pelo mundo, seguida de um encontro com uma mulher sedutora. Na verdade, o ponto central do sonho é o seu embaraço diante dessa mulher, sua dificuldade em responder ao seu desejo.

Na sessão subsequente, uma leve tosse anuncia a chegada do paciente ao consultório. Aquilo poderia ter passado despercebido não fosse o vasto e prolixo comentário sobre a tosse que o próprio paciente é compelido a fazer. Finalmente, esclarece tratar-se daquele tipo de tosse que se faz intencionalmente antes de entrar em um lugar onde se poderá pegar alguém desprevenido. É uma tosse que anuncia, que previne a vergonha. Ocorre que tal tipo de associação é, imediatamente, comprometedora: sugere que afinal a analista encontrava-se em posição constrangedora... na fantasia do paciente.

A tosse, comenta Lacan, é uma mensagem. Mas, como costuma acontecer com as mensagens quando essas são tomadas no fantasma do neurótico, acaba-se sem saber se se trata de uma resposta ou de uma pergunta. Em outras palavras, tusso para avisar, indicar, acusar ao outro minha presença. Por outro lado, tusso para perguntar: *O que é esse significante do Outro em mim?* Ou ainda: *O que sou eu quando me faço tossir para o Outro?*

A chegada do terceiro separa os amantes. Por outro lado, é esse terceiro quem cria os amantes. Resultado: se verifico a posição do terceiro não tenho a velocidade dos amantes, se tenho a velocidade dos amantes perco a posição do terceiro. Suspendamos momentaneamente o desenvolvimento do caso para salientar que a estrutura fechada dessa alternatividade, que caracteriza o afeto da vergonha, poderia ser rompida por um chiste. Pensemos em um dos exemplos examinados por Freud em seu livro sobre o chiste (*Witz*).[8] Trata-se de um sujeito em grandes dificuldades financeiras que pede dinheiro emprestado a seu amigo rico. Depois de emprestar a quantia, qual não é a surpresa do amigo rico ao encontrar o amigo pobre no restaurante mais caro da cidade comendo maionese de salmão. Interpelado sobre seu ato, o amigo pobre responde: "Se não tenho dinheiro, não posso comer maionese de salmão; se tenho dinheiro, também não posso comer maionese de salmão. Quando então poderei comer maionese de salmão?".[9]

Concedamos que em 1905 esse chiste poderia ser eficaz o suficiente para provocar o riso. Fica claro que o dilema da maionese é uma solução possível para o impasse dos amantes. Ou seja, riso e vergonha possuem, discursivamente, estruturas simétricas e complementares. O que nos faz rir é também o que nos traz a vergonha e assim inversamente, como as duas faces de uma mesma folha de papel recortadas simultaneamente pelo mesmo gesto. Para explicar a passagem de um afeto ao outro, é preciso recorrer a uma torção da folha que a tornaria uma superfície unilátera, como a banda de Moebius, em conformidade com a afirmação de Lacan de que "quanto menos os afetos são motivados – é uma lei – mais eles aparecem ao sujeito como compreensíveis."[10]

Riso e rubor possuem assim funções simétricas e complementares se os consideramos do ponto de vista da fantasia. Contra a tese da simetria entre riso e vergonha poder-se-ia objetar que o riso induzido pelo chiste é uma estratégia que utiliza o outro para recuperar um fragmento perdido de gozo. O chiste é, portanto, uma operação coleti-

8 S. Freud, "Los chistes y su relación con el inconsciente" [1905], in *Obras completas*, v. VI. Buenos Aires: Amorrortu, 1996.
9 Id., ibid., p. 49.
10 J. Lacan, *O seminário, livro III: as psicoses* [1954-1955]. Rio de Janeiro: Jorge Zahar, 1988, p. 232.

vizante, como o indica sua propagação social. O rubor e a vergonha, pelo contrário, parecem um afeto individualizante; é a experiência mesma de que o olhar do Outro recai sobre o sujeito e que ele está realmente sozinho diante desse olhar. Contra isso depõe o curioso fenômeno da vergonha alheia, ou seja, a vergonha sentida no lugar do outro. Afeto que ocorre tanto quando vemos alguém em uma situação vexatória (por identificação) como quando reconhecemos que alguém deveria sentir vergonha mas de fato não parece experimentá-la. Nesse último caso encontramos a estratégia similar ao chiste, um fragmento perdido de gozo é recuperado pelo seu reconhecimento através do outro. Uma barreira de repressão é cruzada e um fragmento de verdade da fantasia aparece. Há muitas formas de riso, incluindo o riso interior sem qualquer manifestação motora. Assim, também há várias formas de vergonha: as que ruborizam e as que escamoteiam sua reação motora.

# Juntos e separados

**13**

**FUNDAMENTALISMO CONJUGAL** Em matéria conjugal, há duas formas de fundamentalismo: os que sofrem do sentimento de injustiça e os que padecem da supressão da liberdade. Geralmente a sobrevivência de um casal depende da equitativa distribuição dessas crenças sobre a origem da infelicidade. Fundamentalistas são aqueles que se agarram a um tipo de convicção particular e inabalável e "praticam" essa crença sobre os outros, eliminando, por meios violentos, crenças alternativas. Fundamentalistas tendem a acreditar que existe um e apenas um valor maior e que este não deve se misturar ou se confundir na gênese das práticas e sentimentos. Por meio violento pode-se entender: extorsão e chantagem, campanhas de desmoralização, indiferença calculada, greve de sexo, coerção corporal, silêncio opositivo, traição ou sevícias verbais. Consideremos que o fundamentalismo conjugal começa em casa, e é como um cúmulo-nimbo, capaz de derrubar um casal em pleno voo de cruzeiro. É para lá que migram, invariavelmente, as discussões de relacionamento (DRs) e sua obsessão insaciável pela posse da razão. Parece um capítulo especial da lei universal do mútuo merecimento dos casais, depois de algum tempo de convivência comum, que eles passem a considerar vital demonstrar ao outro, seja pelo triunfo prático, seja pela persuasão teórica, que a adesão ao seu próprio ponto de vista é uma necessidade maior e imperiosa. O sentido inicial de encantamento pela diversidade na forma de vida trazida pelo outro logo se vê substituído por uma espécie de desejo de conversão, pelo qual o outro deve aderir à nossa própria religião particular de felicidade. Começamos a acalentar a ideia de que a irrealização de nossa própria vida, sua inadequação e seu infortúnio dependem, sobremaneira, do fato de que seus próprios termos estão sendo corrompidos e desestabilizados pela presença insidiosa desse outro. E assim reciprocamente. Por isso todo fundamentalista terá que se haver, cedo ou tarde, com a seguinte questão: o que você prefere, ter razão ou ser feliz?

Antes disso há o longo processo que Freud chamou de "a mais geral degradação do objeto na vida amorosa". Ou seja, a linda mulher transforma-se no dragão que solta fogo pelas ventas, enquanto o homem volta à companhia anestésica dos amigos no bar, surgindo os filhos como figuras de consolação para o que um dia teria sido um grande amor. Ambos sentem-se injustiçados e menos livres do que esperavam quando sonhavam com o casamento e faziam planos para o futuro. Aqui começam as ações terroristas que sempre emanam do fundamentalismo: a injustiçada vinga-se do marido culpado que renunciou à liberdade de seu próprio desejo, o culpado oprime em sua esposa sua própria covardia, a covarde vinga-se impondo a injustiça recebida ao marido ressentido, ressentido que trai em nome da justiça contra a liberdade feminina, liberdade que a ciumenta controla injustamente no marido que ela inveja, invejoso que tenta destruir a indolência libertária de sua esposa consumista. Os que têm os meios e as posses contra os que têm a gerência dos recursos e o excedente de trabalho. Ou seja, exceto os casos de contingente equidade, muitos são os casais em que encontramos um que ganha mais que o outro. Antes o homem estava mais frequentemente na posição de dispor de condições mais favoráveis em termos de ganhos econômicos. Isso levava a equações típicas, nas quais essa diferença se resolvia por um acréscimo de trabalho doméstico, em geral desfavoravelmente contabilizado, dado seu baixo reconhecimento social. Felizmente, essa situação tem se alterado substancialmente, ainda que isso traga à baila novas montagens, ainda pouco instrumentalizadas em termos narrativos, nas quais, por exemplo, uma mulher ganha muito mais que seu parceiro, o mesmo podendo ocorrer em um casal homossexual. Que justiça esperar para essa situação? Cada qual paga sua parte e, portanto, estarão ambos limitados pelo que dispõe de menos recursos?

O que dizer então das tantas situações, tão comuns, mas não menos difíceis, ainda que queiramos negá-las, nas quais um está mais envolvido que o outro? Há duas figuras fundamentais da razão – a justiça e a liberdade –, e o mais comum na vida dos casais é que o que se perde em uma jamais se equilibre com o que se ganha na outra. Se levamos em conta que secularmente identificamos nossa capacidade de amar com nossa disposição a realizar sacrifícios, chegamos a um impasse ainda maior: quem ama mais contra quem cede mais. A equação não fecha e é por isso que tão frequentemente o fundamentalismo evolui para o terrorismo. O que não significa que as aspirações de justiça e de liberdade sejam menos legítimas só porque acontecem no espaço privado da vida conjugal ou porque não se oferecem na forma de um acordo simples e pactuado. O fundamentalismo é, no fundo, uma crença insidiosa de que é possível e desejável apenas um ponto de vista, garantido e comprovado pela experiência, pelos costumes ou apenas por nossa convicção fantasmática de que dois podem formar um consenso razoável e criar uma unidade proporcional. Contra essa direção Lacan afirmava que a relação sexual não existe, ou seja, nossos acordos intersubjetivos deveriam ser considerados mais um paradoxo provisoriamente mitigado do que contratos bem formados com termos justos e livres para os envolvidos. O machismo, a misoginia, a discriminação e a opressão de gêneros são casos básicos, mas não exaustivos, de fundamentalismo.

Quando os europeus chegaram à América, instalou-se a dúvida acerca da existência da alma entre os indígenas. Expedições de jesuítas foram enviadas ao Novo Mundo para averiguar a presença de uma mesma substância interior, o que justificaria a necessidade de um processo de catequese e educação. Mas a questão para os ameríndios era outra: eles aprisionavam soldados, colocavam-nos em jaulas e os afundavam na água; assim podiam examinar cientificamente se os europeus possuíam um corpo de mesma natureza e com propriedades assemelhadas aos deles. Para uns a existência da alma definia uma perspectiva que presidiu a política de colonização a ser empregada; para outros, ao contrário, era a forma de morrer e a decomposição do corpo que determinavam a interpretação dos interesses e a identidade dos estrangeiros. A experiência antropológica mais trivial nos mostra que o erro primário nas relações com o outro é assumir que ele pensa nos mesmos termos que nós, mas do ponto de vista oposto. Como se a língua fosse a mesma e a inversão de posições fosse simétrica com a inversão de agente e destinatário da mensagem. Isso pode não ser a melhor forma de entender relações entre os falantes, muito menos quando se trata de casais, o que supostamente incita a ilusão de que eles falam a mesma língua, mesmo que pertencendo a diferentes "continentes".

Portanto, o problema do fundamentalismo conjugal não é que existam várias formas de praticar e conceber a justiça ou a liberdade, mas que necessariamente, por razões de estrutura do espaço considerado, a justiça de um não pode ser perfeitamente trocada pela liberdade de outro. O problema não está no conteúdo da crença, mas na diferença de pré-entendimento quanto ao que exatamente significa *crença* em cada caso. Uma forma de começar a tratar o problema de outra maneira implicaria pensar no casamento para além das condições que nos parecem óbvias, mas que, justamente, estão na origem do fundamentalismo: a lógica possessivista e a soberania do contrato. Enquanto pensarmos no casamento como um problema de distribuição de posses e meios, de usos e abusos, de trocas e garantias, ainda estaremos a alimentar o sentimento fundamentalista de que, no fundo, estamos possuindo o outro, como possuímos bens e direitos.

Talvez a relação entre crenças, práticas delas decorrentes e sentimentos íntimos associados seja substancialmente diferente quando se fala de crença na justiça e quando se fala de crença em liberdade. Acordos locais podem ser feitos, dentro do espírito freudiano de precariedade das relações conjugais, mas um verdadeiro fundamentalista vai sempre querer impor a ideia de que há apenas um mapa possível na situação e que, entre liberdade ou justiça, há uma única forma de acreditar na felicidade conjugal.

# 14 O CASAMENTO COMO PERVERSÃO CONSENTIDA

A tradição liberal tende a definir o casamento como um contrato realizado entre duas pessoas no exercício de sua liberdade e faculdades mentais. Um contrato que inscreve os envolvidos em um discurso, por meio do qual o Estado reconhece tal união, prescrevendo, a partir daí, direitos e deveres ligados à descendência e à herança do casal. No direito canônico e para a maior parte dos ritos cristãos da Antiguidade, o casamento era apenas uma forma de reconhecimento de um laço entre pessoas. Os nubentes se casam, o padre, o juiz ou correlatos apenas testemunham, divulgam ou celebram.

Hoje, assim como há uma força que pressiona rumo à ampliação das modalidades de casamento, há outra que tende a reduzir a importância do contrato. Na experiência clínica são cada vez mais frequentes situações de casais que vivem juntos e que se consideram casados até que um filho, uma herança ou um plano de saúde os separem. Sentimos que o contrato informal e íntimo é a essência de uma relação amorosa e que tal ligação deve perdurar por seus próprios motivos. A combinação, nesse caso, acrescenta um incômodo signo de inautenticidade ao que é, afinal e antes de tudo, um pacto de amor entre dois. Mas, como pensam outros tantos, uma relação que não tem estatuto de lei é uma forma de amor acanhada e incompleta. Como um namoro secreto que entre quatro paredes ganha tórrida intensidade, mas que fora dali parece feito de mentira e destituído de realidade. Os dois lados parecem ter suas razões: o verdadeiro amor é livre somente se, livremente, renunciar à sua liberdade.

Foi Immanuel Kant, um célebre celibatário, quem observou a natureza problemática do enlace ao perguntar:

"Se o casamento é um contrato, que tipo de lei realiza?". A resposta é que se trataria de uma espécie de confusão consentida entre uma lei condicionada à propriedade, que regula a relação entre pessoas e coisas, e a lei de tipo comunitária, que organiza a relação entre pessoas. Isso porque o casamento dispõe sobre certo tipo de uso do corpo do outro (propriedade), assim como sobre uma forma de vida comum, livre e justa (comunalidade). Portanto, o contrato mistura, de modo confuso, mas ainda assim deliberado, duas dimensões que sabemos serem independentes: o sexo e as trocas sociais. O sexo suspende a equidade das trocas sociais, introduz relações de uso, abuso e exclusividade entre quase coisas. Por outro lado, a igualdade jurídica cria uma suspensão das diferenças, distinções e diversidades instituindo a figura de quase pessoas (que ignora as pessoas reais, seus desejos reais e seus gozos inconstantes). Fundamentando o casamento como contrato, temos então uma lei baseada em um equívoco, que trata pessoas como coisas e coisas como pessoas, que demanda regulação pelo Estado de um ato privado, que fixa a paixão de ser objeto e eterniza nossa condição de instrumento para o outro. Tudo isso junto e misturado é o que se chama clinicamente de perversão. Conclusão: o casamento é uma perversão consentida. Se Kant tinha razão, nossa crescente covardia diante dessa união como contrato é mais um sinal de nossa normalopatia.

## 15

**O VERDADEIRO AMOR FAZ EXCEÇÃO À LEI** Repito: o casamento é uma espécie de perversão consentida, uma vez que tenta aplicar regras de contrato, uso e usufruto, que regem as nossas relações com coisas, às relações entre pessoas, que se definem por suas demandas particulares de liberdade. Contudo, vários casais objetam que são felizes com seus cônjuges e não veem nada de patológico em serem tratados(as) segundo regras que compreendem uso exclusivo do corpo e da intimidade, seja sob forma de compromisso ou de posse. No entanto, o direito ao gozo do outro é um direito impossível e um dever impraticável. Direito impossível porque só mesmo em nossa fantasia conseguimos acreditar na ideia de que isso poderia ser uma regra "para todos". O que caracteriza o amor é a existência desse ou desses que caem como exceções. Esses que amamos não podem ser propriamente "trocados" por outros; eles se tornam únicos, singulares, insubstituíveis. Por outro lado, quando amamos, passamos da contingência, uma vez que poderíamos ter escolhido qualquer um para se tornar nosso objeto de amor para a necessidade, pois, uma vez escolhido, ele se torna necessário. É essa necessidade que nos leva ao dever impraticável, ainda que benfazejo, de fazer a felicidade do outro.

Costumamos caracterizar os perversos como aqueles que possuem uma relação com a lei diferente dessa, ainda que ela seja paradoxal. Eles cometem crimes e não se sentem culpados. Eles recusam as modalidades de prazer, gozo e satisfação que nós designamos como normais e que deveriam ser, compulsoriamente, seguidas por todos. Uma concepção mais atualizada sobre o assunto dirá que os perversos nos parecem pessoas "malvadas", não apenas porque eles vivem em outra forma de lei, criada e administrada por eles mesmos, mas porque eles tentam forçar o outro a gozar segundo essa lei que eles caprichosamente criaram. Lembremos que a antiga e aposentada categoria de perversão sobrevive no atual DSM-V como *Personalidade Antissocial*, cujos signos clínicos são: fracasso em se conformar às normas sociais, mentira, impulsividade, irritabilidade agressiva quando contrariado, falta de preocupação com segurança, irresponsabilidade em se sustentar e ganhar dinheiro e ausência de culpa ou remorso. Ou seja, o perverso é aquele que presume um lugar especial para si, uma espécie de excepcionalidade diante da lei. Ocorre com o casamento exatamente a mesma coisa, mas com uma diferença substancial: fazemos as mesmas coisas, mas não para realizar nossos próprios desejos egoístas de uso do outro, mas como prova de que isso atesta nosso amor mais verdadeiro. Nada mais inquietante para um irmão ciumento do que ouvir de seus pais algo como: *Nós amamos você exatamente igual aos seus irmãos*. Ser amado como mais um em uma espécie de regra cujo enunciado é para todos mata qualquer forma de amor verdadeiro. Experimente ouvir de seu amante, ainda que como exercício de imaginação, a fórmula: *Te amo como amei todos os outros (ou outras) antes de você*. Péssimo, não é? O amor verdadeiro é aquele que tem força para criar exceções e não se mantém sem a renovação disso. Ele não se conforma às normas, ou você se contentaria com um "amor normal"? Ele nos leva a mentir, não para enganar e levar vantagem, mas porque em nome do amor protegemos o outro das chamadas verdades dolorosas. Ele é impulsivo e não premeditado, pois nos torna agressivos e inseguros diante da possibilidade de perder o outro. Finalmente, no amor verdadeiro suspendemos a segurança e queremos o risco, uma vez que em nome dele não há culpa, remorso ou interesse financeiro.

Todos esses traços são perfeitamente ocorrentes neste estado de debilidade e rebaixamento cognitivo provisório chamado apaixonamento. No entanto, não queremos permanecer nessa vida em estrutura de encontro, sem futuro certo e garantido. É para isso que inventamos o casamento. O melhor dos dois mundos: força da lei e a garantia da exceção. Daí a fórmula de que o casamento é uma espécie de perversão consentida.

## 16

**O DINHEIRO DO CASAL** Duas ou três gerações atrás, a diferença de proventos entre homens e mulheres reproduzia massivamente relações de dominação e opressão. *Quem paga a orquestra escolhe qual é a música*. Qualquer manual da boa esposa da primeira década do século passado continha instruções sobre como uma mulher deveria ser "econômica". A palavra que vem justamente de *oikeos*, casa, em grego. Por outro lado, era frequente encontrar a repetição das mesmas narrativas de sofrimento em torno das duas soluções básicas: "mesada" ou "conta conjunta". Não é de admirar que a fantasia de prostituição fosse, naquela época, endêmica.

Com as novas conformações familiares, com a crescente consciência sobre as questões de gênero, a mudança do lugar social da mulher e a flexibilização dos padrões de vida amorosa, seria esperado que uma transformação equivalente se produzisse nas formas de gerir o dinheiro e de lidar com a desigualdade que ele produz no interior das relações. Contudo, o que tenho observado nessa matéria é uma regressão abissal. Tudo se passa como se a ascensão benfazeja da indeterminação dos tipos de laço amoroso criasse modalidades cada vez mais tirânicas e impiedosas de lidar com o dinheiro. É a repetição invertida da fórmula de Slavoj Žižek sobre o capitalismo neoliberal que deixa cada vez mais livre a circulação do dinheiro e cada vez mais controlada a circulação de pessoas. Namorados que dividem rigorosamente a conta em todas as ocasiões. Noivos que fixam meticulosos contratos pré-nupciais. Casais que se fazem e se desfazem subordinados às respectivas carreiras. Famílias nas quais se aboliu toda circulação não controlada ou não justificada do dinheiro.

Caducou a ideia de que é mais importante estar junto do que saber quem vai pagar a conta. A arte de dar e de compartilhar saiu de moda. A difícil decisão, que atravessa tantas vidas, opondo, aqui e ali, trabalho e amor, passou a pesar indiscutivelmente em favor da carreira. Entre a bolsa ou a vida é sempre a bolsa. E quanto mais elevada for a classe social dos envolvidos, mais forte a regra draconiana do *cada um, cada um*. Se ela ganha mais ou se ele perde o emprego, o casamento está em crise. Afinal, quem quer ficar sustentando o outro? Se ela não lava os pratos, é preciso incluir o valor agregado disso na contabilidade do contrato conjugal.

O poliamor, os casamentos abertos, as flutuações de terceiros e quartos, as alternâncias de gêneros, os filhos de famílias tentaculares, as famílias homoparentais, constituem experiências incrivelmente interessantes. Mas em matéria de compartilhar o dinheiro parece que nossa imaginação só empobrece. Ninguém fala em cooperativas, fundos mistos ou novas formas de desequilibrar a justiça do dinheiro no interior dos casais. Coisas como *quem tem mais paga mais* ou a antiga ideia de Marx "de cada qual, segundo sua capacidade; a cada qual, segundo suas necessidades" tornaram-se signos do engodo de uma época de dominação. Misturar os dinheiros é perder-se, desorganizar-se, expor-se no mercado futuro. Compartilhar gastos terminará em sentimento de injustiça. O amor tornou-se um péssimo negócio, especialmente quando ele nos faz pagar mais pelo mesmo. Contra tudo isso, o mais moderno é ainda a tese de Lacan de que "amar é dar o que não se tem para quem não o quer".

# 17 A MULHER TELEPATA E O HOMEM DAS CAVERNAS

Aqueles que atendem casais ou que se dedicam a mitigar o sofrimento conjugal estão acostumados a enfrentar aquela situação na qual um se retira silenciosamente da discussão, ainda que permaneça de corpo presente, e o outro desliza suas queixas e demandas para uma espécie de monólogo sermonístico, por meio do qual suas razões são continuamente reforçadas e autoconfirmadas. Esse circuito discursivo dá origem a dois tipos subclínicos em ascensão na cultura contemporânea da judicialização das narrativas de sofrimento: o homem das cavernas e a mulher telepata.

O homem das cavernas caracteriza-se pelo recolhimento e isolamento, particularmente diante de uma decisão ou escolha difícil, como se ele tivesse que ter a resposta completa e acabada do problema antes de apresentá-lo para seu parceiro ou sua parceira. Tudo se passa como se ele se recolhesse ao gabinete para meditar e saísse de lá apenas com o comunicado oficial em mãos. Ele sofre, portanto, com a dificuldade de enfrentar a contingência conversacional, na qual motivos, causas e razões são compartilhados com o interlocutor diante de uma troca cuja conclusão não está predefinida.

A mulher telepata tipicamente tenta compensar esse déficit de palavras e de manifestações adivinhando o que seu parceiro quer dizer. Ela coloca palavras e antecipa juízos, caminhando da convicção constituída sobre quem é o outro e o que ele quer para uma espécie de narração imaginária sobre o conteúdo mental de seu interlocutor. Ela sofre, portanto, com a impossibilidade de se situar na conversa, uma vez que seu interlocutor fechou-se em si mesmo. Isso dificulta a construção comum de um horizonte para a conversa, que redunda na tentação da telepatia, trazendo para a fala palavras e ilações que efetivamente não foram ditas ou foram pronunciadas em outros contextos. Assim posto, o tratamento para esse estereótipo parece simples. Trazer à luz o homem das cavernas, ainda que platonicamente ele prefira as sombras de seu próprio desejo ao excesso de luz da realidade do desejo do outro. Por outro lado, trata-se de reduzir a força dos raios telepáticos, ainda que para renunciar, dolorosamente, a toda a verdade sobre o desejo do outro. Verdade pela qual estamos possuídos e que nos protege do enunciado insuportável sobre o que desejamos, mais além do desejo do Outro. Estamos falando de *estereótipos*, ou seja, do grego *stereo typos*, impressão sólida, ou, a partir de 1798, a placa móvel com a qual se imprimem livros. Os estereótipos não são apenas imagens de pessoas, reduzidas a tipos imóveis, sobre os quais nossa telepatia pode operar livremente. Eles são também discursos estereotipados que nos fazem sofrer por sua monotonia e que nos constrangem a deixar nossa palavra plena dentro da caverna de si.

O casamento patológico entre a louca que fala sozinha com seu desejo e o covarde silencioso que fala sozinho com seus pensamentos é ainda um casamento. É uma maneira de fazer a relação sexual existir, de tentar emparceirar demandas e proporcionalizar os sexos. O "estere-óptico" discursivo da relação entre este homem e esta mulher, ainda que aliado de uma distribuição específica de poder, é uma maneira de localizar o conflito, de saber do que ele é feito, mas também de esquecer que ele é insolúvel e de praticar esse esquecimento a dois.

# A criança que nos une e nos separa

# 18

## A ARTE DE IMBECILIZAR CRIANÇAS

A arte de perder não é nenhum mistério
tantas coisas contêm em si o acidente de perdê-las
que perdê-las não é nada sério
Perca um pouco a cada dia. [...]
Depois perca mais rápido, com mais critério;
lugares, nomes, a escala subsequente da viagem
[não feita.

O poema de Elizabeth Bishop, "Uma arte", deveria ser leitura obrigatória e diária para aqueles pais que se recusam a perder seus filhos para o mundo. Em vez de acompanhá-los nessa viagem, que não é em princípio desastrosa, eles querem ampliar o tamanho do mundo que eles mesmos controlam. O mundo em forma de família. O mundo em forma de prisão.

Na arte de imbecilizar crianças, os currículos autocráticos que nunca dão margem à escolha dos estudantes nem contemplam seus interesses, as seleções baseadas em exercícios mnemotécnicos, ou seja, as provas de múltipla escolha que exigem apenas memória, e as rotinas escolares poucos significativas concorrem fortemente com o receituário oligofrênico dos pais. Oligofrenia, lembremos, é uma antiga classificação psiquiátrica para os que são dotados de pouca inteligência e mantêm-se teimosamente em uma única direção de pensamento. Nesse sentido, a primeira tática para imbecilizar crianças consiste em protegê-las discursivamente de problemas. Evitar contato com as verdades dolorosas. A Bruxa e a Madrasta Malvada devem ser banidas, junto com o Lobo Mau. Em cima do piano não tem mais copo de veneno, mas suco azedo. A morte é apenas uma viagem. A forma afirmativa, pessoal e direta *Atirei o pau no gato* deve ser vertida para o mais sóbrio e correto *Não atire o pau no gato, porque isso não se faz*. Corta-se assim o suporte imaginário necessário para que a criança elabore seu sadismo, bem como o masoquismo social que a cerca. De fato, a palavra *imbecil* provém do latim *baculum*, bastão de pastor. Alguém sem bastão é alguém que deve ser pastoreado pelos outros, alguém que não fará uso algum de seu bastão para se defender será, pois, um fraco e frágil... sem pau para atirar.

A segunda tática para não perder os filhos para o mundo consiste na sua cretinização. Os cretinos eram crianças que habitavam os vales da Suíça onde o sal continha pouco iodo. Sem iodo, elas desenvolviam uma deficiência cognitiva associada à disfunção da tireoide. Como não podiam mais ser educadas pelos pais, eram transferidas para as comunidades religiosas, daí o termo *chrétien* (cristão). E assim fazem os pais que entregam seus filhos para a escola como se ela tivesse não apenas que ensinar, mas educar, controlar, disciplinar, cuidar e assim por diante. E dessa forma ocorre com os que terceirizam a educação dos filhos, não apenas porque recorram a babás ou avós, escolas ou cuidadores de ocasião, profissionais ou amadores, mas porque entendem o processo de criação de filhos como a administração de uma extensão narcísica de si mesmos.

A terceira técnica na arte de não perder as crianças para o mundo consiste em mantê-las isoladas, em situação de indivíduo privado ou, como os gregos chamavam, estado de *idiótes*. A escola é um obstáculo para o novo espírito do neoliberalismo, que advoga que cada um de nós é uma espécie de livre empresa que deve escolher livremente seus fornecedores e aplicar seus investimentos segundo os princípios de otimização de resultados. Esses pais empreendedores sentem-se, segundo a prerrogativa de pagantes e clientes, no direito de elevar os princípios individuais e privados à dignidade da coisa pública.

Educação é um empreendimento público, não é uma associação privada de interesses ampliados da família. Contudo, é assim que agem os que querem proteger a criança da norma, da lei e da regra cuja razão de ser é pública.

A arte de imbecilizar crianças, como se vê, é o contrário do que nos recomendava a poetisa americana. Ela consiste em reter para nós o que devia ir para o mundo, em temer desastres quando o pior desastre já está a acontecer. É em uma vida sem bastão, sem sal ou sem via pública. Quando percebemos quanto dominamos essa arte, geralmente já é tarde demais e nossas crianças já se foram, da pior maneira possível, do modo mais lento, que as condenou ao estado de minoridade penal perpétua.

## 19

**LOUCURA MATERNA** A vida virtual criou novas formas de amar e de desamar. Podemos trabalhar muito mais e melhor, mas também nos é facultado inserir buracos brancos de semitrabalho no interior do cotidiano. Há muitos efeitos dessa nova forma de laço social para a psicopatologia. Os paranoicos se tornam mais paranoicos. As anoréxicas, antes isoladas, se organizam em coletivos de reivindicação. A fobia social está próxima de uma cura espontânea. Os deprimidos se tornam ainda mais deprimidos com a felicidade alheia. De todos os tipos socialmente patógenos, e digo isso sem nenhum rigor técnico, o que melhor se saiu em matéria de internet é o enlouquecimento materno.

Erasmo de Roterdã (1466-1536) dizia que há dois tipos humanos: os loucos sábios e os loucos loucos. Os loucos sábios são aqueles que sabem que o convívio humano é uma loucura. Um teatro composto por farsa, autoengano e disparidade real entre o que somos, o que pensamos que somos e o que queremos ser. Uma colagem surrealista de desejos, atos e representações. Já os loucos loucos são aqueles que acreditam que a comédia ou a tragédia que ensaiamos para nós mesmos e para os outros, dia a dia, é a vida real. Esses que se levam demasiadamente a sério pensam que são o que são, querem a todo custo transformar seus *ideais de ser* em *ser necessariamente*. São os loucos loucos. Entre todos os tipos de loucos-loucos, as mães, tomadas por sua loucura materna, provisória ou longitudinal, são de fato as mais incuráveis.

A expressão sensacional de Winnicott é brilhante por sua simplicidade: *mãe suficientemente boa*. Não precisamos de mães *demasiadamente boas*. Mas elas acham que nós precisamos, sim, pois sabem o que é "melhor para nós". Aí começa a loucura, a nossa e a delas. O que chamamos de loucura é apenas uma das suas figuras históricas mais antigas, conhecida como alienação. A alienação é a impossibilidade de efetuar certas experiências de reconhecimento, mais especificamente, não perceber o que nós exteriorizamos ou produzimos como nosso (caso da linha de montagem na qual o trabalhador não se reconhece no produto de seu próprio trabalho) ou, caso inverso, não reconhecer o outro como semelhante a nós (caso do repúdio intolerante da alteridade, por exemplo, do estrangeiro, do outro gênero, daquele que não faz a função de espelho). Toda diferença entre ideal e real deve ser entendida como uma inadequação e suprimida com um ato corretivo. Por isso são também chamadas de mães tóxicas, que funcionam pela regra da dependência por extorsão: *Ruim comigo, pior sem mim; quer ver?* No mais das vezes não é uma loucura sádica, mas uma forma de exprimir a diferença insuportável entre a maternidade prometida e a maternidade real. A projeção do sentimento de inadequação ao seu próprio ideal de maternidade acaba sendo resolvida por "ajustes na realidade".

Com a nova tecnologia digital inteiramente à disposição desse tipo de maternidade, crescem os fenômenos de aparelhamento da dependência por telefonia celular, de invasão de Facebooks, das táticas virtuais para se amigar das mães dos amigos dos filhos, das câmeras de observação de sala de aula, das insurreições contra escolas, médicos e demais familiares incautos. Como toda loucura, a loucura materna é uma dialética que não foi até o fim. Ao transformar seu sentimento de inadequação em uma diferença fundamental, uma diferença incomensurável, que tornaria seu filho e por extensão sua maternidade sumamente especiais, elas nos mostram como esses dois opostos se reúnem em uma coisa só. Uma loucura só.

## 20 OPRIMINDO MULHERES E DESAUTORIZANDO MÃES

Frequentemente há conflito entre os pais em relação à autoridade perante os filhos ou quando divergem sobre determinado tema na frente das crianças. Contudo, a construção de uma relação de respeito, particularmente do pai para com a mãe ou entre o casal, no caso de uma família homoparental, é essencial em vários sentidos:

a) Essa será uma referência para as futuras relações amorosas da criança, em que pese o fato de que o respeito, assim como a admiração, seja uma condição necessária e preliminar, mas não suficiente para o amor.
b) A interpretação da relação entre os pais será uma referência importante não só para fixar uma forma de amar, com a sua correspondente gramática de reconhecimento, mas também para as identificações de gênero em suas relações com a sexualidade.
c) O respeito designa a presença de uma fronteira simbólica entre o público e o privado, entre a intimidade e o espaço social, entre si mesmo e o outro, entre a norma e sua transgressão. A perda ou ausência dessa fronteira simbólica tende a fazer surgirem "fronteiras reais ou imaginárias" em sua substituição, ou seja, baseadas não na palavra, mas na força, na violência ou na coerção.

O respeito, por ser efeito do valor simbólico da palavra, é algo que se transfere, ou seja, que passa de quem o tem para quem a ele se associa. Na leitura que a criança faz da relação entre os pais, inaugura-se o início da dialética entre autoridade e poder, tão crucial para qualquer processo de emancipação, autonomia ou independência. Daí que o respeito seja um "afeto reflexivo": quem demonstra e pratica respeito (pelo que nós reconhecemos como simbolicamente respeitável) adquire imediatamente nosso respeito. Inversamente, se alguém tem nosso respeito, tendemos a respeitar o que essa pessoa respeita. Portanto, o respeito do pai pela mãe é essencial também porque ensina como o respeito é transferível, como ele pode ser passado de uma pessoa para outra.

O conflito de autoridade é um dos problemas incontornáveis de qualquer processo que envolva educação, criação e cuidado. A rigor, seria muito ruim que não houvesse conflito de autoridade dentro de um casal na criação de seus filhos. Isso indicaria para a criança que a autoridade não é um efeito construído em relações, que pode portanto ser perdida ou adquirida em função da forma como as pessoas agem, mas, ao contrário, é uma propriedade inerente às pessoas, que têm ou não autoridade, independentemente de como se comportam. No entanto, a divergência aberta entre os pais, assim como a congruência irrestrita (na forma de se conduzir diante dos filhos), destrói o elemento mais fundamental da relação de respeito-autoridade, ou seja, indica para os filhos que as diferenças individuais (o pai pensa em agir assim, a mãe pensa o contrário) impõem-se à tarefa comum entre eles, que é de transmitir aos filhos algo que é mais forte que suas disposições individuais: o que chamamos de valores. O efeito deletério dessa divergência aberta ou convergência irrestrita (no fundo, um sintoma da impotência dos pais para negociar suas diferenças) é tão pior quanto menor for a criança e mais agudo entre três e cinco anos, quando a criança está fazendo uma passagem crucial pela qual se transfere o respeito à lei familiar para o respeito à lei social (da escola, por exemplo). O caso do pai que desautoriza explicitamente as ordens da mãe pode conter alguns agravantes:

a) Quando esta desautorização é feita de modo injustificado, que não indica ou remete a uma autoridade à qual o próprio pai se submete (pai despótico).
b) Quando esta desautorização está simplesmente a serviço da fixação do pai como uma imagem amável, em detrimento da imagem odiosa que restaria para a mãe (pai permissivo).
c) Quando esta desautorização é apenas um capítulo da luta de forças entre pai e mãe em torno de quem tem mais poder dentro do casal (pai tirânico).
d) Quando esta desautorização efetiva apenas a própria desautorização e impotência que o pai sente em relação a seu próprio papel, ou seja, quando ele se coloca a obedecer irreflexivamente ordens ou mandatos recebidos de outrem com os quais ele mantém relação de subserviência ou servidão (escolas, médicos, familiares, tradições etc.) (pai impotente).

A busca de algum consenso é importantíssima, não apenas pelos seus resultados finais, muitas vezes precários, instáveis e sujeitos à reformulação, mas pelo processo pelo qual o consenso se constitui. Nesse processo são trocadas referências e discutidas as fontes e os limites do que nos causa respeito, logo da autoridade. As razões e os motivos surgem, assim como os meios pelos quais nos apropriamos das leis e as tornamos nossas. Mas atenção! Isso não significa que todo o processo deva necessariamente incluir os filhos. É importante que a criança infira por si mesma partes "ocultas" ou "secretas" desse processo entre os pais. O respeito é uma consequência do fato de que entre pais e filhos a situação é assimétrica e potencialmente coercitiva. Mas, se a coerção for sempre o meio pelo qual o conflito se resolve, isso implica perda gradual de autoridade, ou seja, quando os meios de coerção se forem, com eles irá embora a autoridade. Ora, isso se aplica também às inúmeras formas pelas quais um pai pode desautorizar uma mãe por meio de coerção: dinheiro, chantagem, violência, intimidação, sevícias verbais, imputação de culpa ou rebaixamento moral. Conflitos resolvidos, externados ou tratados por meio de coerções desse tipo fazem com que os envolvidos aprendam, ao fim e ao cabo, a obedecer sem concordar ou a concordar sem reconhecer o próprio consenso como valor comum. Resultado: a autoridade será cobiçada apenas e tão somente porque servirá de meio para vingar-se da humilhação sofrida, o conflito será sinônimo de confrontação e a diferença será apenas um obstáculo a ser vencido, e não algo que pode nos enriquecer.

A situação para a mãe costuma oferecer uma alternativa dramática: ou confirma a arbitrariedade paterna (mesmo contra sua vontade mais íntima) e certifica assim sua própria opressão mas garante a permanência de algum respeito pelo pai (mesmo que em uma forma primitiva), ou recusa a arbitrariedade paterna e nesse caso terá que mostrar que sua própria posição não é igualmente arbitrária. Isso abre uma porta para a criança, que é de *jogar um pai contra o outro* de tal forma a extrair os benefícios que na ocasião lhe convêm. Nesse caso a criança terá um benefício (mesmo que primitivo) que é o de colocar em ação uma espécie de *consenso móvel*, ora com o pai, ora com a mãe. Em outras palavras, a situação não admite uma solução sem perdas substantivas. Um caminho plausível é explicar claramente para a criança por que o pai está equivocado e onde (na forma, no conteúdo, na coerência, nos motivos ou razões). É importante para os filhos descobrir que seus pais são capazes de se enganar, se equivocar e mesmo francamente errar. Melhor ainda quando os pais podem recuar, voltar atrás ou pedir desculpas (verdadeiras) e quiçá reparar seus erros. Infelizmente, a maior parte dos pais acha que isso vai retirar sua autoridade, quando se dá exatamente o contrário, voltar atrás, rever uma decisão (desde que não seja a regra), é justamente o que faz a fronteira do respeito ser uma fronteira simbólica. Melhor ainda quando essa desautorização puder ser revista "consensualmente pelos pais" e daí transmitida para a criança.

A criança não só aproveita como em geral é extremamente sagaz na localização de fissuras ou diferenças entre os pais, muitas vezes antes que os dois percebam sua existência. O caminho mais comum, por um lado inevitável (uma vez que sempre haverá diferenças de fato entre os pais) mas que por outro exige uma resposta atenta, é que a criança comece a "orquestrar" o conflito entre os pais a seu favor. Se o pai proíbe a TV, mas sai de casa logo em seguida, a criança poderá "ingenuamente" pedir autorização expressa da mãe para assistir a seu programa preferido (omitindo a ordem paterna). O pai volta e vê a filha diante da TV e ela lhe dirige um imediato... *mas a mamãe deixou*. Seria simples imaginar que uma conversa entre os pais resolveria a questão. Mas a situação pode ter sido escolhida a dedo pela criança para explorar certas fissuras no casal, por exemplo:

a) Ela sabe que a proibição da TV não é de fato aceita consensualmente pela mãe (por ser dura demais, por ser feita de um modo inadequado etc.), de tal forma que ela "usa" a própria desautorização da mãe como instrumento a seu benefício, deslocando o conflito para os pais... enquanto ela segue com seu programa de TV.
b) Ela sabe que aquele programa em particular é fonte de controvérsias entre os pais.
c) Ela sabe que os pais vêm brigando ou divergindo aberta e constantemente em torno das decisões sobre sua educação.

d) Os pais não se conversam (nesse caso a criação de um "conflito" entre eles pode ser uma tentativa desesperada da criança para que isso aconteça).

Contudo, quando a autoridade da mãe é reforçada pelo pai, isso cria condições ótimas para a transmissão do respeito e da autonomia pela criança, desde que a autoridade da mãe seja de fato reconhecida pelo pai, desde que esta lhe pareça legítima. Ou seja, o respeito não deve ser apenas sinal de indiferença, incapacidade de resistir ou de fazer valer suas demandas e seus interesses, falta de envolvimento ou desconhecimento da complexidade envolvida para gerar essa autoridade do lado da mãe. O pensamento conservador costuma insistir que a moral do respeito funda-se em bons exemplos, que por sua força e pelo medo que inspiram geram um tipo de obediência intransitiva. Ora, isso significa imaginar que a autoridade é apenas um desdobramento quantitativo da autoridade familiar e supor, inversamente, que a relação do casal é apenas um assunto privado. O respeito não é um sentimento privado, mas é a intuição de que existe algo além da relação possessivista na qual o poder de um se impõe ao outro. Algo simbólico capaz de articular a relação insubstituível e caprichosa do vínculo doméstico como a relação pública na qual todos somos iguais e intercambiáveis diante da lei. Sem essa experiência a situação de conflito e de diferença será interpretada como desrespeito, humilhação ou desonra. Daí a importância de que o reconhecimento primário dessa relação de autoridade não seja nem apenas a submissão a uma autoridade anônima, nem à aplicação personalista da lei.

O conflito permanente e maltratado entre os pais, especialmente através da desautorização de um dos pais ou da desautorização mútua, tem consequências ruins para todos da família e, pior, muitas vezes para a formação de futuras famílias pelos filhos envolvidos. A opressão entre gêneros, o preconceito e o sentimento de impotência permanente ou de onipotência destrutiva são efeitos comuns quando esse tipo de situação é predominante. Lembro que uma família é um sistema de tratamento, de formação e de circulação de conflitos. Nada menos estruturado e mais infeliz do que uma família sem conflitos. Em geral, são apenas casos de não família, ou seja, arranjos econômica ou sexualmente produtivos, contratos de sobrevivência ou prestação de serviços comuns, sem a formação de laços familiares de fato. A exposição de divergências para incluir os filhos em disputas que se referem ao casal, a intromissão dos filhos nos assuntos cuja decisão final é dos pais (no sentido de fazer os filhos se encarregarem da função dos pais) e a desautorização em suas diversas formas sinalizam apenas formas precárias ou preguiçosas de lidar com conflitos ou de fugir deles (por deslocamento). No fundo é isso que se ensina ou não se ensina em uma família: inventar um conflito comum ou remetê-lo a indivíduos que serão culpados ou esmagados por seus próprios ideais, oprimindo outros indivíduos.

## 21 O DEVER DE AFETO E O DIREITO DE VERDADE

Nos anos 1960, Françoise Dolto (1908-1988) revolucionou a psicanálise da infância com uma ideia tão simples quanto eficaz: *devemos contar a verdade para as crianças*. Depois de anos deparando com efeitos deletérios de mentiras, ocultações e demais práticas adultas de negação da verdade, Dolto percebeu como grande parte do sofrimento decorre da impossibilidade de nomeá-lo. Tese complementar: *a criança sempre sabe*. Aquele que atendeu famílias corroídas pelo segredo, pessoas atormentadas por suas orientações sexuais, crianças de quem se escondeu uma adoção, destinos humanos cercados por fantasias inadmitidas, sabe o peso que se acumula na verdade que não se diz. E esse peso é ainda maior quando o tempo coagula tal verdade atribuindo a ela valor e potência que não se dilui nem se troca, nem se desloca pela sua entrada no comércio dos assuntos humanos e na sua lei maior que é a lei do reconhecimento compartilhado. Uma síntese do problema aparece no filme *Desejo e reparação* [*Atonement*, Joe Wright, 2007], inspirado no livro de Ian McEwan.

O direito à verdade torna-se um paradoxo quando nos faz supor a existência daquele que seria seu representante fiel e executor. São os pais diante dos filhos, os amantes e os amigos entre si, as testemunhas diante do ato, as instituições por todos nós, a transmissão da cultura em seu limite. Nada mais perigoso do que alguém que, nessa tarefa, queira nomear positivamente toda a verdade. Ou seja, ao direito de verdade corresponde um tipo de dever que poderíamos chamar de dever contingente. O dever de dizer no tempo certo, para aquele a quem essa verdade concerne, seguindo a prudência de que toda a verdade não pode ser dita, como argumentava Lacan, porque isso é impossível, faltam palavras. É preciso coragem para dizer essa verdade, ainda que não toda.

Depois de décadas de desconstrução e de relativismo multiculturalista em teoria social, parece cada vez mais claro que a verdade é uma categoria incontornável da vida ética e desejante. A chamada pós-verdade, entendida como sistema de circulação de opiniões e de interesses autojustificados, baseado na hegemonia ou no acesso privilegiado aos meios políticos, jurídicos, sociais ou midiáticos para produzir consensos pragmáticos, é uma maneira de institucionalizar a covardia diante da verdade. Lacan tinha duas formulações em mente quando desenvolveu sua concepção da verdade em estrutura de ficção. A primeira é que não podemos contornar a castração como momento de verdade, entendida aqui a castração não como ameaça de perda de uma parte do corpo, mas como divisão não eliminável do sujeito em relação a si mesmo e em relação à linguagem, na qual ele nunca consegue se inscrever completamente. A segunda figura da verdade é conhecida como "não há metalinguagem", ou seja, não há ponto de vista exterior a partir do qual poderíamos apreciar a razão sobre a razão, nem medir de forma neutra valores e interesses, nem descrever privilegiadamente a diferença entre pontos de vista segundo um parâmetro transcendental.

Contudo, talvez seja possível reabordar a verdade pelas vias do negativo. Posso não saber o que é a verdade em todos os casos, seu código universal ou a língua soberana na qual ela está escrita, mas sei reconhecer o mal-estar naquele silêncio, naquele capítulo em branco de minha história, naquela palavra esquecida, naquele gesto que não veio. Esse mal-estar precisa de um nome para se tornar sofrimento e, como tal, ser tratado, reconhecido e recomposto. Um grão de verdade que se dispersará em novos saberes e diferentes narrativas.

É esse dever contingente que está em jogo quando um pai recebe ordem judicial para pagar determinada quantia como reparação por não ter "reconhecido afetivamente" sua filha ou quando se estipula que filhos possuem uma espécie de direito natural ao afeto de seus pais. Muito além das obrigações de segurança e dos encargos com a manutenção e a administração da vida, fica claro que há aqui uma patologia da verdade. Nada mais certo para provocar o ódio do que o imperativo universal e obrigatório de amar. Além de contraproducente, parece-nos insensato que a lei, no sentido do direito, obrigue alguém a amar. E nos soa irrisório que codifiquemos o amor em uma série de comportamentos procedimentais. Portanto, não conseguimos estabelecer de forma necessária e positiva o que vem a ser o direito ao afeto. Quando o fazemos, geralmente temos uma patologia incipiente ou em progresso. Mas isso não quer dizer que não seja possível reconhecer, sem dúvida ou hesitação, quando estamos diante de uma transgressão dos deveres contingentes, seja ele o dever de verdade ou o direito ao afeto. E esses não se reparam apenas juridicamente pela coerção ou prescrição, mas por meio de palavras e atos de reconhecimento.

O dever do afeto é uma contradição em termos, mas a contradição habita o mais fundo da experiência humana. Talvez ele nos revele esse fragmento de verdade que não estamos acostumados a aceitar facilmente e que não é que a verdade não existe ou que ela é eterna e revelada, mas que ela é contingente. Tão contingente quanto o afeto.

## 22

**A COR E A FORMA DO CUIDADO** No inverno de 1939, Hitler invadiu Praga, iniciando a perseguição aos judeus da Boêmia e da Morávia. Muitos saíram do gueto para o campo de concentração, em Theresienstadt, e dali para o extermínio. Ao longo desse processo, as vagas para crianças judias em escolas declinaram. Ao final, elas estavam quase todas sem professores e sem espaço para brincar, mas isso não impediu de serem cuidadas e assistidas.

Friedl Dicker-Brandeis (1898-1944) era uma estudante de artes plásticas que, ao perceber a gravidade da situação, começou a desenvolver um sistema informal de educação baseado no desejo e na poesia. Depois que Friedl foi deportada para o campo de concentração em Auschwitz, na Polônia, restou apenas uma mala com centenas de desenhos e escritos que testemunharam o avanço do inexplicável e o gradual processo de separação e abandono.

Visitei a exposição desses trabalhos no Museu Judaico Zidovske, em Praga. Eles são de grande interesse para os que se preocupam com a infância em situação de vulnerabilidade. E são também de extrema relevância para entender como, em tais situações, cuidar do outro se torna uma atividade crucial. Crianças tendem a cuidar de seus pais, de seus irmãos e de seus próximos em situações críticas. Nós, adultos, estamos tão acostumados a nos colocar na situação de quem cuida que nos esquecemos de reconhecer a imensa potência que a criança tem e desenvolve para cuidar dos outros.

Há muitos relatos de pessoas que atravessam condições sintomáticas como depressão, dependência química, estados de loucura ou precariedade relacional baseando-se na "força" que tiram não se sabe bem de onde. Pode parecer incompreensível, mas esse peculiar esforço para representar as coisas um pouco melhor do que elas são acaba por transformar as coisas elas mesmas. Desde que usado com parcimônia.

O truque funciona melhor para ajudar o outro e indiretamente a si mesmo. A psicologia popular tornou *Poliana* um clássico, mas só quem leu *Poliana* (e depois *Poliana moça*, ambos de Eleonor H. Porter) sabe que a fórmula funcionava para retirar os outros de sua própria miséria, solidão e sofrimento. Não era um tolo mandamento otimista baseado na transmissão missionária de uma visão de mundo, mas uma maneira de compartilhar pensamentos, sentimentos e palavras. Em suma, um sacrifício retórico e estético, e não um programa educativo e moral.

Acredito que havia um trabalho de mútua sustentação desse tipo entre crianças e adultos em Teresín. É por isso que a educação que sobreviveu era principalmente baseada na poesia dos meninos e no desenho das meninas. A evolução gráfica nessas crianças revela uma espécie de aperfeiçoamento das formas, das cores, do trabalho com luz e textura. Mas cada um desses aspectos parece se separar dos demais. Ali onde há elaboração das cores, a forma se desfaz. Inversamente, onde a forma ganha desenvolvimento, há menos cor. Nos traços de movimento, perde-se a luminosidade. Um exercício sintético: figuras vazadas, ricamente detalhadas, contra um fundo negro, ao modo de sombras. Ilustração estética do que Primo Levi narra como a perda da alma em vida nos campos de concentração. Como se as modalidades expressivas absorvessem a necessidade de produzir uma "perspectiva parcial" para compor uma espécie de resiliência diante da extrema intrusão do Real.

Há um equivalente poético disso em "Para que serve o sol, quando não há dia?" – pergunta de Hanuš Hachenburg, de dez anos, ou em "Borboletas não vivem no gueto", na declaração inesquecível de Pavel Friedmann, de sete anos.

A separação entre forma e cor, entre luz e textura, talvez possa ser explicada por motivos técnicos, mas ainda assim ela me parece refletir o enfraquecimento da capacidade de brincar e de cuidar, que nem a mais poderosa e resiliente aspiração estética do desejo é capaz de superar em situações-limite. Talvez seja isso que luta até o fim em cada um de nós.

## 23

**SÍNDROME DA ALIENAÇÃO PARENTAL** Em agosto de 2010, o ex-presidente Luiz Inácio Lula da Silva sancionou a lei nº 12.318 que dispõe sobre a alienação parental, permitindo aos juízes interceder contra exageros praticados por um dos pais contra a imagem e a autoridade do outro. A presença da síndrome da alienação parental faculta a imposição de penalidades ao cônjuge alienador (desde multa até a inversão da guarda). Descrita por Richard Gardner em 1985, a síndrome ocorre tipicamente no contexto de separação do casal, quando um dos pais começa uma campanha sistemática e recorrente para desmoralizar o outro. Geralmente aquele que detém a guarda da criança cria uma interpretação tão negativa do outro que a criança abandona sua habitual e esperada atitude (gerada pela separação) de divisão subjetiva, conflito e angústia, iniciando uma espécie de "alinhamento automático" (alienação). Passa a reproduzir discursos, crenças, práticas e sentimentos do alienador em relação ao alienado. Sem culpa ou ambivalência e com justificativas fracas ou absurdas para explicar a depreciação, chega-se a situações nas quais o filho pode recusar visitar ou ver o pai ou a mãe, generalizando o ódio para outros parentes. Tragicamente, isso pode ser lido como ato de desamor e uma tomada de partido por parte da criança, provocando no genitor acusado decepção, indiferença e abandono que acabam por "produzir" ou "confirmar" o estado de coisas que inicialmente era uma ficção (mesmo que inspirada em fatos reais). Frases típicas como *Seu pai não se importa com você*, *Ela não te (nos) ama*, *Ele só quer saber da outra* e *Ela nunca cuidou direito de você* tornaram-se, na expressão da lei, enunciados que nenhuma criança jamais deveria escutar de seus pais. Mas qual é exatamente o direito que essa lei protege? O direito de formar livremente os próprios sentimentos e opiniões sobre os pais? O direito de não ter suas crenças manipuladas pelo outro? O direito a uma relação "saudável" com ambos os pais?

É comum que os filhos sejam expostos no trabalho de interpretação das razões, causas ou motivos da separação. São alvo de fogo cruzado, levando e trazendo recados, desaforos e ressentimentos de um a outro. Sofrem *fogo amigo* dos pais que oferecem excessos amorosos, baseados na recomposição artificial da culpa pela decisão de separação ou no medo de dissolução do laço afetivo com os filhos. Penam com bombardeios devastadores e indiscriminados. Têm que aturar re-adolescências e exclusões do passado. São tratados em bloco como aliados do inimigo, vítimas de indiferença forçada, induzida ou favorecida por terceiros e quartos. Tentam encontrar seus próprios sentimentos contraditórios em meio à guerrilha, ao cerco e às escaramuças pelos quais um casal pode permanecer *separado* e *junto para sempre*.

Sabemos do que uma relação é feita quando se desfaz. E ela nem sempre se desfaz quando formalmente decretamos seu fim. Há finais que não terminam e há términos que não acabam. A diferença não é retórica. Pensemos naquele amor que chegou a um fim, mas que permanece latente como uma espécie de *poderia ter sido*. Um amor que terminou como relação de convívio, mas que permanece sem fim e inacabado como possibilidade que não nos larga nunca. Pensemos também naqueles términos que insistem em pedir por uma palavra a mais, por um encontro definitivo, que se repete sem nunca consumar uma verdadeira separação. Eis aí um término que não acaba, um "estão de término" que pode durar muito tempo entre duas pessoas. Por isso é raro que uma criança enfrente dificuldades realmente novas durante o curso de uma separação. Geralmente trata-se de ampliação das disposições e de conflitos já antes presentes. Isso é cruel no caso em que a criança é reduzida a instrumento de vingança, alienada ao desejo de um dos pais. Nessa circunstância, ela é privada de uma das possibilidades mais importantes e criativas fornecida involuntariamente pelo contexto: a possibilidade de experimentar, reconhecer e confrontar o *desejo de se separar*.

O termo *alienação* possui dupla conotação: 1) estranhamento e impossibilidade de nos reconhecermos em algo que nós mesmos produzimos, que nos aparece como algo separado de nós; 2) exteriorização, separação ou perda de nossa própria consciência. No século XVIII, os loucos eram chamados de alienados, pois se supunha que não podiam se reconhecer em seus atos (responsabilidade) e que haviam perdido a própria consciência (estavam fora de si). Portanto, separar-se e alienar-se são literalmente sinônimos, mas ao mesmo tempo opostos. É isso que está em jogo na síndrome da alienação parental: privar a criança do mais simples, primário e esquecido direito à contradição. Imaginamos sempre que a coerência é um valor indiscutível na educação. Pais que praticam a alienação parental estão sendo racionalmente coerentes com seu desejo de vingança. Estão sendo demasiadamente coerentes com sua interpretação polar e planar de quem está com a razão e de quem é o melhor cuidador para a criança. É loucura ou alienação, mas não destituída de método. Ainda bem que nossa justiça reconheceu, contra a supremacia da coerência, o direito da criança a experimentar sua própria contradição. O direito a reconhecer a contradição no desejo do outro.

## 24 INTOXICAÇÃO DIGITAL INFANTIL

Toda reformulação de tecnologias convida à reconstrução de nossas formas de cuidado e educação de crianças. Tememos por seus efeitos deletérios e sonhamos com seus benefícios. Freud dizia que o mesmo progresso que trouxe as linhas ferroviárias levando para longe nossos entes queridos inventou o telefone que vence tal distância. Lacan formalizou o problema de uma forma mais trágica: não há progresso. Como não sabemos o que perdemos, não podemos avaliar o que ganhamos. Ainda assim a transformação de uma forma de vida deixa relíquias que cultivamos como cultura e ruínas vivas, sequelas de um futuro que não pode ser antecipado. Agora, quando temos uma primeira geração nascida e criada com acesso farto e irrestrito à vida digital, podemos começar a separar um estilo de vida, como o nerd ou o geek, de novas formas de sofrer, aqui agrupadas em torno da *intoxicação digital infantil*. Como qualquer tecnologia, ela apenas favorece ou intensifica disposições já existentes. Por isso os traços descritos a seguir devem ser compreendidos como exemplos de usos que uma criança pode fazer da vida digital, geralmente em associação com certas condições de relação familiar e de educação que lhe são conexas e complementares:

1) *Superoferta de presença*. Crianças entre zero e dois anos de idade expostas a tablets desenvolvem uma ligação extrema com a presença do outro, representado pela oferta de imagens atraentes e pela estimulação auditiva ou sensorial adaptada às suas demandas. Essa espécie de chupeta eletrônica não traz apenas prejuízos para a formação do sistema visomotor ou da atenção: ela introduz uma novidade intersubjetiva, a crença de que o outro está sempre disponível. Freud observou

seu neto jogar para fora do berço um carretel atado a uma linha e puxá-lo de volta, dizendo prazerosamente: "aqui" e "lá". Disso ele intuiu um modelo de simbolização a partir do brincar. Ao agir dessa maneira, a criança substitui a mãe ausente pelo carretel presente. Ela inverte a experiência vivida passivamente com a ausência da mãe em um fazer ativo, jogando e puxando o carretel. O terceiro fato simbolizante está na introdução de uma palavra significante: *aqui-lá*. Ela substitui a angústia da ausência e da presença excessiva da Coisa materna. Tablets reagem a gestos, e não a palavras. Eles pacificam não apenas porque fazem a função do carretel que substitui o adulto cuidador, mas porque propõem novos estímulos visuais e acústicos. Isso elimina o tempo morto, no qual a ausência do outro é o tempo desconfortável, porém criativo, de invenção de seu substituto lúdico. Nesse tempo "perdido" aprendemos a nos acalmar, mas também a nos interessar pelo outro. A criação de um dispositivo de ocupação total, sempre disponível, transformou as situações de espera em situações de ocupação. Fixa-se uma maneira de estar permanentemente com o outro em presença, o que confirma a suposição de que ele está sempre interessado em nos ofertar atenção, objetos, imagens ou palavras. É um modelo de criação de filhos que tem por horizonte a formação de um consumidor exigente. São pais que se relacionam com escolas, médicos e outros com quem dividem a educação de seus filhos de modo diverso de uma comunidade de sentido e cooperação, como num jogo contratual de desempenhos e performances, de investimentos e retornos. Isso cria secundariamente, na criança, o sentimento de que o Outro não apenas se esforça para agradá-lo e se fazer amado, mas que ele tem uma espécie de "obrigação jurídica" ou de "dever moral" de fazê-lo e, assim, se transfere a atitude de consumidor de pais para filhos. Esse efeito concorre para a formação de uma atitude básica de ressentimento, ofensa e desrespeito, que traduzirá, a partir de então, a reação básica diante de contrariedades e obstáculos.

2) *Isolamento e redução do laço social.* A suposição de que o Outro toma sempre a iniciativa afeta a estrutura da demanda, interferindo na formação de atitudes como dar, receber, pedir ou compartilhar. Quando o Outro não me oferta nada, isso é lido como signo de desamor e indiferença, mas sem incitar o trabalho para fazer-se interessar ao Outro. Duas oposições elementares da gramática amorosa podem sofrer prejuízos aqui: amar e ser amado (atividade e passividade) e amor ou ódio (oposição de conteúdo) são submetidas a uma terceira oposição, mais genérica, entre amar e ser indiferente. Se ser amado se identifica com presença e oferta, a ausência se traduz por desamor e indiferença. Nesse cenário, saber administrar a indiferença torna-se uma habilidade tão crucial quanto cruel. Isso pode ser feito tanto pela suspensão quanto pela fixação em um dos quatro pontos de sustentação da demanda: pedir, recusar, oferecer e negar. O ponto de retorno da demanda sobre si mesma, o ponto no qual a criança diz *Não é isso*!, não dá início a uma nova série baseada em *Eu te peço*, mas transforma-se em uma atitude, uma posição subjetiva. A vida no condomínio digital cria muros de indiferença baseados na seletividade de oferecimentos, filtrados por *targets* e *bigdata*, repetindo escolhas anteriores, tornando cada vez mais invisível a diferença. Isso reduz o tamanho do mundo, o que acaba por aumentar o volume proporcional do eu. A exclusão do outro perturbador, a recusa da diversidade e o bullying digital são signos dessa patologia da gramática da demanda.

3) *Depressividade desejante.* O imperativo da oferta amorosa em presença e a erotização da recusa-indiferença, facilitados pela linguagem digital, podem suturar o intervalo no

qual a demanda evolui para o desejo com uma espécie de consolo de gozo. Surgem crianças para as quais videogames e redes sociais não são apenas causa, mas solução para a decepção com o Outro. Apatia, seletividade alimentar, dificuldades de sono, restrição social, obesidade e redução do espectro de interesses são uma paisagem conhecida. Acrescentemos aqui dois traços estruturais: (a) *abulia*, dificuldade de iniciar um ciclo de comportamento, o esforço desproporcional para dar o *primeiro passo*, como levantar pela manhã, sair de casa ou pegar no sono; e (b) a *anedonia*, perda da capacidade de experimentar satisfação, ainda que condições objetivas para isso sejam dadas. Reduz-se o arco de trabalho subjetivo que articula experiência de satisfação e desejo. Muitos dispositivos digitais baseiam-se em séries muito simples cuja gramática elementar apenas se torna mais extensa e acelerada mas não mais complexa, por exemplo em games como Candy Crush ou Minecraft. Arcos de trabalho subjetivo mais simples, percebidos genericamente como *altamente viciantes*, convidam a criança a *sair do ar*, a *agir sem pensar*, sobrepondo depressivamente o que é agradável ao que é desejável.

4) *Déficit narrativo na construção de intimidade*. A depressividade do desejo usualmente se faz acompanhar por efeitos de identificação, idealização e crítica. Na criança isso acaba tornando mais difíceis os momentos de assunção subjetiva de uma nova imagem, nos quais será preciso enfrentar a contingência e incerteza identitária e corporal, que nos expõe ao juízo do Outro. A indeterminação típica desses momentos abre a situação para o que a psicanálise chama de transferência, basicamente a reedição de pedidos retidos ao longo da história do sujeito em um novo laço de saber e desejo. Quando nos pomos a narrar a história de nossas demandas e compartilhar nossas incertezas, elas se transformam, dando chance a mudanças em nossa

forma de amar e pedir. A vida digital expõe crianças a narrativas interessantes, variadas e complexas. Elas servem de suporte para idealização e identificação, mas nem sempre oferecem as condições de pessoalidade e singularidade que a transferência requer. *Animês* como *Pokemón*, *Yugi-Oh* e *Naruto* são histórias longas, com infinitos personagens, baseados na cultura da honra, da autoridade e da vergonha. Nem sempre essa estrutura narrativa desloca-se para a produção transferencial, acentuando a confusão típica da infância entre identificação, amor e desejo. Youtubers como Kéfera e Christian Figueiredo fazem isso de forma mais eficaz. A dificuldade de narrativizar seu próprio sofrimento, compartilhando-o com outros e problematizando seus destinos, conecta-se com certos sintomas de linhagem "atuativa", como o *cutting* (cortar-se para aliviar a angústia), o *binge* (comer rápida e impulsivamente), a anorexia (recusar-se a comer), a bulimia (comer e vomitar em seguida) e a compulsão ao consumo (acumuladores, adictos), quando não afeta diretamente a fala como no mutismo seletivo, aliás, ascendente entre crianças orientais. O fracasso na constituição de experiências de intimidade é outro efeito da recusa de experiências de indeterminação e do excesso de individualização da demanda. A benéfica confusão transitivista entre atividade e passividade, a experimentação das relações de posse, uso e propriedade, assim como o compartilhamento contínuo de projetos futuros e histórias passadas, podem ser evitados com os recursos digitais. A facilidade de oferta e troca de intimidade em espaços virtuais estimula formas discursivas e ilações de fantasia muito à frente do momento real vivido pelos participantes, especialmente quando se trata de crianças.

5) *Indeterminação da privacidade e da autenticidade.*
 Quando os meios digitais oferecem poucas experiências

*produtivas* de indeterminação, aumenta para a criança o valor identificatório das experiências *improdutivas* de indeterminação. Uso de perfis falsos, mecanismos de anonimato como *nicknames* e avatares e identificações de grupo favorecem um regime de inconsequência na relação com a palavra e com a imagem, segundo a fórmula freudiana do *Eu sei, mas continuo agindo como se não soubesse*. Nesse caso, atitudes autênticas e íntimas são expressas por meios inautênticos e interesseiros. O humor é uma solução para essa divisão, mas aqueles que fracassam em se defender dessa maneira serão expostos aos efeitos da inconsequência com a palavra. Se o compromisso com o que se diz ficar cada vez mais ligado às condições "atuais" de sua enunciação, estaremos expostos à desconfiança de que alterações de rota podem ser feitas a qualquer momento. Daí o fato de tantas crianças estarem esquivas ou ressentidas diante da privacidade sem autenticidade. Daí também tantas crianças que sofrem com errância atencional e sentimento de inadaptação a contextos sociais regidos pela lei do desempenho narcísico. Elas recusam situações nas quais as regras não são fluidas ou renegociadas com rapidez, situações que não possam ser desfeitas com a velocidade de um clique ou que sugiram a excessiva ou indesejável intrusão. Sofrem assim de uma versão acelerada digitalmente do complexo de porco-espinho: se o outro está muito perto, ele "cola", se está muito longe, ele entra em indiferença. Os descompassos no tempo, os desajustes de intensidade e os desalinhos de orientação, constitutivos da situação de intimidade, são pouco tolerados, uma vez que são lidos como sinais de inautenticidade e improdutividade.

6) *Hipertrofia das expectativas narcísicas de reconhecimento.* A manipulação da imagem de si é o passaporte de entrada para o mundo digital. Redes sociais ampliaram de forma

dramática nossas gramáticas de reconhecimento ao multiplicarem nossas escolhas sobre os termos nos quais queremos ser reconhecidos. Há quarenta anos, alterar o ambiente de reconhecimento no qual se vivia era uma operação difícil. Os colegas de escola eram aqueles, os vizinhos de rua também, a família era casamata de identidades posicionais. Há cem anos uma mulher como Madame Bovary poderia ser trucidada simplesmente porque ousava sonhar outra vida para si. Poder escolher como, por quem e quando se quer ser reconhecido cria tribos antes improváveis como amantes de capim e autoamputadores. Pequenos aforismos criam grupos de identificação: "Não fui eu, foi meu eu lírico", "Às vezes eu finjo que entendo", "Vegetarianos não praticantes" ou "Eu nunca terminei uma borracha". Podemos sonhar em ser um personagem, musical ou atitudinal, com milhões de *views*, apenas contando nossa miséria particular de uma forma engraçada. Com isso, a criança convive com a desagradável sensação de que a vida de seus amigos e conhecidos está envolta em um mar de gratificações, estupendas realizações e intermináveis experiências de sucesso. Só aquelas pessoas que ela conhece, real e pessoalmente, são fracassadas e irrelevantes. Jovens que se dedicam laboriosamente aos seus sonhos, enfrentando dificuldades compatíveis, sentem-se exceções lamentáveis em um mundo que se apresenta injustamente difícil para eles. A modificação de impressões e o exagero perspectivo, que só traz à luz os "melhores momentos" de cada vida, gera um mistura de decepção e falsa promessa. Isso traz consigo o inevitável sentimento de atraso, impaciência e inquietude, cuja forma enunciativa básica poderia ser: *Não construí nada; tenho 25 anos e ainda não...*

7) *Intoxicação digital infantil.* O laço digital de reconhecimento requer a ingestão continuada de substâncias venenosas repletas de soluções para conflitos subjetivos. Nesses

casos a *presença intrusiva do Outro como oferta e incitação* não é só uma contingência, mas uma condição sem a qual o laço social e discursivo não acontece. Quando o Outro nada lhe oferece, surge a angústia da desaparição, o sentimento de inexistência, a queda e o estranhamento do lugar do Outro. Por isso o primeiro sinal da intoxicação digital é a experiência de ausência de si. O sentimento de que a criança perdeu sua capacidade de estar com os outros. A redução seletiva da capacidade de se afetar com o outro se apresenta como uma alternância entre intensificação (por exemplo, o stress situacional do jogo) e a angústia apática resolvida por atos e comportamentos mais do que por palavras e representações.

Em vez de uma redução da simbolização ou da capacidade de fantasiar, a intoxicação digital envolve uma espécie de exteriorização do fantasiar, um fantasiar a céu aberto, com um embaralhamento entre intimidade, privacidade e publicidade. Daí uma espécie de recuo ou evitação diante do conflito ou, inversamente, uma espécie de negociação permanente das regras. Como na vida digital estar com o outro é exercer sua mestria, o conflito decorre de que as regras do mundo virtual são *quase as mesmas* do mundo real do qual ele faz parte. Por exemplo, falar com o outro envolve uma coerção pelo tempo. O outro fala, eu devo dizer algo naquela hora. Se ainda assim eu não o fizer, meu silêncio será interpretado como uma mensagem. Na comunicação digital é *quase a mesma coisa*, mas há uma sensível diferença: eu posso ver a mensagem e responder quando quiser, eu posso deixar o outro na dúvida, eu posso criar suspense ou simular minha recepção. Tudo isso como uma espécie de defasagem temporal.

Tanto a *depressividade desejante* quanto o *déficit narrativo* são efeitos de uma transformação trazida pela vida digital em termos da estrutura do saber, e particularmente no saber como aquilo que dá unidade à relação entre demanda, identificação e gozo. O saber, bem como a autoridade que dele decorre, está sempre disponível e sem descontinuidade. Não há hiato ou intervalo necessário para que a demanda do Outro seja traduzida para a forma *Mas o que ele quer naquilo que ele me pede?*. Esse saber sem descontinuidade ocorre também na gramática das adições, na qual o laço entre procedimentos e satisfações está garantido e seguro, o que não sugere uma relação de causalidade entre vida digital e adições, mas uma plataforma intersubjetiva e de linguagem, para que modos de sofrimento contemporâneos, como a depressividade, o déficit de intimidade ou de narratividade, bem como a dificuldade de manter transferências, se instalem.

Pais que usam a vida digital como pacificador, que não falam, não se interessam nem participam do universo simbólico que ela traz consigo, que demonizam a cultura digital como se fosse uma droga ou uma má companhia da qual devemos proteger os mais jovens, estão contribuindo direta ou indiretamente para a intoxicação digital de seus filhos e para a crença, esta sim perigosa, de que o demônio está nos objetos e nas linguagens, e não no que fazemos com elas. Quando seus filhos tornam-se zumbis inacessíveis e inabordáveis, geralmente eles não conseguem reconhecer que o mundo digital apenas respondeu ou ampliou o modo de relação que eles mesmos propõem com o amor, com a demanda, com o desejo, com o saber. Como se a criança devolvesse, de modo amplificado, a própria imagem dos pais, que agora não conseguem se reconhecer nela. Pais que usam os recursos digitais para exagerar sua influência narcísica sobre seus filhos, por exemplo, para manter a falsa promessa de presença infinita, criam o brilho eterno de uma mente sem lembranças, do qual posteriormente se queixarão.

# Sofrendo do Outro

## 25 A GEOGRAFIA IMAGINÁRIA DA SEGREGAÇÃO REAL

Quem cursou o extinto segundo grau, nos anos 1980, passou por disciplinas como Educação Moral e Cívica e Organização Social e Política do Brasil aprendendo dois fatos elementares sobre nosso lugar no mundo. Não éramos nem subdesenvolvidos nem desenvolvidos, mas um país "em vias de desenvolvimento". A segunda verdade luminar é que estávamos na periferia do mundo. Gravitávamos em torno das potências centrais, cujo centro do centro, por sua vez, estava na fronteira da Cortina de Ferro. A síntese dessas duas ideias, de *desenvolvimento* e *periferia*, estava na alegoria geográfica conhecida como *Belíndia*, mistura entre zonas de desenvolvimento, comparáveis com a Bélgica, e outras zonas de miséria, como na Índia. O fato que nos escapava no exemplo, e que indicava sua dimensão ideológica, é que Bélgica e Índia não fazem fronteira. A Belíndia é um país imaginário que suprimiu a fronteira real em questão.

Tais geografias imaginárias compõem nossa experiência de mundo e nossa relação com a cultura. São como aqueles mapas do século XVI que representavam a América como uma espécie de ilha ou bloco crivado de rios ou que descreviam a África com a metade do tamanho da Europa. Em um dos cantos da igreja de Santa Sofia, em Istambul, está desenhado não só todo o mundo até então conhecido, mas o umbigo do mundo, que curiosamente coincidia com o próprio local. O umbigo é uma zona de passagem entre exterior e interior, uma fronteira, portanto, mas é também o centro do qual o resto do corpo é a periferia.

Quando estive em Berlim, confirmei como a experiência geográfica pode modelar nossa perspectiva de mundo. Uma cidade dividida por um muro de 150 quilômetros, que concentrava alegoricamente o ponto de confrontação entre Leste e Oeste, era, na verdade, dividida de modo disforme entre o norte e o sul. Essa era a fronteira da fronteira, que hoje talvez tenha se deslocado para Jerusalém. Entre os jovens de Berlim há uma espécie de identificação com o novo mundo. Deles se espera algo a mais, tratando-se de uma geração que nasceu sobre os escombros do muro, que, por sua vez, foi erigido sobre os escombros de outro mundo. Tudo se passa como se essa experiência de liberdade deixasse um sentido pedagógico, uma obrigação de utopia, o compromisso e a promessa de criar uma nova geografia imaginária.

Outra experiência que me fez considerar o problema do tamanho e da organização psicológica do mundo em sua relação com o "mundo real", seja lá qual medida e forma ele venha a ter, se deu no contexto de discussão sobre políticas culturais na cidade de São Paulo. Colocou-se em pauta que tipo de insumo deveria se facultar aos que moram na periferia: longas cortinas de veludo, cadeirames de madeira e palcos tradicionais com aulas de violino e dança clássica, ou, por outro lado, incentivo aos grupos locais de hip-hop, palcos de arena e instalações compatíveis com artistas nascentes no grafite e quiçá no samba? Os que pensavam a partir do centro tendiam a valorizar a cultura local, reforçando assim os potenciais agentes de uma cultura mais popular, que deveria migrar lentamente para o centro de nosso complexo cultural. Consultados diretamente, aqueles que viviam na periferia responderam que, sem dúvida, preferiam recursos tradicionais aos locais. Claro que uma consulta desse tipo pode ser tão parcial quanto os preconceitos de lado a lado envolvidos em tal assunto. Levantou-se então a experiência de disponibilizar ônibus gratuitos permitindo que a população da periferia pudesse se deslocar para o "centro" nos fins de semana e participar de ações culturais convencionais, como a programação do Teatro Municipal da praça Ramos de Azevedo. Novamente a consulta prévia apontava grande interesse popular nesse serviço. Todavia, a frequência real de uso ficou muito abaixo do esperado. Uma consulta mais fina acusou outro problema: a vergonha. Apesar do transporte e do ingresso gratuitos, pairava a suspeita de que os potenciais usuários não saberiam se vestir ou se comportar em uma situação tão codificada como aquela. Ou seja, mais uma vez é a distância medida na geografia imaginária que define o problema. E essa distância dificilmente se vence apenas com mais ônibus e metrô. A geografia imaginária cria e mantém, portanto, efeitos de segregação Real.

Outro exemplo. Há anos a Universidade de São Paulo insiste em campanhas para que alunos da rede pública de ensino prestem seu exame vestibular. Há embaixadores da universidade, criaram-se pré-iniciações científicas, divulgam-se de toda maneira as "facilidades", as políticas de cotas (ainda que tímidas), e os resultados não são compatíveis com o aumento objetivo da disponibilidade. Um grande amigo, que trabalha com orientação vocacional, lembra que para as populações de baixa renda a ideia de escolher uma profissão e de fazê-lo em conformidade com seu desejo é rara e relativamente nova. Não se trata de um impedimento, de uma restrição positiva, mas apenas de uma espécie de exclusão do mapa. Portanto, depois e além da exclusão objetiva é preciso pensar nesse tipo de exclusão subjetiva. Nessa segregação feita de discursos e de muros, alguns deles constituídos de outra substância que não tijolos e ferro.

Talvez um problema de base remonte ao modo intuitivo como nós representamos o espaço público, em geral como sendo composto de "esferas". *Esferas* de valores, *esferas* de normas, *esferas* de sistemas simbólicos. Sabemos que não há esfericidade alguma no que estamos dizendo. Trata-se de uma metáfora. Mas, diante do que coloquei antes, espero ter trazido elementos para advogar que se trata de uma metáfora "com força de lei". Wittgenstein dizia que "os limites de nosso mundo são os limites de nossa linguagem", e metáforas nada mais são do que a indicação de um limite da linguagem pela própria linguagem. Daí que a metáfora compreenda e organize o regime visual que nos faz ver o mundo dividido, entre o dentro e o fora, que nos faz achar natural que nossas fronteiras sejam protegidas, criadas e demarcadas por muros. O processo de condominização que caracteriza o capitalismo à brasileira, este que saiu da periferia do atraso para se tornar o modelo de precariedade administrada que hoje exportamos para o centro do mundo, depende no fundo do fato de que nossa geografia imaginária comporta muros demais.

Lacan argumentou que a diferença entre o mundo pré-moderno e o mundo moderno é que o primeiro tinha uma estrutura de sobreposição entre o macrocosmos e o microcosmos, ou seja, uma estrutura concêntrica e esférica. A modernidade, para Lacan, caracteriza-se por outra organização do espaço, ou seja, a garrafa de Klein. Entre as muitas propriedades desse objeto matemático contraintuitivo está o fato de que ela se comunica com o fora, sem ser, no entanto, uma superfície "aberta". O interessante na garrafa de Klein é que ela não é composta de superfícies equivalentes a muros, mas da combinação de duas superfícies "torcidas". Assim, a cada momento há o lado de cá e o lado de lá, mas se observamos o conjunto veremos que a fronteira é indeterminada, ela passa do dentro ao fora, como nas figuras do desenhista holandês Escher.

Isso pode ser ilustrado pela problemática examinada por Lévi-Strauss acerca das organizações dualistas.[1] Os Winnebago dividiam-se antigamente entre duas metades:

1 Claude Lévi-Strauss, "As organizações dualistas existem?" [1956], in *Antropologia estrutural*. São Paulo: Ubu Editora, 2017.

"os de cima" e "os que estão na terra". Ambos representavam seu território como uma região circular no interior da mata, porém uns entendiam que esse território dividia-se entre os da região central e os da região periférica, ao passo que os outros argumentavam que a verdadeira geografia opunha os que estavam na porção superior do círculo aos que viviam na parte inferior. Há exemplos empíricos dos dois casos, ou seja, aldeias com disposição concêntrica e aldeias com disposição diametral. Essa oposição parece acompanhar outras tantas em torno do uso e da ocupação do território: sagrado e profano, cru e cozido, solteiros e casados, mulheres e homens. O problema se aprofunda porque, para os concêntricos, o dualismo parece implicar uma hierarquia recíproca, que os subdivide entre superior e inferior, forte e fraco, nobre e plebeu, ao passo que para os diametrais isso nem sempre ocorre. Além disso, essas duas estruturas convivem com outras formadas por três, cinco ou nove elementos, ou seja, estruturas ímpares e não binárias. Por exemplo, os Bororo não pensam sua sociedade como um objeto só dividido em duas partes, mas antes como dois objetos distintos e acopláveis, divididos em uma pequena estrutura dual, formada por pares de clãs vizinhos, uma relação desse par com outra estrutura determinada pela oposição entre alianças (possíveis ou excluídas) e uma estrutura triádica baseada em três classes (superiores, médios e inferiores). Percebe-se assim que existem dois tipos de binarismo, baseados respectivamente na oposição diametral, fechada e finita (em cima e embaixo), e na concêntrica, que no fundo é um ponto de passagem para a estrutura triádica, pois há aqui centro, periferia e uma terceira zona indiferenciada e amorfa a princípio: a mata. A distinção entre oposições homogêneas, como verão e inverno ou alto e baixo, esquerda e direita, deve ser contrastada com as oposições heterogêneas do tipo: ser e devir, unívoco e equívoco, contínuo ou descontínuo. A assimetria fundamental, que costuma nos escapar, se dá então entre dois tipos de racionalidade, e não entre categorias. As estruturas binárias opõem classes ou grupos, mas também alianças ou territórios, enquanto as ternárias lidam com relações entre classes e com classes de relações. Elas não são, entretanto, a unidade sintética das anteriores, mas o tipo zero, o representante da diferença.

A garrafa de Klein permite ilustrar a tensão entre o contínuo e o descontínuo como uma forma de conflito permanente, porém ao mesmo tempo ela reserva uma localização precisa para aquilo que representa uma zona de transição inacessível ao espaço no qual o conflito é representado e praticado. É justamente pela exclusão dessa assimetria fundamental entre exterior e interior que o conflito adquire a dimensão do que Lacan chamou de Imaginário, caracterizado por suas estruturas duais de completamento e totalização. Tendemos a resolver tais oposições por meio de seu englobamento em dualismos de outro tipo, como entre conservação e transformação, entre identidade e metamorfose, ou seja, por meio de operações de simbolização, nas quais substituímos a gramática dos conflitos. Contudo, esses dois tipos de estrutura são insuficientes, por si mesmos, para localizar aquilo que não pode ser integrado imaginariamente nem realizado simbolicamente e que constitui a segregação Real. A mata como terceira zona, indiferenciada e amorfa, representa admiravelmente o elemento excluído das oposições dualistas. A supressão da experiência indeterminativa da mata retorna sob forma de violência, mais além da lógica da reciprocidade, entre classes, entre aliados e entre territórios.

O que precisamos é de um mapa que não seja binário, um mapa que interprete a fronteira impossível, mas não obstante Real, da Belíndia, como um litoral. Um litoral tem zonas de indeterminação, pontos de interpenetração e principalmente transformações determinadas pela perspectiva que se assume diante dele. Um litoral pode comportar marés, recifes ou praias. Sobretudo, o litoral não é uma fronteira artificial nem natural, ele é uma fronteira móvel. Uma garrafa de Klein permitiria representar um mapa imaginário no qual "centro" e "periferia" se invertem, assim como os de "cima" e os de "baixo" se indeterminam. Isso é também chamado, em topologia lacaniana, de *círculo de revolução*.

## 26 CERCAS, MUROS E SILÊNCIOS

Kwame Anthony Appiah, um dos renovadores do pensamento liberal contemporâneo, em sua conferência de 2013 em São Paulo apontou que o fato de "sabermos" de certas situações que envolvem vergonha, humilhação e desonra nos leva a efeitos sistêmicos corrosivos em termos de sentimentos morais. São aquelas pequenas ou grandes situações em relação às quais sabemos que algo está errado, mas não sabemos suficientemente de modo a produzir uma reação transformativa. O filósofo de origem anglo-ganesa lembra que quase 1% da população americana encontra-se encarcerada, sujeita a abuso sexual e desrespeito continuado. Guantánamo, uma prisão americana "fora da lei" em território cubano, não é apenas uma anomalia política ou um impasse jurídico, mas também uma espécie de bomba de retardo e dispersão moral. "Saber" que isso ocorre entre "nós" nos torna piores moralmente, mesmo que tentemos nos convencer de que não há nada a fazer. Obviamente tudo depende do que significa *saber* e o que significa *nós*. Saber da existência de atrocidades nos faz recuar a extensão de *nós*, como se automaticamente tivéssemos que nos defender atribuindo a origem e a responsabilidade da tragédia a *eles*. Essa estratégia pode ser chamada de *cercamento*, pois isola e determina o mal-estar em uma área exterior, visível e controlada, comprimindo e protegendo o *nós* em um território interior.

O livro de Pilar Calveiro que trata das experiências de desaparecimento de pessoas vividas pelos argentinos durante o regime militar[2] também aborda essa patologia do *saber*. A população argentina sabia da existência dos campos de reclusão, contudo há muitas

2 Pilar Calveiro, *Poder e desaparecimento: os campos de concentração na Argentina*. São Paulo: Boitempo Editorial, 2015.

formas de *saber*, assim como há diversas maneiras de *não saber*. Filhos, parentes e conhecidos subitamente *desapareciam*, mas o fenômeno estava sujeito a uma estranha nuvem de imobilização e desamparo. Há formas de saber para *não fazer*, assim como há formas de *não saber*, necessárias subjetivamente para tornar possível continuar resistindo. Aqui aparece de forma decisiva a importância da coletivização e da partilha do saber. *Saber que o outro sabe que você sabe* pode tornar uma situação insustentável. É por isso que muitas vezes o trauma, a humilhação e a vergonha adquirem esse sentido entrópico de individualização e recolhimento. Nesse caso, não é apenas o tamanho do *nós* que diminui, mas é a extensão do *saber* que fica retida por uma espécie de muro de mal-estar, atrás do qual tudo o mais é invisível. Como se o que não podemos ver não pudéssemos também saber.

A jornalista Daniela Arbex, que investigou a colônia psiquiátrica de Barbacena,[3] também aborda o problema do *saber* sem saber. Milhares de loucos, errantes, pobres, além de inimigos políticos e pessoas de famílias abastadas, foram "desaparecidos". Mais de 60 mil mortes ocorridas em meio a maus-tratos, eletrochoques e descaso testemunham o que Franco Basaglia chamou de "campo de concentração à brasileira". Nesse caso temos as duas estratégias combinadas: a extensão indeterminada do *eles* delimita o acervo de nossos adversários morais, que cercamos do lado de fora; e os muros não nos deixam saber sobre os rastros de memória daqueles que desaparecem. Reencontramos aqui as duas patologias sociais descritas por Hegel no início do século XIX, quando a literatura romântica começa a ocupar o espaço das narrativas religiosas na formação de nossos sentimentos morais: a *solidão*, que associamos ao cerco, e o *isolamento* que decorre dos muros. No primeiro caso, nossa defesa será a impo-

3 Daniela Arbex, *Holocausto brasileiro*. São Paulo: Geração Editorial, 2013.

tência (*O que podemos fazer diante disso, uma vez que somos tão poucos ou tão fracos*). No segundo caso, nosso recuo apela para nossa distância com relação à responsabilidade (*Isso diz respeito ao poder público e ao Estado, que "sabe" e tem a devida competência para agir*). A confluência entre muros e cercas é naturalmente o silêncio, por meio do qual nos recolhemos à nossa pequenez individual (o menor *nós* que pode haver) e ao sentimento de que no fundo não sabemos direito o que está acontecendo por trás dos muros. Quando a esquizoidia dos cercos se casa com a paranoia dos muros, isso nos leva ao silêncio melancólico.

## 27

**PARANOIA SISTÊMICA** "Pai, nunca deixe o computador saber que você está com pressa." Fui surpreendido por esse comentário em contexto que o leitor pode facilmente adivinhar. Sabemos que as máquinas não têm vontade própria nem desejo de nos prejudicar. Estamos cientes de que o trânsito não piora repentinamente só porque temos um compromisso. Mesmo assim, se os óculos sumiram... é porque alguém pegou de propósito só para nos atrapalhar. O sentimento de perseguição prevalece sobre fatos, motivos ou razões. Ele produz a certeza de que alguém nos subtraiu esse pedacinho de satisfação que falta para que nossa vida realmente valha a pena e sejamos afinal reconhecidos em nossa predestinada grandiosidade. E ademais não é porque você se sente paranoico que não há alguém de fato a persegui-lo.

Existe uma forma clínica da paranoia, descrita por Emil Kraepelin em 1904, caracterizada por um desenvolvimento delirante insidioso e inabalável. O que atraiu a atenção dos clínicos é o fato de que tal sistema paranoico pode alcançar um grau inusitado de coerência, clareza e organização. Uma pequena ideia se infiltra no sujeito, estabelecendo uma crença inabalável de ciúme, grandeza ou perseguição. Há formas paranoicas que se desenvolvem em torno de pequenas sensações corporais, que funcionam como uma epifania. Há um tipo clínico baseado na convicção de que, mesmo que o outro diga que não está tão a fim de você (como no filme homônimo), no fundo ele está apaixonado, mas não sabe disso, ou não pode revelar isso ao mundo ainda (erotomania). A paranoia não é apenas compatível com a inteligência, mas pode aparecer como uma elevada capacidade cognitiva. Salvador Dalí propôs que a paranoia era um fenômeno de hipertrofia do conhecimento e que poderia ser usada como método crítico para a criação artística. Lacan, antes de se tornar psicanalista, descreveu uma nova forma de paranoia, mais benigna que a de Kraepelin, que chamou de paranoia de autopunição. Nela vigora o sentimento de agressividade e desconfiança que aspira a se resolver em um ato que ataca a mesma imagem que o sujeito cultiva como seu ideal - talvez como o assassino de John Lennon.

A paranoia clínica nos ajuda a entender algo sobre a paranoia sistêmica de nosso cotidiano. Sentimo-nos perseguidos por objetos ou circunstâncias que representam, eles mesmos, "o sistema". Processos informáticos, sistemas de circulação (como o trânsito) e automatismos mentais (no sentido de discursos que repetimos sem nos dar conta) são metáforas que sintetizam nossa forma de vida baseada na administração de si como uma empresa, ao modo do que Foucault chamou de biopolítica. Ou seja, sentimos que as máquinas se voltam contra nós não porque elas são alienígenas que representam uma forma de vida destituída de humanidade, graça ou espontaneidade, disposta a vampirizar invejosamente nossas almas, mas porque elas passam a representar o ideal acabado de nós mesmos - como coisas que funcionam ou não funcionam. Coisas a que aspiramos que venham nos punir para nos lembrar de nossa humanidade perdida.

Sistemas abstratos falham na única hora em que não podiam falhar. Fazem greve, adquirindo magicamente um desejo de resistência que não encontramos mais em nós mesmos. Dessa forma, não precisamos nos revoltar contra horários de trabalho estúpidos, processos impessoais de exploração ou rotinas imorais de convivência: as máquinas se revoltam por nós. Quanto mais nos sentimos apenas funcionando, de tal modo que nossa vida se resume à integração e ao ajustamento em processos sistêmicos, sejam eles baseados no risco econômico, na conformidade social ou nas regras de biossegurança, mais a paranoia sistêmica tende a nos lembrar da inversão de papéis que estamos a produzir. Daí que ela seja um fenômeno crescente entre pessoas que vivem suas vidas de forma excessivamente institucionalizada (voluntária ou involuntariamente). Talvez não seja um acaso que um dos paranoicos mais famosos, Daniel P. Schreber, tenha sido um jurista em meio ao altamente complexo, impessoal e burocrático sistema estatal alemão do século XIX. Coincidência ou não, seu pai foi um pedagogo crente e confiante nas máquinas de ensino e nos métodos para viver a vida.

Ao contrário da paranoia clínica, o tratamento da paranoia sistêmica é fácil de prescrever, mas difícil de executar. Bastaria recuperar a capacidade de nos reconhecermos nos processos, métodos e sistemas que construímos para nossa própria existência, inventando experiências produtivas de indeterminação. Mas quem vai querer assumir riscos em vez de permanecer casado com sua própria paranoia doméstica?

## 28

**SOMOS TODOS VÂNDALOS?** Durantes as manifestações de junho de 2013, depois nos movimentos que cercaram a realização da Copa do Mundo no Brasil e, finalmente, na greve dos cem dias que tomou conta da USP, ouvi sistematicamente o mesmo argumento: as reinvindicações são legítimas, ou pelo menos têm um "fundo de verdade", mas não se pode tolerar a desordem, a desobediência e o vandalismo. Do outro lado, mesmo os mais engajados argumentavam que essa minoria de vândalos prejudicava toda demanda, pois aqueles que apelam para a violência perdem imediatamente a razão. Se há um consenso, para além de nossa época pós-ideológica e particularmente em nosso país com suas conhecidas taxas epidemiológicas, esse consenso tem um nome: *violência, não*. Não há aspiração mais justa e indiscutível do que a paz. Se a paz universal entre os homens é o horizonte de conclusão da Declaração dos Direitos do Homem, o que fazer com os vândalos?

É no contexto dessa pergunta que devemos receber o livro de Slavoj Žižek chamado justamente *Violência*.[4] No fundo, é um opúsculo sobre os usos ideológicos da violência, particularmente sua função de basteamento ideológico universal, de mandamento pós-moderno, de consenso preliminar para qualquer debate possível, uma tentativa de desmontar a falsa pergunta representada pela interpelação: *Você é a favor ou contra a violência?* A pergunta demonstra como estamos contamidados por falsas alternativas. Se manifestarmos que somos *a favor da violência*, seremos imediatamente excluídos da conversa porque apoiamos todas as formas de barbárie, desigualdade e inumanidade. Contudo, se escolhemos

4 S. Žižek, *Violência*. São Paulo: Boitempo Editorial, 2014.

a *não violência*, além da obviedade, o que exatamente estamos escolhendo?[5]

Em 1915, Albert Einstein foi convidado pela Sociedade das Nações (precursora da ONU) para iniciar uma conversa epistolar entre intelectuais sobre o sentido da violência e da guerra entre os homens. Ele escolhe Sigmund Freud como interlocutor e lhe envia uma carta persuasiva sobre como os homens deveriam se entender, pois o ódio e a violência não lhes seriam inatos. Freud responde que a propensão pacífica dos seres humanos lhe parecia um fato altamente improvável e que a violência emanava de certo funcionamento da cultura, ou de uma incidência da cultura sobre a subjetividade, que seria muito difícil se não impossível de superar. De fato, quando se discute a atualidade da psicanálise, geralmente vem à baila que nossos costumes sexuais mudaram, para melhor, e que nossa civilização não é mais tão repressiva quanto na virada do século XIX centro-europeia. Raramente lembramos que a psicanálise não fala só do recalque de nossas pulsões sexuais, mas também de nossas tendências hostis. E a palavra *hostil* vem de hoste, ou seja, grupo ou bando geralmente orientado para a consecução da violência, coletivamente instrumentalizada, como nas tribos de Vândalos.

O axioma da *violência, não* assume um valor distinto quando é enunciado por quem dispõe de todos os meios para exercê-la de modo invisível e justificado, ou seja, pelas mãos do Estado, ou quando é enunciado por aqueles que não dispõem de outros meios que não a revolta contra

5 Lembrando a declaração de um político norte-americano durante a lei seca naquele país: "Apoio a proibição do vinho ou não? Se por vinho você entende a terrível bebida que arruinou milhares de famílias, fazendo dos homens destroços que batiam nas mulheres e esqueciam de seus filhos, então sou inteiramente favorável à proibição. Mas se por vinho você entende a nobre bebida de gosto maravilhoso, que torna cada refeição um enorme prazer, sou contra". (Id., ibid., p. 105.)

a injustiça e a inequidade. Ou seja, de um lado há a violência que institui a Lei, a violência que funda e mantém o Estado, com seus exércitos, polícias, regulamentos e sua força de lei. De outro, há a violência que transgride a lei, ou seja, o crime, a impunidade, a corrupção e a opressão. Se consideramos o universo fechado dessas duas alternativas, a pergunta adquire uma segunda formulação: *Qual violência você prefere: a do Estado ou a dos vândalos que podem te atacar, roubar ou agredir?* Tornando, mais uma vez, a resposta óbvia e ineficaz.

Tentando romper esse círculo de ferro da falsa pergunta, Žižek recorre a uma tese retórica – *Gandhi foi mais violento que Hitler* – e a um conceito provocativo: *a violência divina*.

Lembremos rapidamente as teses de Benjamin sobre a violência divina, tal qual redefinidas por Axel Honneth.[6] A violência seria um pseudotema no direito moderno, pois ela se justifica como a descontinuidade que dá origem ao Estado e ao exercício prerrogativo e exclusivo que este tem de exercê-la. Ela é um tema que redefine a cada época a ação política, assegurando que a política não tem fim. A violência é um conceito ético que se divide entre aquele que faz a lei e aquele que a transgride, mas deixando de lado o estado anterior à lei. Esse é o estado de suspensão entre meios e fins, que permite falar em violência divina. Desse ponto de vista seria preciso entender como a formação da lei, ela mesma, é um momento patológico da constituição do sujeito. A lei serve à segurança, possui portanto origens egoístas, contudo algo nela permanece e deve permanecer indeterminado: seu contexto de aplicação, seu agente fundador, suas zonas de exclusão, seus limites internos e externos de exceção. Daí que o problema político seja, a cada vez, como decidimos qual

6 Axel Honneth, "Saving the sacred with a philosophy of history – on Benjamin's 'Critique of Violence'", in *Pathologies of Reason*. Nova York: Columbia University Press, 2009, pp. 87-125.

violência deve ser sancionada e qual violência deve ser repudiada. Esse momento de decisão, na esfera pública e privada, é algo do qual o neurótico *não quer saber*. Ele quer obedecer justamente *para não saber-se na lei*. Essa indeterminação da relação entre meios e fins da violência pode ser produtiva ou improdutiva. Por exemplo, a polícia caracteriza-se pelo excesso de violência, porque lida com a contingência da lei; ela decide, a cada vez, quais são as circunstâncias que contam. A suposição de pureza da lei, ou seja, de que ela foi engendrada sem violência, justifica o sistema de complementação entre a violência mítica e a violência subjetiva. A partir daí, a violência não pode nunca ser justificada porque seria *um meio para*. Por exemplo, a violência educativa, a violência usada para ensinar o proletariado a se comportar, a violência de gênero, a violência simbólica é sempre um meio pelo qual a palavra (lei) mata e substitui a coisa (a violência). E essa é a gramática fundamental do processo civilizatório. No entanto, o mesmo argumento pode ser usado para justificar a *não não violência*. Daí que, para Walter Benjamin, a solução passe por uma terceira forma de violência: a violência divina, que não é um meio para nada, mas apenas um ato.

No fulcro da questão, passando agora para Žižek, está a pergunta sobre se no processo de transformação social a violência pode ser inteiramente suprimida. A pergunta análoga para um psicanalista é: se, no processo de transformação que constitui um sujeito, a violência e a agressividade devem ou podem ser suprimidas? Mas agora é preciso dizer que sabemos que a civilização ou a educação que recalca todas as formas de hostilidades, que se orienta por um ideal absoluto e purificador de não violência, produz, ela mesma, formas mais perniciosas e modalidades mais ferozes de violência. Constatação óbvia: um ideal de não violência pode ser usado de forma violenta para oprimir o indivíduo. Agora a alternativa entre "paz ou violência" deixa de ser uma aposta como a de Pascal (se Deus não existe, não perdi nada em acreditar nele, mas se Deus existe então ganhei tudo; logo devo apostar que Deus existe, como devo apostar na paz, e não na violência, porque assim não perco nada).

A operação de Žižek, que já se anunciava em outros momentos de sua obra, não é pela pacificação nem pela "violentização" da sociedade, mas pela desativação da retórica da violência e pelo seu uso mais advertido na análise de eventos sociais. Para isso, seria necessário reconhecer a existência histórica de certo tipo de violência emancipatória:

> Começamos pela hipocrisia daqueles que, combatendo a violência subjetiva, se servem da violência sistêmica que engendra precisamente os fenômenos que detestam. Situamos a causa definitiva da violência no medo do Próximo[7] e mostramos como este se fundava na violência inerente à própria linguagem, que é justamente o meio de superar a violência direta.[8]

Não é suficiente dizer que o comunismo falhou porque fez uso da violência ou que o stalinismo está equivocado porque usou meios errados, como o extermínio de populações e de adversários políticos. Não é suficiente a contagem obscena de vítimas para decretar quem está errado, ou pelo menos quem está mais errado. Seria o mesmo que argumentar que um stalinismo sem violência seria tolerável ou que a lógica do preconceito e da segregação pode ser perpetuada desde que seus adeptos mantenham-se em paz e tolerância. Gandhi foi mais violento

7 E o "Próximo" é definido como "alguém que cheira". (S. Žižek, *Violência*, op. cit., p. 132). Também "o que resiste à universalidade é a dimensão inumana do Próximo" (Id., ibid., p. 56). Também o Próximo está sempre, por definição, "perto demais" (Id., ibid., p. 48).
8 Id., ibid., p. 161.

que Hitler porque o Mahatma conseguiu engendrar a violência divina, ao passo que o *Führer* manteve-se na violência mítica, que é aquela coextensiva ao Estado, aos seus aparelhos ideológicos. O argumento de Žižek, apoiado nas categorias de Walter Benjamin, é de que, ao fecharmos a unidade social em torno deste *Um* formado pelos que usam a violência para criar o Estado e suas leis e pelos que usam a violência para transgredir a lei e violar os fins do Estado, estamos deixando algo a mais passar e também deixando uma falta ser recoberta por uma significação que não é a sua. A violência divina não é a transgressão das leis movida pelos sistemas de interesses privados, que no fundo apenas advogam a instauração de outras leis, mas a violência que estaria fora desta gramática que divide o mundo entre os que têm e os que não têm (acesso aos meios legítimos de violência). A violência que não é "em nome de" justiça, paz, democracia e Estado, não pode ser reconhecida *a priori*, e também *a posteriori* ela facilmente se reduz a uma das duas outras categorias: a violência mítica ou a violência criminosa. Em termos psicanalíticos, poderíamos redescrever essa fronteira separando a violência da *passagem ao ato* e a violência do *acting out*. O *acting out* é um tipo de ação que reflete a demissão ou o esgotamento da palavra como atividade de rememoração e mediação social. Quando não conseguimos mais lembrar, repetimos, em ato, o que não conseguimos admitir como parte de nós mesmos. Mas, precisamente, o *acting out* encena uma fantasia, como se, sob condições ordinárias, estivéssemos como espectadores de um teatro, o teatro de nossas vidas, no qual nos colocamos ora como personagens, ora como atores. Eventualmente podemos exercer a função do diretor da peça, do cenógrafo e até mesmo do crítico. Contudo, de quando em quando podemos esquecer que se trata de uma peça e que estamos simultaneamente nos observando e atuando nossos papéis.

Nessas ocasiões subimos ao palco, saímos das coxias para o proscênio e agimos nos confundindo com nossos papéis e tomando os outros apenas por seus personagens. Essa intrusão da realidade imaginária sobre a estrutura simbólica confere ao *acting out* seu efeito característico de humor ou de comédia de erros, ainda que suas consequências reais possam ser devastadoras e sua violência possa ser sentida como despropositai, como se o sujeito estivesse a encenar solitariamente sua própria fantasia, forçando o outro a colaborar com isso.

A passagem ao ato envolve outro tipo de ação. Ela não pretende mudar o sentido dramatúrgico da cena, mas suspender ou reiniciar do zero sua estrutura. Este é o caso típico de certas formas de suicídio ou de modalidades de violência nas quais não se trata da afirmação de um sujeito ou da produção de uma mensagem em ato, mas da extração de um objeto. Sua violência não se dirige a personagens específicos ou a circunstâncias insuportáveis da fantasia, mas a uma espécie de ódio contra o simbólico ele mesmo.

Por isso o vândalo adquire sempre a figura de nosso vizinho, estrangeiro e bárbaro violento. Foi o que senti quando vi meus alunos e até mesmo meus pacientes serem chamados de vândalos simplesmente porque se manifestavam andando pelas ruas de São Paulo. Tratava-se obviamente de uma violência contra certos personagens-tipo, que estavam associados a certas modalidades de gozo. Ou seja, quando ataco o outro apenas porque ele representa figuras mitológicas de meu próprio imaginário. Na fantasia, eram esses vândalos que precisavam ser punidos, pois eles haviam endossado a corrupção, o sofrimento e a injustiça socialmente percebida. Todos eles eram iguais, estereótipos de uma mesma figura encarnada. Mas, além dessa violência em estrutura de *acting out*, tipicamente produzida para apagar a história, destituída de reflexividade e avessa ao reconhecimento da singularidade do outro, emergiu uma violência de segunda classe, mais próxima da passagem ao ato. Ela não se ligava ao contexto político imediato, mas apenas reforçava a opressão de minorias já instituídas e de conflitos percebidos como insolúveis. Por isso, à guisa de conotação política, surge uma violência contra o sistema, uma violência errática sem qualquer direcionamento subjetivo perceptível.

Entre essas duas formas mais ou menos banais precisaríamos detectar uma terceira, cuja expressão mais típica é seu caráter mínimo, ligado a um pequeno fragmento de ódio ou de indignação e que desencadeia os verdadeiros processos transformativos. Essa violência divina ou violência real é rara e difícil de manter. Ela nos escapa porque estamos demasiadamente aderidos a certas imagens prototípicas do que é a violência ilegítima e de qual é a sua narrativa-padrão, ou seja, sabemos demasiadamente bem reverter vítimas em capital ainda não usado de violência legítima. Ora, essa recusa a pensar em experiências que conteriam um potencial produtivo de indeterminação, ainda que violentas, nos fixa em certa contabilidade imaginária. A guerra mais violenta do século passado não foi nem a de Hitler, nem a de Stálin, nem a Revolução Cultural de Mao Tsé-Tung, mas o extermínio político de 4 milhões de congoleses, na República Democrática do Congo, por violência política.[9]

Nesta narrativa acerca de quem é o dono da significação da violência, o significante *vândalo* aparece sempre no ponto de torção, destacado por Mauro Iasi no posfácio:

> A dissecação do real produz, de um lado, "cidadãos" que exatamente pelo sucesso do atual governo seriam levados a pedir mais e, de outro, "vândalos" e "baderneiros" que, ao lançar mão da violência contra pessoas e patrimônio público e privado, podem e devem ser contidos pela força.[10]

9 S. Žižek, op. cit., p. 18.
10 Id., ibid., p. 173.

Lembremos que os Vândalos eram bárbaros germânicos que chegaram ao norte da África no século v d.C. fundando um Estado onde antes havia a cidade de Cartago. Em 2 de junho de 455 (sempre junho!) eles saqueiam Roma, destruindo inúmeras obras de arte. *Vândalo* quer dizer andarilho, errante (do alemão *Wandeln*), sem casa, sem destino. A palavra *vandalismo* foi introduzida por um bispo francês, em 1794, para denunciar a violação do patrimônio artístico-cultural promovida pela Revolução Francesa no contexto de seu ódio ao passado.

Para aqueles que querem ver em Slavoj Žižek o rei moderno dos vândalos (aliás, a Eslovênia bem poderia ser a terra natal dessa tribo germânica), nada mais decepcionante do que encontrar em seu livro, de forma nominal, no começo e no fim, uma única atitude:

> Há situações em que a única coisa realmente "prática" a fazer é resistir à tentação da ação imediata, para "esperar e ver" por meio de uma análise crítica e paciente.[11]

Ou

> [...] o problema dos monstros históricos que massacraram milhões de seres humanos foi não terem sido suficientemente violentos. Por vezes, não fazer nada é a coisa mais violenta que temos que fazer.[12]

A questão levantada por Mauro Iasi no posfácio, de que Žižek flerta com a possibilidade de que a ideologia possa vir a produzir o Real, permite lembrar que em Žižek a ideologia não é apenas discurso, mas prática social concreta, crença e sustentação continuada das leis cotidianas

11 Id., ibid., p. 21.
12 Id., ibid., p. 169.

tacitamente indiscutidas e aceitas. O ato de resistência deve ser um *ato suspensivo de eficácia simbólica*, e não um ato reativo.

> A ameaça hoje não é a passividade, mas a pseudoatividade, a premência de "sermos ativos" de "participarmos" de mascararmos o nada que nos move. As pessoas intervêm a todo momento sempre "fazendo alguma coisa"; os universitários participam de debates sem sentido e assim por diante. O que é realmente difícil é darmos um passo atrás e nos abstermos.[13]

Ou

> Eis o que significa *acheronta movebo* como prática da crítica da ideologia: não mudar diretamente o texto explícito da lei, mas antes intervir sobre seu suplemento virtual obsceno.[14]

Esse suplemento é composto, por exemplo, pelo gesto que é feito para ser recusado, como quem diz *nem precisa pedir desculpas*, mas que só pode ser feito depois que o Próximo pediu desculpas. Primeiro é preciso que o ato tenha sido reconhecido, em seguida desculpado, para que daí as desculpas possam ser recusadas. Se dissermos de saída: *Nem preciso pedir desculpas porque ele sabe que não foi de propósito*, estamos incorrendo em violência. É a nossa cordialidade que nos coloca diante de um estado de suposta indulgência dos poderosos diante de seu opcional e excepcional, não exercício da força. Ele está defendendo o fulcro aético de toda ética.

De fato, os Vândalos, depois de vagarem por toda a Europa, se instalaram no norte da África, na região de Cartago, e de lá enfrentaram o Império Romano, chegando por duas vezes a conquistar uma vantagem militar substancial. No entanto, na batalha de Trica-

13 Id., ibid.
14 Id., ibid., p. 135.

maro (533 d.C.), Tzazo, irmão do chefe vândalo, tombou em plena batalha. Diante da queda de um de seus mais respeitados guerreiros, os Vândalos retiram-se, suspendendo a iminente vitória militar, em prol da deferência ética a um de seus líderes. Uma suspensão ética da lei da guerra semelhante ao que Žižek, Honneth e Benjamin chamam de violência divina. Suspensão que os romanos não conseguiram reconhecer, o que permitiu ao general romano Belisário avançar, impiedosamente, sobre Hipona e conquistar os Vândalos. Para os romanos como para nós, vale a máxima de que aquilo que não queremos saber ou assumir é o que a cada momento estabelecemos ou toleramos ativamente como um tipo de sofrimento e de violência que deve ser punido ou como um tipo que deve ser enaltecido:

> A questão aqui é: será que *toda* ética precisa se assentar numa postura de negação fetichista do semelhante? Não será até mesmo a ética mais universal obrigada a traçar uma linha de exclusão de certos modos de sofrimento? [...] Sei, mas recuso a assumir inteiramente as consequências deste saber, pelo que posso continuar a agir como se não soubesse.

A nossa violência é diferente, pois nos entendemos em uma era pós-ideológica, somos convidados a gozar e aproveitar a vida, como se o problema ético estivesse resolvido pela moral da tolerância, pela assepsia sexual,[15] pelo direito a "não ser assediado"[16] e pela escolha não forçada do axioma da *violência, não*. Depois disso tudo, se voltarmos a perguntar se escolho a violência ou a paz, só posso dizer: *Somos todos vândalos*.

15 Por exemplo, o movimento da Masturbatona, maratona de masturbação pública e coletiva, realizada em Nova York, como forma de protesto político (Id., ibid., pp. 37-38).
16 Id., ibid., p. 46.

## 29

**CUIDAR OU CONTROLAR?** A reação dos brasileiros ao terremoto no Haiti, ocorrido em 2009, mostra como a desgraça de nosso vizinho pode ser a fonte que extrai de nós o que temos de melhor: o desejo de ajudar o outro. Muito do que acompanhamos em torno dessa reação esteve presente em outros acontecimentos semelhantes: o tsunami na Ásia, o extermínio dos Tutsi em Ruanda e as Torres Gêmeas em Nova York. Pode-se argumentar que esta é apenas mais uma reação instrumentalizada para promover "novos acontecimentos". Ou seja, a mobilização é falsa e inautêntica. Sua causa pode ser atribuída ao tipo de cobertura e divulgação que nos oferece imagens acrescidas de um índice de realidade que nos comove e emociona. Produzem-se sensações. Tudo se passa como em um filme, cujo roteiro e trilha sonora nos acostumamos a antecipar, só que agora há um bônus, um a mais de realidade. Dessa forma, ao acompanharmos a tragédia, há uma recuperação e uma vivência indireta de nossas próprias fantasias, já previamente estabelecidas. O núcleo dessa fantasia sempre tem um pé em nossa condição inicial na vida, na qual estávamos desamparados e ineptos para sobreviver sozinhos.

Ora, esse raciocínio obsceno combina com essa sequência de interpretações, porque na verdade já faz parte de uma mesma atitude. A atitude de quem narra, explica e intervém colocando legenda aos fatos e nos assinalando que estamos "olhando de fora". Esse ponto de pacificação e recuo permite experimentar nossas próprias emoções com a dupla garantia: algo está acontecendo na realidade, provocando "páginas de sensações reais", enquanto isso estou em uma posição fortificada e protegida, que

me permite viver *sem me envolver*. Quando digo que esse é um raciocínio obsceno, refiro-me ao seguinte: tragédias não se contam em série, não se comparam nem se alinham. Elas são fatos singulares, universos em si. Obsceno quer dizer literalmente "fora de cena", e de fato é isso que a contabilidade das tragédias faz, ou seja, nos tira da cena ao mesmo tempo que nos permite aproveitar nossa própria fantasia através dela. Para mostrar isso, basta exagerar um pouco a narrativa. Seria possível dizer que a tragédia do tsunami superou a do Haiti porque nela morreram mais pessoas? Talvez a tragédia das Torres Gêmeas, obra humana, tenha sido maior porque envolveu o centro poderoso do mundo, com consequências mais extensas em termos de guerras vindouras e ressentimentos permanentes. Ou será que a tragédia dos Tutsis prevalece, pois nela a barbárie aparece em estado mais puro de irracionalidade e de segregação, a revelação do holocausto do inumano dentro do humano? As perguntas são obscenas porque tratam "em massa" aquilo que deveria ser pensado como singular e único, sem escala comparativa, sem contagem ou qualificação de almas.

No fundo, esse tipo de reação ao trágico realiza uma *catharsis*, como diriam os gregos, os primeiros a inventar o gênero trágico e a pensar sistematicamente sobre seu funcionamento. *Catharsis* quer dizer "purificação das paixões". No caso grego, referia-se principalmente ao medo e à piedade. Quando assistimos à tragédia, vivemos por meio de uma identificação com seus personagens e situações uma vida que poderia ter sido a nossa, e por meio disso nos livramos do mal, pois colocamos o mal *fora de nós*. Purificar os afetos tem então dois sentidos: separar e expulsar. Separar a piedade do medo, a raiva da empatia, a surpresa da tristeza, a indignação da vingança. Expulsar os políticos corruptos, os deuses que não nos foram favoráveis, as intervenções econômicas indiretas que fizeram prosperar a miséria e que agora agravam a extensão da devastação. Uma característica desse tipo de *catharsis* integrativa é que, ao final da vivência, tudo desaparece, de tal forma que a re-vivência da tragédia pode ser repetida cotidianamente, integrando-se à permanência de nossos esquemas interpretativos. Tipicamente eles terminam em lamentações vagas, quase desculposas e de cunho conservador: *Aquilo vai continuar como estava*, *Ninguém vai fazer nada mesmo* ou *Daqui a pouco todo mundo esquece*. A *catharsis* integrativa funciona segundo o apelo da emergência. Quase se poderia dizer que *Precisamos fazer alguma coisa, já... para que as coisas continuem como estão*. Precisamos opor então a *catharsis* integrativa, como reação feita para separar e isolar o mal fora de nós, da *catharsis* desintegrativa, como experiência realmente transformadora da tragédia. A primeira não nos ensina nada que já não soubéssemos; a segunda nos abre para um futuro imprevisível, mas sobretudo um futuro comum.

Talvez não seja um acaso que Immanuel Kant (1724-1804), o grande formulador da ideia moderna da autonomia, tenha se interessado tanto pelo terremoto que destruiu Lisboa em 1º de novembro de 1755. Nos três textos que escreveu sobre o assunto, ele tentou mostrar, por meio de hipóteses geológicas envolvendo túneis subterrâneos e circulação de gases no interior da terra, que o terremoto teve causas naturais. Sua teoria revelou-se cientificamente falsa, mas sua preocupação, não. O sismo que teria alcançado nove graus na escala Richter destruiu "simbolicamente" a força do catolicismo português, dando pretexto para a tentativa de regicídio e para a revisão da política e economia portuguesas. Talvez não seja uma coincidência que o texto mais antigo no qual se registra a presença do termo *autonomia* seja justamente uma tragédia, a saber, *Antígona*, de Sófocles. Os limites entre o que devemos aceitar e o que temos que transformar são móveis. As cidades podem ser reconstruídas, os irmãos podem ser enterrados, mas será que retornaremos a ser as mesmas pessoas de antes?

Claro que não se trata de deixar as coisas como estão do ponto de vista local do Haiti (casas destruídas, colapso da infraestrutura, dissolução de instituições) nem de retornar ao ponto em que estávamos antes, mas de alterar as coisas como estão do ponto de vista de nossa relação com a tragédia que vivemos, na singularidade de nossas vidas. Procure bem e você vai achar seu próprio Haiti, e não me refiro aqui a seu desafortunado vizinho ou à pobreza e ao desamparo que nos rodeiam. Refiro-me ao fato de que a tragédia que temos medo que possa vir a acontecer no futuro, e que encontramos figurada na catástrofe presente, é uma tragédia que já ocorreu. Uma tragédia que já estava em curso antes do terremoto. É a tragédia da limitação de nosso controle sobre as forças da natureza, sobre os destinos de nosso cotidiano corrupto, sobre o empobrecimento de nossas relações. Contudo, ela é ainda tornada diferente pelo acontecimento atual. Ela já está em curso, mas é totalmente nova. Há um verso de Caetano Veloso que diz "O Haiti é aqui", seguida pela sua negativa "O Haiti não é aqui". Essa mera alternância representa as inversões simples da *catharsis* integrativa. A oposição deve ser lida com o espírito hegeliano que afirmaria: "O universal, eu encontro em meu quintal". Quase se poderia dizer: O universal, eu encontro no meu quintal... porque o Haiti é e não é aqui.

Do ponto de vista da reação dos brasileiros, o Haiti separa-se facilmente de outras tragédias. Tenho acompanhado pessoas de todos os tipos e classes declarando e perguntando com real sinceridade: *Como faço para ir lá ao Haiti ajudar?* ou, ainda, *Você conhece alguma ONG ou alguém que possa me colocar no Haiti, talvez os Médicos sem Fronteiras?* Ou a simples declaração de uma menina de três anos diante do noticiário: *Quero man-*

*dar meus brinquedos para lá.* A espontaneidade da criança não extrai sua força da suposta inteligência infantil, mas da interpretação involuntária do desejo do adulto. Não se trata da habitual atitude de angariar donativos e entregar suprimentos... a distância. Há algo inédito em nossa reação ao terremoto do Haiti, e penso que isso pode ser atribuído tanto ao momento de transformação do Brasil quanto ao fato de nossas tropas estarem, há algum tempo, compondo a Minustah, a "força de paz" da ONU. Isso é totalmente sem paralelo. Acostumamo-nos a enviar víveres, remeter mensagens de apoio e consumir shows beneficentes, em legítima identificação solidária com nossa própria miséria. *Podia ter acontecido conosco, salvemo-nos, pois, através deles.* Perguntar efetivamente e nos responsabilizar pelo que fazer, isso é uma grande novidade. Significa assumir que temos uma potência de ajuda para oferecer ao outro. Não conheci ninguém disposto a ir para Ruanda, Sumatra ou Nova York. Não duvido do sentimento de pena genuína nem das ações "a distância". A verdadeira tragédia desintegra nossos esquemas interpretativos e nos convida ao gesto novo, ao ato "impossível" - que por isso mesmo deve ser feito. Bode em grego é *tragos*, daí a expressão *bode expiatório*, referida à prática de sacrificar esse animal fora dos muros da cidade para aplacar a ira dos deuses. A verdadeira tragédia purifica, não no sentido de colocar "o animal" fora das cercanias da cidade, mas no sentido de destruir as cercanias da cidade, de tornar a cidade um espaço sem fronteiras, muros ou grades simbólicas.

Não faço pouco do conhecido sentimento de culpa do sobrevivente, no qual a pessoa fica "tomada" pelo acontecimento trágico, pois se sente, na fantasia, culpada pelo que aconteceu. Por exemplo, aquele sentimento antiamericano que fez, aos menos neuróticos, sussurrar entre dentes *Agora eles tiveram o que mereciam* e que nos mais neuróticos poderia ter despertado um exagerado impulso de ajuda e consideração, como contrarreação à insuportável satisfação de ver o outro sofrer. Também na comoção gerada pela morte de pessoas famosas há esse ingrediente. *Ele era meu ídolo, como tal eu o adorava, mas agora que se foi percebo que o ideal que eu cultivava servia também para me mostrar, a cada dia, como eu estava distante dele, como minha miséria deprimente espelhava a idealização que dele eu fazia. Logo... eu o odeio por isso. Te odeio porque te amo.* Às vezes, quando alguém amado morre, além da perda tenho que lidar com o sentimento de culpa por sobreviver, até então totalmente desconhecido. Essa combinação de alívio e dor genuína é fonte de culpa e remorso, dos quais se alimenta, eventualmente, o luto patológico sem fim. A culpa-satisfação do sobrevivente faz parte da *catharsis* integrativa, da qual se valem os *reality shows* policiais de nossas tardes televisivas. Daí que seu efeito seja disseminar a percepção de insegurança, mesmo que a cada vez o bandido seja preso ou morto. Por isso é importante desintegrar, ou seja, separar a ajuda como reparação insaciável da culpa, da ajuda como risco incerto daquele que é movido por seu desejo. Nesse último sentido, a *catharsis* desintegrativa exige que não se saiba muito bem o que deve ser feito, mas fazê-lo mesmo assim. Nesse ponto, devemos lembrar a magistral interpretação que Madre Teresa de Calcutá proferiu em meio a uma de suas conferências na ONU. Movida pelo alto teor de emoção e pela pungência dos relatos da referida albanesa sobre a pobreza na Índia, uma pessoa da plateia se levanta e declara seu desejo de ir de imediato ajudar as crianças carentes. Ao que a sábia religiosa responde: "Venha, sim. Venha já. Mas venha por você. Pode deixar as crianças carentes fora disso".

Há algo disso em nossa reação diante do Haiti, mas de forma invertida. Atribuo isso à nossa inédita *força de paz,* nossa nunca antes reconhecida habilidade para lidar com situações de anomia social, ao respeito conquistado por nosso habitualmente caricato Exército ao estabelecer a ordem na principal favela de Porto Príncipe. Isso não é uma defesa de nossa política externa, aliás movida pelo desejo de ascensão social emergente ao "clube de segurança da ONU". Mas, como tipicamente se dá no país, da inépcia e confusão institucional criam-se contingências produtivas. O que também não é uma defesa do princípio da desorganização. Para exemplificar esse princípio da contingência, basta retomar um precedente que tem a mesma estrutura. Em agosto de 2004 sucedeu-se a incrível, mas estranhamente pouco mencionada, partida de futebol entre a seleção brasileira e a seleção haitiana, ocorrida por ocasião do início da operação nacional no Haiti. Poucos devem se lembrar dos jogadores de milhões de dólares atravessando as ruas miseráveis em tanques Urutus para jogar em um estádio sem a menor condição de segurança. Uma aventura que não durou mais de cinco horas. Tudo saiu bem graças à empatia dos haitianos pelos brasileiros, dizem os que creem na força dos afetos na política. Na época, o fato foi considerado uma verdadeira temeridade eleitoreira da Confederação Brasileira de Futebol. Hoje, retrospectivamente, ele não deixa de ter sido uma bobagem do ponto de vista das intenções locais, mas com efeitos simbólicos interessantes. Marca o fato de que a *força* de paz reconhece os habitantes locais. Mesmo mais fracos, eles podem entrar em campo e jogar como qualquer outro. Perder é totalmente secundário diante da relevância de entrar em campo.

A despeito da vaidade provinciana, que nos faz instalar caminhões para distribuir alimentos nas portas do palácio presidencial ocupado por americanos, o fundamento da questão se reapresenta. Como cuidar do outro? Tornando-o impotente, passivo e desamparado? Marcando no ato de cuidar que o cuidador é mais forte, mais sábio e mais nobre do que aquele de quem se cuida? Ou, de forma mais confusa, menos prática e, a curto prazo, menos eficaz, reconhecendo que aquele a quem se ajuda ainda é o sujeito da situação? É ele, portanto, que deve conceder os termos e o modo pelo qual conseguirá *receber ajuda*. Nesse sentido, temos que corrigir o ditado preguiçoso. *Nem toda ajuda é bem-vinda*.

Esse é o tipo de questão que a *força de ajuda* jamais se coloca. A força vem primeiro, a ajuda vem depois. Uma vez rendido aos acontecimentos, o outro se torna o soberano da situação. Nesses termos, *receber ajuda* é difícil, pois implica lidar com o potencial acréscimo de humilhação por estar sendo ajudado. Traz o risco de perder a autonomia. O interessante aqui é que aquele que não consegue *se deixar ajudar* também sofre de uma falsa autonomia, ou seja, uma confusão entre autonomia e força. Melhor dizendo, receber é fácil, *bem receber* é difícil. É um trabalho a que nem todos estão acostumados. Ao contrário de dar, que confirma nossa potência narcísica, receber ajuda, de tal forma a realmente se beneficiar com ela, implica uma aprendizagem. Ao que parece, a ajuda americana não se preocupou muito com esse ponto. Tradicionalmente movida pela certeza de quem sabe o que está fazendo e o que é melhor para o outro, esse tipo de "cuidado descuidado" faz do estado de urgência pretexto para apagar a excepcionalidade universal vivida pelo Haiti. Aquele que ajuda não se transforma pelo ato de ajudar, mas apenas confirma o que já sabia e o que já podia. É comum que depois venha uma reação de total ingratidão, acusação ou crítica, como forma de se recuperar, subjetivamente, da violenta "ajuda recebida". Muitos dirão, mas é justamente essa urgência que pode ser usada para justificar a intervenção sem hesitação. A intervenção asséptica, técnica e sem desordem.

Contudo, a singularidade da tragédia do Haiti, para os brasileiros, é que ela nos coloca em contato com uma paixão um tanto nova para nós: a paixão da força e da potência. Paixão altamente suspeita, a se considerar a incidência de seus precedentes históricos. Talvez seja um desses casos nos quais os piores vícios são também as melhores virtudes, mas fato é que nossa cultura desenvolveu-se de forma extensa e complexa em torno das variantes da ajuda. O clientelismo, a miscigenação, o sistema de agregados, o homem cordial, a corrupção filantrópica, o paternalismo coronelista e até mesmo o cinismo do *É dando que se recebe* envolvem, de uma forma ou de outra, uma complexa rede de implicações em torno do dar e receber ajuda. Ou, como diz nossa feliz expressão popular, *dar uma força*. *Dar uma força* não é exatamente ajudar, no sentido de intervir segundo critérios claros em momentos seguros e previsíveis. *Dar uma força* é mais ou menos como "olhar as crianças", ou seja, na hora que precisar mesmo vamos estar lá... mas não conte demais com isso. Atenção para a ordem das palavras, *dar* vem primeiro, a *força* vem depois. Isso talvez tenha gerado uma "reflexão espontânea" que nos habilita realmente para a tarefa. Reflexão que surge não se sabe bem de onde nos momentos difíceis. Não confundiria isso com solidariedade ou hospitalidade, mas esta é outra conversa. O importante por ora é a presença de uma hesitação, de um recuo, de um tempo de suspeita diante da operação de ajuda. Um tempo que revela que temos alguma consciência, bem firmada, do casamento problemático entre ajuda e força.

A *catharsis* integrativa nos convida a nos imaginar mais espertos que os espertos, nos incita a perguntar ressentidamente pela ausência de soluções estruturais, nos faz suspeitar das instituições de ajuda e acusar vagamente a inanidade política. Como na sazonal experiência da tragédia das enchentes em

São Paulo, nossos discursos de reação são tão marcados quanto aquelas velhas peças retóricas dos antigos dissidentes do comunismo. Ou seja, o sistema os aceita porque precisa deles, para dizer sempre a mesma coisa, para fazer a sua parte na obscena tragédia que é a impossibilidade de reconhecer no trágico a força que desintegra nosso próprio modo de vida. Mas essa é a parte velha da história do Haiti. A parte nova é aquela que nos convida a experimentar um novo personagem: aquele que ajuda, pois dispõe dos meios e reflete sobre os fins.

Um protótipo dessa experiência é Zilda Arns. Digo no presente, pois a tragédia na qual se deu sua perda traz para nós este universal, novo e presente, da ajuda da força. Ao contrário da *catharsis* integrativa, que no fundo é uma forma de justificar nossa própria impotência e culpar o outro por isso, na *catharsis* desintegrativa o que se cria é uma possibilidade, até então inexistente, num dado universal simbólico. Ou seja, ela mostra que esse universal era falso, como Zilda mostrou ser falsa a impossibilidade de transformar estados do mundo sem ser pela institucionalização regrada e burocrática da força de ajuda. Ao contrário, é com a ajuda da força, mas não pela força, em nome da força ou contra a força, que um simples ato, de alguém que conhecíamos antes, mas não como agora, pode mudar o mundo. Contra os ressentidos que afirmam ser impossível mudar qualquer coisa – porque nos falta o poder para tal –, a experiência da Pastoral da Criança mostra o contrário. Contra a contabilidade mórbida que sempre acompanha esse tipo de raciocínio, se poderia dizer: *mas basta uma criança.* E que cada uma valha pelo universal... no Haiti ou no seu quintal.

## 30

**A FELICIDADE COMO FATOR POLÍTICO** Minha pergunta não é sobre a natureza da felicidade. Sobre como julgamos nossas vidas por ela. Muito menos sobre o modo pelo qual nos sentimos relativamente felizes. Minha questão é por que e quando perguntar pela felicidade torna-se importante ou necessário. Clinicamente, a insistência em perguntar pela felicidade é algo sintomático. Geralmente levanta a suspeita em torno de uma existência desinteressante, pobre ou demasiadamente simplificada, aquela suspeita típica que nos ronda em fins de ano, aniversários e datas comemorativas. Quem é realmente feliz não faz balanço de vida nem anuncia o resultado no Facebook, mas prossegue em sua vivência ignara, suficiente e soberba. Jamais encontrei uma criança que se colocasse seriamente esse problema, não porque creio no mito da infância feliz. Pelo contrário, parece-me esta uma época repleta de tormentas e agruras, sem falar em desamparo ou falta de autonomia. Adolescentes, ao contrário, são perguntadores renitentes. Obstinados contabilistas da consistência, duração ou limite da felicidade. Críticos dos modelos em vigência compulsória ou oferta contumaz, não aprendemos nessa idade nem a sermos felizes nem a sermos particularmente infelizes. Aprendemos a perguntar pela felicidade – às vezes fazer poesia com ela, às vezes desafiá-la, às vezes odiá-la. Podemos trocar a felicidade por um de seus equivalentes, mas, nesse caso, a pergunta muda de figura. Sucesso ou saúde, riqueza ou segurança, paz ou aventura, liberdade ou justiça, amor, amizade ou prazer não são a felicidade. Felicidade é felicidade e ponto. Não adianta trocá-la por outra coisa qualquer, seja isso a mistura de elementos em correta proporção ou a sucessão de eventos precários em singular combinatória.

A felicidade é insubstituível. É o parâmetro impronunciável pelo qual medimos todo o resto.

É preciso estar bem insatisfeito para se perguntar seriamente pela felicidade. Na Antiguidade isso era tarefa para aqueles afetados pela melancolia, poetas ou filósofos. Mas, em algum momento da modernidade, ser capaz de perguntar sobre a sua própria felicidade tornou-se um fator político. Esse movimento poderia ser localizado na primeira parte do século XIX, quando nossas instituições políticas e econômicas completam seu processo de laicização. Isso produz uma mutação do estatuto moral do sofrimento, não mais uma espécie de sacrifício produtor de um valor agregado, necessário para justificar a retidão de uma vida bem vivida, mas um elemento a ser politicamente determinado na equação do que viria a ser uma vida bem vivida. Tanto entre os românticos alemães quanto entre os libertários franceses, ou ainda nessa nova experiência de democracia na América, tornava-se cada vez mais claro que o sofrimento não era composto de um fardo existencial que devia ser aceito, mas que poderíamos escolher quais formas de sofrimento e, consequentemente, quais formas de felicidade devem reger uma vida. Formou-se então, pela primeira vez, em escala de massa, uma espécie de "governo invisível" de nossas vidas, do qual passamos a esperar (porque ele começou a nos prometer) a felicidade. Exprimir o sofrimento como uma determinada forma de ficção capaz de expressar a experiência singular de uma vida aparece como um grande programa estético. Surgem profissionais laicos na disciplina da felicidade, como médicos, mas também agenciadores de viagens, psicólogos, atores e demais encarregados de conferir à felicidade narrativas consistentes. A emergência contemporânea da psicanálise, do cinema e das vanguardas estéticas dependem dessa espécie de retorno da felicidade e do sofrimento na chave expressionista, em contraste com a funcionalização e a racionalização crescente da vida social produtiva.

Curiosamente, foi aí também que nasceu a indústria da insatisfação, com a criação de demandas como a obsolescência programada. Em algum momento entre o século XVI e o século XVIII, no Ocidente próspero, passamos a acreditar que o Estado precisa de nós, de que somos, no fundo, o que falta a este Outro institucionalizado para que ele se complete e, sendo ele feliz, nos faça felizes. Daí que a aptidão para se perguntar pela felicidade seja uma atividade política, pois envolve a interpretação simultânea da felicidade alheia e do lugar que ocupamos para o Outro. Felicidade e sofrimento são experiências transitivistas, pois ambas indeterminam quem exatamente está na posição de agente e paciente da ação. Daí a tendência ao agradecimento e à coletivização das narrativas de felicidade e a tendência culpabilizante ou vitimizante das experiências de sofrimento.

Jean-Léon Beauvois conduziu uma série de pesquisas sobre nossa servidão liberal, o fundo ético de nosso questionamento. Ele nos ajuda a entender por que a atividade de perguntar pela felicidade atrapalha o exercício de nossas próprias escolhas e, portanto, de assumir a felicidade que elas nos facultam. Tipicamente temos dois grupos diante de uma tarefa qualquer. Para o primeiro dizemos que lhe será exigido fazer algo que contraria sua moral, seus valores ou será bastante desagradável (como nas provas de *reality shows*). Ao segundo grupo nada é dito. Para o primeiro grupo, menciona-se uma cláusula de que a qualquer momento existe a liberdade de sair da situação, sem qualquer ônus ou encargo. Espera-se que o grupo "esclarecido" tenha maior propensão a agir de acordo com seu *princípio de felicidade*.

Mas não é isso o que acontece. As pessoas continuam tomando parte no experimento, assim como prosseguem na vida, racionalizando sua felicidade e evitando alterar seus roteiros de ação. Isso acontece tipicamente de três maneiras: 1) *porque é isso que o outro espera de mim*, ou seja, minha felicidade é a felicidade do outro, 2) *porque existe uma lei maior que me obriga a isso*, ou seja, a felicidade está dada ou jamais será, e 3) *porque, mesmo que ainda não saiba, vou acabar descobrindo que era isso mesmo que eu queria*, ou seja, eu era feliz e não sabia. Moral da história: vale a pena parar para se perguntar pela felicidade, desde que saibamos que não queremos realmente encontrar uma resposta, e que ainda que a alcancemos, não necessariamente estamos dispostos a segui-la.

## 31

**A ALMA REVOLUCIONÁRIA** Tenho recebido objeções de que minhas ideias em torno da emergência de uma lógica de condomínio no Brasil são aplicadas de modo exclusivo aos condomínios de direita. Aceito parcialmente a crítica de que minha anatomia, ainda em curso, dos pensadores liberais, mesmo os liberais por subtração, deixa de lado os condomínios de esquerda. Por isso tentarei traçar algumas linhas gerais sobre como a lógica do condomínio também afeta o pensamento de esquerda, confluindo para o estreitamento de sua potência transformativa. Uma das figuras mais exemplares dessa circunstância é o que se poderia designar por um tipo específico de militância ou de engajamento baseado no cultivo de uma experiência de si, baseada na prática crítica da purificação. Ao contrário dos condomínios de direita, nos quais essa purificação se apoia em discursos segregatórios ou em práticas de isolamento material do território, nos condomínios de esquerda encontramos uma espécie de exigência moral de saneamento dos interesses, de transparência das intenções e de submissão a uma causa coletiva. É na forma como esse engajamento se efetua, basicamente apoiado na construção de ideologias estéticas e na prática da denúncia e na culpabilização daqueles que aparecem excessivamente como indivíduos, que o revolucionário se dedicará a um tipo específico de narcisismo, que poderíamos chamar de narcisismo das grandes diferenças. Se o narcisismo das pequenas diferenças, descrito por Freud, envolve o incômodo com o reconhecimento de uma espécie de excesso de identidade, que faz com que pequenas diferenciações assumam graves consequências em termos de ódios, inveja ou ciúme, o narcisismo das grandes diferenças transforma a posição de fala e a identidade de quem se exprime em algo decisivo para a produção e a unidade do coletivo no qual se encontra. Ele é sempre um porta-voz, um espectro desinteressado, um dedo que aponta sem ser apontado, qual um anjo exterminador cujo destino é tornar-se o portador de uma mensagem revelada.

Para entender o funcionamento da lógica segregatória na esquerda seria preciso renunciar, ainda que por um instante, ao bestiário atualmente disponível sobre a matéria. Suspender, mesmo que por caridade metodológica, a geografia liberal que postula que a própria divisão entre esquerda e direita é coisa da esquerda anacrônica, pois a validade desse plano "ideológico" foi desativada com a queda do Muro de Berlim, em 1989. Para muitos incautos, a divisão correta se dá entre os de esquerda e as "pessoas de bem", ou melhor, entre os que "se metem com política" e os que estão realmente interessados em trabalhar e corrigir os problemas do mundo. Como nos vinhos, só haveria dois tipos possíveis: os tintos e os ruins. A má nova para essa geografia ingênua é que a alma revolucionária pode não estar na esquerda constituída, assim como a esquerda visível nem sempre é a esquerda "verdadeira".

Tipicamente, a esquerda caracteriza-se pela divisão de correntes, conflitos internos intermináveis, cisões e crises permanentes de identidade. A tendência é a de politizar processo e formas de vida, mostrando como podem ser alterados e como respondem a determinadas escolhas. Entende-se assim por que a direita insistirá sempre em algum tipo de fronteira, epistêmica, ética ou estética, da qual poderemos dizer que a política está afastada. Dessa maneira, o território de problemas e conflitos determinados como "não políticos", na verdade, segundo a esquerda, exprimem apenas outra forma de política, uma política substituída pela economia, pela moral ou pela religião. É por isso que a direita confere tanto valor ao senso comum e à força do que "todos pensam", a aceitação tácita da lei da conservação dos costumes e da repetição das opiniões. Mas isso não significa que a anatomia política fica completa por partições simples como egoísmo ou altruísmo, conservadores ou progressistas.

Até o século XVIII acreditava-se que o coração dos seres humanos era composto de três e não quatro câmaras interligadas. O mais incrível é que essa crença sobreviveu à descrição completa e correta do sistema circulatório proposta por William Harvey (1578-1657) bem antes disso. Esse é um exemplo clássico de como a ciência nem sempre avança por grandes descobertas revolucionárias, mas pela alteração da organização geral do saber e seus modos mais genéricos de colocar e entender problemas. Antes que a medicina de Galeno, que presumia que o coração humano tinha três câmeras, fosse questionada pela emergência da clínica moderna, tínhamos que aceitar essa incorreção como um mero detalhe necessário para salvaguardar o sistema. O coração da anatomia de Galeno possuía três, e não quatro, ventrículos simplesmente porque ele dissecou porcos e não seres humanos.

De certa forma, a descrição corrente da alma do revolucionário está a nos apresentar um retrato galênico composto de três ventrículos, ligados a um espírito de porco por um sistema circulatório pouco plausível. Diferentemente da alma liberal, que se farta na guerra de todos contra todos, que justifica muros e mais muros, no interior dos quais os iguais enfim se reconhecerão, a alma revolucionária sofre de uma inadequação congênita. Exceto quando assume a forma militante, ela não está muito interessada em purificar os outros, mas antes a si mesma. E como é uma alma coletiva, ela sofre de permanente tendência à autoamputação.

Ao contrário da tradição liberal, que percebe aglomerados de indivíduos reunidos circunstancialmente pelo acaso de seus interesses, os revolucionários definem-se pela insatisfação permanente com o uso do pronome *nós*. Enquanto os primeiros querem diminuir o tamanho do mundo em pequenos blocos de propriedades rentáveis, os segundos estão interessados em expandir o tamanho da alma comum e sua expressão coletiva. O liberalismo, aqui tomado como exemplo a ser contrastado com a alma revolucionária, não é necessariamente simples, mas envolve uma antiga reflexão sobre a individualidade, seus impasses e limites, notadamente suas fronteiras entre o público e o privado. A dimensão moral dos sentimentos, em Adam Smith, os problemas com a definição de satisfação, em Jeremy Bentham, e a controvérsia sobre o direito do Estado sobre a vida dos indivíduos ou a condição da mulher, em Stuart Mill, assim como os paradoxos da democracia descritos por Alexis de Tocqueville, são bons exemplos de como a tradição liberal não pretende abolir o conflito, mas tematizá-lo a partir de uma categoria primária um tanto suspeita para os revolucionários, ou seja: o indivíduo.

Não tem relação com realismo *versus* idealismo nem com pessimismo *versus* otimismo. Há tolos em todos os lados e, assim como há um Terceiro Mundo no Primeiro Mundo, há um Primeiro Mundo no Terceiro Mundo. Não se trata de céticos *versus* crentes nem de muçulmanos contra cristãos. A alma revolucionária pode assumir a compleição mais institucionalista ou um corte mais crítico, conforme se alimenta ora de responsabilidade, ora de convicção. O que é característico de sua forma de vida é a insubmissão insatisfeita com a sua própria identidade e com o mundo tal qual ele se apresenta em sua tediosa banalidade. Como mostrou o sociólogo Michael Löwy, o anticapitalismo romântico é a fonte esquecida do pensamento de esquerda.

Quando se discute a reformulação da esquerda, quando se pondera o sentido do engajamento institucional, seja sob a forma de movimentos sociais e partidos, seja sob a forma governo, devíamos ter em conta dois fenômenos: nosso *cansaço com a representação* e nosso *complexo de inautenticidade*.

O cansaço com a representação foi detectado por Ernesto Laclau na tese de que a ideologia não deve ser pensada como um sistema fixo de crenças ou de disposições de ação, mas como uma articulação de discurso. Ou seja, as ideias mais libertárias e os valores mais sublimes facilmente se tornam fonte de opressão ou justificativa para os sistemas mais tirânicos e para as práticas mais conservadoras. No começo, certos significantes "flutuantes" são importantes para inscrever nossa demanda. Devemos contar com o fato de que, no segundo tempo, a síncope se revelará e descobriremos que nosso semelhante não estava nessa causa pela mesma causa que *nós*. A alma revolucionária está sujeita ao *cansaço da representação*, truque pelo qual, ao nomear um representante, um delegado ou uma instituição, somos imediatamente demitidos do processo, instilados por dúvidas conspiratórias, se não paranoicas. Esse exílio faz nosso desejo de mudança degradar-se, graças à circulação política defeituosa, em processos impessoais, administrações corruptas e instâncias imorais. Portanto, não há porto seguro. Não basta sentar em cima de sua teoria, seu título revolucionário ou seu cargo público para assegurar a criticidade ou a pertinência de sua perspectiva ou prática. Os dois primeiros ventrículos da alma revolucionária dividem-se entre a teoria do Estado e a prática de governo, entre acadêmicos em suas torres de marfim e verdadeiros ativistas das ruas. É a bela alma hegeliana que será tão mais revolucionária quanto menos sujar suas mãos com as impurezas do mundo. É também o dilema relativo ao quanto de corrupção o coração do revolucionário aguenta antes de falecer de vergonha. Quantas concessões ao capitalismo podem ser feitas antes de nos envenenarmos sem volta. Até onde podemos caminhar juntos porque assim tudo terminará bem, e onde começa a patologia do estar juntos para nos encobrir e nos defender de um inimigo comum ainda pior? Essa lógica de autossegregação da pureza pode levar qualquer um que tenha interesse em lucro e dinheiro a ser um traidor da causa em potencial. Assim chegamos à tese da direita de que, de fato, para querer mudar alguma coisa, é preciso ser pobre e desinteressado, se não você é traidor. Nessa espécie de circulação por autocatarse, a alma revolucionária termina só e isolada, como o síndico em seu condomínio, só que por outros meios.

O *complexo de inautenticidade* ataca os dois átrios da alma revolucionária. Ele pode ser diagnosticado por meio do que Slavoj Žižek chamou de *fantasia ideológica*. O truque fundamental da fantasia é nos fazer acreditar que a conhecemos, que a dominamos, que podemos usá-la em nosso favor, quando, em geral, é ela que está nos usando para extrair um a mais de gozar. Depois de anos tratada à base de elixires teórico-críticos, de experiências formativas e práxis alternativas, a alma revolucionária cede à tentação da soberba veemente e acredita-se imune a tentações. Por isso o sentimento de impostura ou inautenticidade é a percepção sintomática, ainda que difusa, de que motivos insondáveis e pessoais rondam nossas opções políticas. Nunca vi um liberal com pesadelos para saber se ele é tão radicalmente liberal quanto dele se espera e quanto ele mesmo espera. Mas esta é uma fantasia endêmica na alma do revolucionário. Uma fantasia que ataca de duas maneiras. Pela noite, ela nos faz crer que nosso desejo não é puro e que ser um mero executor da lei e da soberana purificação inspirada por Robespierre ainda assim não nos garante a filiação protetora que esperávamos, o sentimento inequívoco de que estamos do lado certo, do lado do bem, do lado de Rousseau contra Hobbes. Mas, pela manhã, essa experiência de culpa se voltará contra o outro, o macho branco, rico e predador, o porco capitalista de três câmeras na alma. Enquanto dormíamos aos engasgos e soluços, ele se aproveitava de nossas dúvidas para gozar um pouquinho a mais. Enquanto ele caminha impávido, nós nos digladiamos para descobrir quem é o mais revolucionário entre os revolucionários. A fantasia ideológica da esquerda não tem a ver com conflito de classes, mas com ressentimento de classe. Não tem a ver com diferença de gênero, mas com ressentimento de gênero. Essa esquerda culpada e denunciativa será também objeto de escárnio de nossos colegas liberais. Eles perceberão na polidez de sua correção política e na defesa fácil das causas indefesas a produção de um estilo de vida orientado para a "personalidade sensível" das classes altas e de seus telhados de vidro.

Há uma antiga piada sobre psicanalistas lacanianos e seu modo prolífico e disruptivo de associação. Para fundar uma nova escola de psicanálise basta um psicanalista. Dois são suficientes para tornar tal empreendimento um acontecimento internacional. Mas, se você tiver três lacanianos juntos, é uma questão de tempo até isso se transformar em uma ruptura inconciliável, motivada pelos mais fundamentais antagonismos epistemológicos, éticos e metapsicológicos. É obviamente uma piada de condomínio, uma *inside joke*, que aponta para a falta de senso de tamanho, a extrema idealização de si mesmo e dos grupos humanos em que se toma parte, bem como o efeito desagregador das ideologias baseadas na autenticidade. Assim como os trotskistas, guiados pelo ideal de "revolução permanente", os lacanianos são conhecidos pela sua obsessão com a "formação permanente". Assim como os seguidores da Quarta Internacional, os lacanianos nutrem essa vigilância permanente com relação aos desvios e às traições que se podem verificar no manejo dos textos e no estilo de transmissão. Assim como Stálin traiu Lênin, os pós-freudianos traíram Freud. Assim como os escolásticos defendem que a psicanálise é a clínica "limpinha" dos consultórios, os engajados argumentam que as estruturas descem às ruas. É por isso que os autênticos psicanalistas, como os autênticos revolucionários, tão sós quanto sempre estiveram em sua relação com a causa, nunca poderiam realmente fazer parte de um clube que os aceitasse como sócios, pois o tal clube rapidamente incorreria em infidelidade de representação ou desvio ético.

A alma do revolucionário também cria condomínios, mas eles são formados por outros tipos de muro: muros de vidros ou de cristal. Seus síndicos são permanentemente apedrejados em atos expiatórios, em rituais de vergonha pública ou em provas e testemunhos de fé. A sua felicidade não é deste mundo, deste Alpha-mundo, mas do outro. A alma revolucionária pode ser uma alma errante rumo a um abismo inexistente, mas ela ainda tem quatro câmeras (e não três) e respira, desde que ligada a um coração capaz de sonhar.

# Sofrendo com o Outro

32

**O SOFRIMENTO ENTRE A VERDADE E O REAL** Há uma história das formas de sofrimento que o torna um fato político ainda pouco reconhecido. Quando Freud desenvolve sua teoria do inconsciente, na virada do século XIX, ele privilegia a histeria como uma entidade clínica unificadora. Na mesma época havia outro paradigma representado pela psicopatologia de Beard, cujo quadro de referência era a neurastenia, uma síndrome já então atribuída à aceleração da vida moderna, com seu nervosismo, irritabilidade e cansaço. Também nesse período a escola clínica de Pierre Janet procurava as causas do sofrimento neurótico nas perturbações da função do real e na fragilidade da consciência, definida como psicastênica. Talvez a psicanálise tenha se imposto às demais matrizes clínicas, e com ela o paradigma histérico do sofrimento, porque, enquanto a histeria reunia uma lógica ampla de conflitos e divisões que atravessavam a linguagem, o desejo e o trabalho, a neurastenia parecia concernida ao universo do trabalho, enquanto a psicastenia ficava restrita à debilitação da consciência. A histeria envolve sintomas de quatro tipos: 1) perda ou redução da consciência, como se vê em desmaios, estados de ausência ou de auto-hipnotismo e influência; 2) redução ou alteração da experiência corporal, manifesta em dores, somatizações, fraquezas, conversões motoras ou sensoriais; 3) ataques ou espasmos envolvendo movimentos involuntários, ações disruptivas ou comportamentos dissociativos; e 4) suspensão da capacidade de reconhecer seu próprio desejo e de interpretar o desejo do outro, o que se mostra em diferentes figuras de alienação. O paradigma histérico do sofrimento traz consigo um conjunto de novidades que rompem com o sofrimento romântico, hegemônico na primeira metade do século XIX, pois ele é a expressão de uma forma de vida feminina (por isso os surrealistas diziam que a histeria era o maior acontecimento político do século XIX) que denuncia uma inadaptação do indivíduo à sua própria experiência corporal e que espontaneamente opõe-se ao modelo de autocontrole e autodeterminação, hegemônico nas figuras de alienação ligadas ao universo liberal e disciplinar.

Das neuroses de caráter dos anos 1940 às personalidades narcísicas do pós-guerra, dos quadros *borderlines* dos anos 1980 às depressões, pânicos e anorexias dos anos 2000, há uma variação das modalidades preferenciais de sofrimento. Tais variações respondem a mutações no registro da autoridade, às reconfigurações entre a esfera pública e privada, bem como a uma mudança do polo de subjetivação da lei, da esfera da produção para a do consumo.

Esse é um problema social e clínico, para o qual a psicanálise de Lacan oferece um ponto de partida crítico em psicopatologia. As *doenças mentais* não são nem *doenças*, no sentido de um processo mórbido natural, que se infiltra no cérebro dos indivíduos seguindo um curso inexorável e previsível; nem *mentais*, no sentido de uma deformação da personalidade. As doenças mentais, ou melhor, seus sintomas, realizam possibilidades universais do sujeito, que se tornam coercitivamente particulares ou privativamente necessárias. Em outras palavras, um sintoma é um fragmento de liberdade perdida, imposto a si ou aos outros. Por isso há algo que concerne a todos, universalmente, em cada uma das formas particulares de sofrimento. Assim, a normalidade é apenas *normalopatia*, ou seja, excesso de adaptação ao mundo tal como ele se apresenta e, no fundo, um sintoma cuja tolerância ao sofrimento se mostra elevada.

Um sintoma não pode ser separado de seus modos de expressão e reconhecimento social, nem dos mitos que constrangem a escolha de seus termos, nem das teorias e dos romances dos quais ele retém a forma e o sentido. Ou seja, um sintoma é uma forma de colocar uma contradição social, uma produção simbólica de uma demanda por reconhecer uma modalidade de sofrimento. É por isso que Lacan entendia a neurose como um mito individual, postulava a tragédia como paradigma ético e associava novos tipos de sintoma com a dissolução da forma do romance, presente em James Joyce. Isso não impede que os sintomas possuam uma transversalidade histórica que mantém a pertinência de descrições como as que Montaigne fez da histeria (1555), Hipócrates (300 a.C.) fez da melancolia ou Kraepelin (1883) fez da paranoia. Se há uma homologia entre o sintoma e a obra de arte é preciso considerar cada novo sofrimento invenção e resposta às transformações no horizonte de uma época. Ou seja, a loucura não é como uma doença biológica que recebeu diferentes descrições ao longo da história, mas uma doença que redefiniu o próprio critério de doença.

Alguns autores, sensíveis às ideias de Lacan, têm isolado não apenas novas formas de sintomas, mas novas maneiras de sofrer com antigos sintomas. Por exemplo, se para Freud a sexualidade possuía uma potência traumática, violenta e informulada, para Lacan a sexualidade, ela mesma, pode ser uma defesa contra algo muito pior, chamado de Real. E o Real se mostra como mal-estar, como impossibilidade de dizer, de narrar e de nomear. É nessa direção que poderíamos falar de uma forma de sofrimento que generaliza a observação de Walter Benjamin sobre o retorno dos soldados que lutaram na Primeira Guerra Mundial. A brutalidade do choque, o inominável da experiência silenciava os combatentes. Eles saíam narrativamente lesados do conflito. Catherine Malabou propõe para essa situação a noção de subjetividade pós-traumática, cuja expressão de sofrimento seria semelhante a lesões cerebrais, como afasias e demências. Seu paradigma literário são os zumbis ou mortos-vivos, seres funcionais que repetem automaticamente uma ação, incapazes de reconstruir a história da tragédia que sobre eles se abateu. Parecem seres que perderam a alma e cujo sofrimento surge em meio a mutismos seletivos, fenômenos psicossomáticos e alexetimias (dificuldade de perceber sentimentos e nomeá-los).

Na direção inversa, um autor como Slavoj Žižek tem insistido no caso daqueles que experimentam uma forma de vida que é sentida como monstruosa, animal e coisificada, tal qual a antropologia do inumano proposta por Vladimir Safatle. Ao contrário dos que não conseguem inscrever seu sofrimento em um discurso, temos aqui aqueles que parecem viver em estado permanente de fracasso sistemático em dar nome à causa de seu sofrimento. Procuram encontrar a razão de seu mal-estar no mundo, explorando para isso a força de estranhamento, inadequação e fragmentação. Sentem-se permanentemente *fora de lugar*, *fora de tempo* ou *fora do corpo*, como as sexualidades estudadas por Judith Butler. É o drama daqueles que são habitados por experiências de radical anomia e indeterminação, cujo maior exemplo literário é *Frankenstein*. Essa desregulação sistêmica do mundo, teorizada por Lacan como separação entre Real, Simbólico e Imaginário, exprime-se como sentimento permanente de perda de unidade. É por isso que seu sofrimento é tematizado como exílio e isolamento, assemelhando-se com a reconstituição da experiência tal como encontramos clinicamente no trabalho de luto. São antes de tudo errantes da linguagem, depressivos do desejo e inadaptados do trabalho. O espectro do ressentimento e do tédio ronda sua forma de vida.

Um terceiro tipo ascendente de sofrimento foi antecipado pela feliz expressão de Baudelaire: *heautontimoru-*

*menos*, ou seja, aqueles que parecem experimentar prazer em se atormentar. Aqui podemos incluir as pesquisas de Ernesto Laclau e Alain Badiou em torno de sujeitos que são acolhidos por um movimento social ou dos que se engajam num percurso da verdade. Por exemplo, nas recentes pesquisas de Jessé de Souza sobre a nova classe trabalhadora brasileira destacam-se vários predicados necessários para ascensão social: senso de planejamento, espírito de colaboração, disciplina e aperfeiçoamento. Mas essa nova classe social também traz consigo novas formas de sofrimento, principalmente baseadas na divisão de fidelidades entre sua origem e família e as exigências de sua nova condição. É o caso dos que fracassam quando triunfam, dos que estão às voltas com o peso de seus laços de sangue e família, no interior de uma trajetória de separação e autonomia. Tanto naquelas famílias europeias, nas quais há duas ou três gerações a narrativa do trabalho se interrompeu, quanto nas famílias brasileiras emergentes, ou ainda no temor de empobrecimento que assombra as classes médias americanas, há o sentimento profundo de que um pacto foi violado. A incerteza quanto às verdadeiras razões do sucesso ou do fracasso engendram uma forma de dívida difusa e de ansiedade flutuante. O sentimento é de que algo foi abolido sem deixar testemunho ou história e que, cedo ou tarde, um fantasma virá cobrar sua parte em vingança. Uma novela de televisão como *Avenida Brasil* [de João Emanuel Carneiro, 2012] é um marco para tais processos de subjetivação. Lacan afirmava que a verdade do sofrimento neurótico é ter a verdade como causa. Essa nova forma de masoquismo é antes de tudo um tipo de paixão pela verdade, que no mais das vezes aparece como desamparo e insegurança.

O quarto tipo de sofrimento emergente pode ser descrito como uma nova forma de paranoia. Paranoia benigna associada ao que chamo de vida em forma de condomínio, com seus muros, síndicos e regulamentos. Trata-se de um tipo de sofrimento baseado no medo permanente de um objeto intrusivo e anômalo capaz de perturbar a paz administrada, cujo preço é uma vida ascética e vigiada. A paranoia sistêmica floresce abundante no mundo corporativo, institucional e nos estados de exceção descritos por Giorgio Agamben. Ela cria e mantém o sofrimento derivado da segregação (como o bullying), da purificação (como o higienismo do corpo belo ou saudável) e do controle sobre o gozo do próximo (como nas homofobias e demais formas de intolerância). A paranoia é um sintoma de excesso de identidade e por isso ela interpreta o gozo do outro como perturbador, justificando a violência persecutória. É, assim, por um processo de autoconfirmação que se criam o outro traidor do ciumento, o outro impostor do erotomaníaco, o outro invejoso do megalomaníaco. Curiosamente, são essas as formas de vida mais propensas ao uso de substâncias dopantes para aumentar a produtividade, para anestesiar a experiência de si, para substituir a hermenêutica discursiva de si por uma vivência sensorial individualizada. Por isso podemos associar essa quarta forma de sofrimento às narrativas de vampiros, nas quais o tema da mistura e do domínio, da sedução e do controle surge em primeiro plano.

Temos então dois grupos: os Zumbis e os Frankenstein sofrem com a *falta de experiências produtivas de indeterminação*, pois para eles os processos de racionalização aparecem como vazio indiferente ou como uma experiência caótica de si e do mundo. Já os Fantasmas e os Vampiros, ao contrário, sofrem com o *excesso de experiências improdutivas de determinação*, ou seja, é como se acreditassem demasiadamente nos processos de simbolização e subjetivação que regulam os diferentes regimes de verdade. Tudo se passa como se para os primeiros o Real aparecesse como impossível e, para os segundos, como contingência. Se os Fantasmas e os Vampiros estão questionando os fundamentos totêmicos da autoridade, os Zumbis e os Frankenstein estão mais próximos do que o antropólogo Eduardo Viveiros de Castro chamou de perspectivismo ameríndio (ou seja, uma cultura na qual a identidade não é tratada como um fato de origem e onde a experiência de reconhecimento está sujeita a elevados níveis de indeterminação).

Tais tipos clínicos seriam apenas identificações, ou seja, formas narrativas, mais ou menos coletivas, pelas quais a experiência de sofrimento pode se incluir em discursos constituídos. Questão relevante, porque a inclusão discursiva de uma forma de sofrimento é o que permite que ela seja reconhecida, tratada e localizada em um registro moral ou jurídico, clínico ou político, literário ou religioso. Sofrimentos que não se enquadram nos discursos constituídos são frequentemente tornados invisíveis, derrogados de sua verdade, como uma palavra amordaçada.

Se toda forma de sofrimento encerra a teoria de sua própria causa, podemos ver como a narrativa da perda da alma é no fundo uma versão atualizada do que Lacan pensou com sua tese do sintoma como alienação ao desejo do Outro, mas agora uma alienação Zumbi, afeita à nossa forma mutante de produção e consumo. A narrativa frankensteiniana da desregulação sistêmica e da perda da unidade retoma a tese lacaniana de que o sintoma é efeito (e também causa) do desmembramento entre Real, Simbólico e Imaginário. Também a narrativa neomasoquista da violação do pacto simbólico de origem, com seu retorno fantasmático, retoma as teses sobre a negação em curso no interior do drama edípico e particularmente da castração. Finalmente, a narrativa paranoica, em torno da existência de objetos intrusivos, que se infiltram por entre muros e regulamentos, confirma que todo sintoma contém uma satisfação paradoxal, que Lacan chamou de gozo.

Quando a clínica lacaniana chegou ao Brasil, nos anos 1980, um de seus motes principais era a substituição das extensas narrativas realísticas sobre a infância e seus meandros rememorativos pela agilidade simbólica dos significantes fundamentais. Hoje parece haver um movimento pelo qual os psicanalistas se perguntam como facultar que certos pacientes se tornem, novamente, capazes de bem narrar suas experiências de sofrimento. A psicopatologia lacaniana prometia inicialmente distinções fortes e seguras entre psicose, neurose e perversão. Hoje se pensa em como organizar diagnósticos envolvendo formas múltiplas e combinadas entre tipos de sofrimento, modalidades de sintomas e formas de mal-estar. Lacan trouxe a antropologia estrutural e a teoria dialética do reconhecimento para o centro da experiência psicanalítica. Hoje pensamos em como lidar com os tipos de mal-estar cuja nomeação é precária, incerta ou improvável e com os tipos de sofrimento que escapam à lógica identitária do reconhecimento. Se o sofrimento e o amor são os dois motivos de qualquer processo transformativo, é fundamental reter que no centro de qualquer experiência de sofrimento há um grão de Real e uma pitada de verdade, que aspira a uma nova forma de vida.

33

**A PAIXÃO PROGNÓSTICA E A INVENÇÃO DE NOVOS DIAGNÓSTICOS** Até meados do século XIX, o principal objetivo médico, pelo menos o da escola de medicina francesa, não era curar doenças, mas estabelecer diagnósticos. Diagnósticos precisos poderiam inscrever a clínica no campo da ciência, fixando uma linguagem comum para reconhecer estados patológicos (semiologia) e prevendo o curso das doenças (prognóstico). A previsibilidade reúne contingências particulares do paciente com regras de evolução dos agentes causais, fazendo da arte clínica um capítulo dos procedimentos da ciência. Nessa direção Freud argumentou que método de tratamento e método de investigação coincidem em sua execução. Mas, se a anamnese psicanalítica é uma forma de investigação, é um erro elementar acreditar que operamos com o mesmo nível de generalidade, impessoalidade e previsibilidade que esperamos da ciência. Quando se trata da tomada de decisões e de juízos clínicos, nós não operamos pela inclusão automática de casos à sua regra. Não passamos do diagnóstico ao prognóstico. Isso ocorre por motivos éticos, relativos aos fins e ao desejo singular dos interessados na tarefa, mas também, como argumentou Lacan, porque a anamnese psicanalítica não tem por referência a realidade, mas a verdade. A loucura verdadeira não tem a ver com realidade, mas com certeza e convicção.

Por mais que um paciente paranoico possa ter sua "perda de realidade" atestada por causas cerebrais e genéticas, isso não me ajudará a saber por que um paciente específico interpreta que os muçulmanos estão invadindo a Europa e por isso ele acha justo se defender atirando em crianças, ao passo que outro paciente com o mesmo diagnóstico está convicto de que sua missão é decifrar códigos matemáticos para impedir um ataque comunista, e por isso ele acha razoável se esconder. É a posição da verdade que muda tudo, não a realidade dos fatos ou o curso previsível de seu processo. Mesmo se permanecemos no âmbito da realidade, a presença da indeterminação na atividade clínica é evidente. "48% dos pacientes com choque séptico vão a óbito dentro de 28 dias", mas como saber se *você* é um desses 48% ou um dos 52%?

Recentemente a psiquiatra Danielle Canarelli foi condenada pela justiça francesa porque seu paciente fugiu de um hospital em Marselha e assassinou o padrasto a machadadas. Na condenação, o juiz afirmou que ela padecia de uma "espécie de cegueira grave" ao não perceber a periculosidade do quadro e, consequentemente, deixar de encaminhá-lo para uma unidade de maior segurança e restrição. Toda vez que há um assassinato em massa, como em Newtown, Columbine ou Realengo, uma voz logo se levanta disposta a denunciar que a "tragédia poderia ter sido evitada".

Francamente, é o juiz, e com ele todos os que acreditam nessa espécie de teologia científica e judiciária, que está padecendo de uma cegueira grave. A cegueira do autoengano por ideais prognósticos que são apenas mercadorias securitárias. Toda tragédia é uma tragédia simplesmente porque poderia ser evitada. Os heróis gregos realizam seu destino ao fugir dele. Nós é que queremos transformar a tragédia em drama, ao afirmar que a responsabilidade é de "alguém" que não o próprio sujeito, mas uma autoridade maior, governamental ou moral, que no fundo nos abandonou e está em falta com seus deveres. Às vezes ignorar as forças da indeterminação é apenas uma maneira de cultivar nossa impotência e complacência para evitar o que realmente pode ser evitado.

## 34

**A PAIXÃO DIAGNÓSTICA** Frequentemente surgem projetos de lei que tentam excluir a psicologia e a psicanálise da prática diagnóstica, tornando-a uma prerrogativa médica. Se aprovado o projeto de lei 268/2002, por exemplo, entre outras disposições, ficará estabelecido que toda forma de tratamento psicológico deve ser preliminarmente indicada por um médico. A exclusão atinge nutricionistas, fonoaudiólogos, terapeutas ocupacionais e demais profissionais não médicos da saúde. O raciocínio baseia-se na ideia de que apenas uma formação médica habilita alguém a realizar um diagnóstico nosológico, ou seja, a determinação de uma doença definida como "cessação ou distúrbio da função do corpo, sistema ou órgãos, caracterizada por no mínimo dois dos seguintes critérios: agente etiológico conhecido; grupo identificável de sinais e sintomas e alterações anatômicas ou psicopatológicas". O argumento presume que o diagnóstico justifica a indicação de tratamento. O texto do projeto esclarece que ele não afeta outras formas de diagnóstico, como o psicológico ou o socioambiental.

O projeto é inaceitável em inúmeros sentidos, e a cláusula da exclusividade diagnóstica deve ser revista. A maior parte dos quadros psicopatológicos constantes na Classificação Internacional de Doenças (CID) ou no *Manual diagnóstico e estatístico de transtornos mentais* pode ser facilmente objeto de investigação clínica por quem quer que se dedique à matéria com rigor e método na disciplina clínica e universitária. A maioria deles não possui etiologia específica descrita e comprovada. O segundo ponto é um truque deslavado de retórica falaciosa. Dois de três critérios, diz o texto, só que o terceiro critério é duplo: "alteração anatômica ou psicopatológica". A presença da expressão *alteração psicopatológica* como condição de um diagnóstico nosológico denega que as doenças mentais são doenças como quaisquer outras. Onde estão os exames, os procedimentos e as análises laboratoriais que nos fariam comprovar etiológica ou anatomicamente as alterações de um transtorno como o bipolar, o dissociativo ou um transtorno de pânico? A especificidade semiológica dos sinais e sintomas psicopatológicos estaria além da competência ou da aptidão do psicólogo? A formação médica mediana oferece tanta qualificação em matéria de psicopatologia quanto a formação em psicologia nos habilita a interpretar um exame de sangue. O terceiro arremedo sofístico e tautológico da questão aparece na distinção entre diagnóstico médico e diagnóstico psicológico. Ou seja, se está a separar o diagnóstico por quem o faz e não pela sua natureza mesma como prática clínica. O paciente não sofre de um mal psíquico ou orgânico, ele sofre. A psicopatologia é a área que tem estudado essa forma específica de sofrimento há mais de cem anos. Confundir método com objeto é um erro imperdoável, principalmente quando se quer promulgar uma lei.

Este, contudo, é o ponto crucial da discussão. Como entender essa tendência a reduzir toda forma de sofrimento ou mal-estar a um adoecimento, que terá então um tratamento disciplinar, regulado pelo Estado e instrumentalizado pela sociedade civil. Se ainda não sabemos tratar o bullying, o fracasso escolar, as inadaptações e as errâncias amorosas, a próxima versão do DSM pretende incluir a tensão pré-menstrual e o risco para a psicose, inaugurando assim a era do *Minority report* em psicopatologia. Nem toda forma de sofrimento precisa virar sintoma para ser tratada. Nem toda forma de mal-estar precisa ser administrada por alguém para ser reconhecida.

## 35

**NEUROSE EM ESTRUTURA DE FICÇÃO** A primeira versão do *Manual estatístico de doenças mentais* (DSM-I), publicada em 1952, descrevia alterações mentais nos mais diversos quadros orgânicos: inflamações cerebrais, alterações metabólicas, estados pré ou pós-natais e efeitos psíquicos decorrentes do mau funcionamento do aparelho circulatório e dos tecidos compunham inúmeros subgrupos que davam "forma médica" aos problemas mentais. Isso deve ser associado ao conceito central de *reação*, presente neste que foi o embrião e modelo para a racionalidade diagnóstica vindoura. É uma estratégia que remonta à origem da psiquiatria. Os transtornos mentais (*mental disorders*) teriam uma causa, que é orgânica, e suas alterações psíquicas são apenas reações a elas. Primeiro a sífilis (Bayle, 1879), depois a epilepsia (Charcot, 1887) e finalmente as demências (Kraepelin, 1883) constituíram-se em modelos de doenças orgânicas, com causa definida, curso regular e desenlace previsível, que serviam como protótipos para a tese de que a doença mental é de fato uma *doença*, condição para fazer da psiquiatria uma ciência médica. Pinel inaugura a psiquiatria moderna em 1809, tendo a alienação como conceito fundador. E alienação implica tanto perda da unidade na história de si quanto bloqueio das relações dialéticas de reconhecimento. Se muitas doenças levam a estados de alienação, por exemplo, a perda provisória da consciência na epilepsia, a desagregação da unidade das funções psicológicas nas demências ou a suspensão da reação ao outro, na catatonia sifilítica, ainda assim a alienação, ela mesma, parece depender da estrutura da consciência.

Entre o conceito de alienação e o horizonte da doença fundadora, até a Segunda Guerra Mundial a psiquiatria dependia de uma espécie de complemento psicológico-filosófico para caracterizar seus quadros. O início do fim dessa crise de nascimento ocorre na década de 1950, quando se decide pensar os sintomas psíquicos como uma *reação* e a etiologia orgânica, a *ação*. Surgia assim o DSM-I como primeiro manual orientado para acabar com a confusão de línguas entre organicistas e psicodinâmicos. Três grupos clínicos, aliás os três mais importantes, não se comportavam muito bem no interior da divisão entre ação (causa) e reação (efeito): os *Transtornos Psiconeuróticos*, os *Transtornos de Personalidade* e a borgeana classe dos *Transtornos de Origem Psicogênica ou sem Causa Tangível ou Mudança Estrutural Claramente Definida*, na qual estavam incluídas a paranoia, a esquizofrenia e a *reação* maníaco-depressiva. O título sintetiza a polêmica: se temos uma *origem psicogênica*, a causa é conhecida, ainda que psíquica. Se não há *causa tangível*, poderíamos imaginar uma causa intangível ou a ser descoberta. Finalmente, a ideia de uma *mudança estrutural* subentende que pode haver uma espécie de interação tão difícil de distinguir entre causas e efeitos que devemos nos ater, antes de tudo, à lógica da transformação clínica e a partir disso inferir a unidade das classes de transtornos.

Os *Transtornos Psiconeuróticos*, segundo grupo isolado pelo DSM-I sob clara influência da psicanálise, têm como característica principal "os transtornos de 'ansiedade' que podem ser diretamente sentidos e expressos ou controlados de modo inconsciente e automático pela utilização de vários mecanismos de defesa (depressão, conversão, deslocamento etc.). Em contraste com pacientes com psicose, pacientes com transtornos psiconeuróticos não exibem flagrantes falsificações da realidade externa (delírios, alucinações, ilusões) e não apresentam franca desorganização da personalidade". Ou seja, trata-se de um diagnóstico estrutural, pois designa o princípio formativo do sintoma (deslocamento, conversão), psicogênico, porque não possui causa orgânica e diferencial, uma vez que permite se opor ao grupo das psicoses. Clinicamente, a única divisão estrutural que tem sobrevivido aos séculos é a que se dá entre psicoses e neuroses.

Em 1968, o DSM-II suprimia o papel central da reação, mas mantinha a oposição acima apresentada entre neurose e psicose. Contudo, nos anos 1970 uma primeira onda crítica se abateu sobre o projeto do DSM. Em 1973 veio à luz o experimento de Rosenhan,[1] no qual três psicólogos, um pediatra, um psiquiatra, um pintor e uma dona de casa simularam a existência de um único sintoma psiquiátrico, dizendo que ouviam vozes (dizendo "vazio", "oco" ou "baque"), mas não muito claras (alucinação). Eles se apresentaram a hospitais psiquiátricos americanos e após 60 dias a ampla maioria não detectou a fraude. Indignados, os psiquiatras desafiaram Rosenhan a enviar novos pseudopacientes a seus hospitais, com a certeza de que agora seriam apanhados. De 193 pacientes, 41 foram dados por impostores e 42 foram qualificados como suspeitos, apesar de Rosenhan não ter enviado nenhum falso paciente. A confusão de línguas era tamanha na psiquiatria do final dos anos 1970 que, quando o DSM-III resolveu abolir a força da autoridade e ceder aos critérios da nascente Medicina Baseada em Evidências, isso foi saudado como o início de uma revolução científica. Depois de *História da loucura*, de Michel Foucault (1965), do movimento antipsiquiátrico, de filmes como *Um estranho no ninho* [*One Flew over the Cuckoo's Nest*, Milos Forman, 1975] e da luta dos *civil rights movements* americanos pela despatologização da homossexualidade, a ideia de uma classificação convencional, normativa e arbitrária de "transtornos mentais", tendo em vista a unificação de linguagens, foi re-

1 David L. Rosenhan, "On Being Sane in Insane Places". *Science*, n. 70, v. 179, pp. 250-58, 1973.

cebida com esperança. Isso facilitaria o trabalho dos serviços de saúde mental, das coberturas de empresas de seguro, da pesquisa científica e da alocação de recursos públicos. Enfim, uma gota de luz em um oceano de trevas. Traçava-se uma linha divisória clara entre os *problemas da vida* e a *verdadeira doença mental*. A chegada do DSM-III se fazia acompanhar do processo de desinstitucionalização de pacientes crônicos, da luta antimanicomial. Essa reformulação das políticas de saúde mental apoiou-se também na ascensão dos tratamentos farmacológicos e na crítica da psicanálise como fonte inspiradora não de uma área exterior, mas da própria diagnóstica psiquiátrica. A subtração da *psiconeurose* ao DSM-III torna-se o símbolo do fim do falido casamento psicopatológico entre psicanálise e psiquiatria.

Mas, assim como havia uma reação crítica da psiquiatria interessada em expurgar o conceito de neurose ou psiconeurose, havia já nos anos 1950 uma ação psicanalítica que criticava seus próprios fundamentos clínico-diagnósticos, tanto na psicanálise de Lacan quanto nas pesquisas de Adorno sobre a personalidade autoritária e, mais adiante, na psicanálise argentina de esquerda.

Lembremos que a última definição remanescente das psiconeuroses, no DSM-II, definia esse grupo clínico pela *ansiedade* e pelos mecanismos de defesa: a *depressão*, a *conversão* e o *deslocamento*. Não é difícil perceber aqui os quatro elementos pelos quais a neurose será substituída até a recente revisão imposta no ultimíssimo DSM-V: Transtornos de Ansiedade, cujo desencadeamento depende do objeto (de separação, mutismo seletivo, fobias específicas, pânico, fobia social), Transtornos Depressivos, cujo modelo é o luto (depressão maior, depressão disruptiva, distimia, disforia pré-menstrual), Sintomas Somáticos, organizados ao modo da conversão (hipocondria, transtorno de conversão, transtornos factícios) e Transtornos Obsessivo--Compulsivos, nos quais o deslocamento seria a "reação" fundamental (transtorno do dismorfismo corporal, acumulação, trocotilomania, transtorno de escoriação). Acrescentando-se a essas quatro categorias os transtornos de trauma-estresse e dissociação, os que inibem ou exageram funções (alimentação, sono, excreção, sexualidade) e as disforias de gênero, reencontramos no DSM-V todos os elementos classicamente descritos pela psicanálise com sua tríade diagnóstica formada por angústia, sintomas e inibições neuróticas.

Até aqui pode-se ver que por trás da luminosa nova ciência psiquiátrica do DSM-V ainda jaz o cadáver psicanalítico da neurose. E o sinal maior desse desmembramento forçado é que tanto a depressão, antes um subtipo da aposentada categoria dos *Transtornos de Humor*, quanto a ansiedade são considerados situações de alta comorbidade, sendo declaradamente raro encontrar pacientes apenas com um desses dois diagnósticos. Quando se discute a epidemia mundial de depressão e ansiedade, quando pesquisas apontam São Paulo como a capital mundial dos transtornos mentais (com cifras em torno de 25% da população), seria preciso observar a total indiferença desse instrumento diagnóstico com relação à possível relação indutora *entre* os sintomas. Primeiro, um período de ansiedade, depois depressão, finalmente a emergência de uma ideia obsessiva, uma fobia ou uma conversão, em seguida nova onda de ansiedade. Nada mais antigo e constante nos pacientes de Freud do que percursos que intercalam períodos de angústia, crises narcísicas e formação de sintomas. A neurose, e principalmente a neurose histérica, é uma categoria fundamental para a psicanálise justamente porque permite explicar, por meio de uma hipótese única, regras de formação para a existência da variedade extensa de sintomas diferentes em um mesmo caso. Um paciente como o "homem dos ratos", atendido por Freud em 1907, receberia hoje, facilmente, sete ou oito diagnósticos sobrepostos, em vez da única e genérica neurose obsessiva.

Mas o problema crucial que se perde de vista com o sequestro da neurose como categoria diagnóstica é que os diferentes sintomas de um sujeito exprimem e se articulam em uma narrativa de sofrimento. Eles se embaralham com a história da vida das pessoas, seus amores e decepções, suas carreiras e mudanças, seus estilos e escolhas de vida, suas perdas e ganhos. A história da doença confunde-se com a história do doente, sob o qual esta age e reage, dizia Karl Jaspers (1883-1969). Desde o DSM-II tentava-se contornar o critério de Kurt Schneider (1887-1967) pelo qual a psiquiatria deve se ocupar dos que "sofrem e fazem sofrer". Mas o arremedo, que parece ter se tornado definitivo para esse problema, é a categoria dos *Transtornos de Personalidade*. Eles compreendem as formas subclínicas de sofrimento, nas quais é difícil dizer onde começa o sintoma e onde termina o eu. No DSM-V tais transtornos foram agrupados em três *clusters*: o dos "estranhos" (personalidade paranoide, esquizoide e esquizotípica), a dos "dramáticos" (personalidade antissocial, *borderline*, histriônica e narcísica) e a dos "intimidados" (personalidade dependente e obsessivo-compulsiva). Ainda que tais agregados não tenham sido "consistentemente validados" segundo o próprio *Manual*, sua função denuncia uma espécie de resgate pago aos psicólogos pela psiquiatria. Definidas como formas inflexíveis, pervasivas e estáveis ao longo do tempo, tais transtornos são isolados em um grupo separado, mas comparável com os grandes sintomas esquizofrênicos, paranoides, histéricos e obsessivos.

A exceção digna de nota são os grupos *borderline* e *narcísico*, que mesmo entre os psicanalistas não são claramente definidos nem entre as psicoses nem entre as neuroses. A dissociação entre sintomas e suas formas de vida correlatas é de tal monta que nenhuma palavra é dedicada a uma porventura ocasional relação entre sintomas do espectro *Obsessivo-Compulsivo* e a *Personalidade Obsessiva-Compulsiva*. Ora, o narcisismo é justamente essa função que produz unidades, ainda que alienadas de si, do outro e do mundo. A definição clássica de neurose era suficientemente integrativa em psicanálise porque, ao menos em tese, ela poderia explicar tanto a formação de sintomas quanto a economia narcísica ou as transformações e identificações da personalidade, que lhe é correlata. Ao excluir relações entre sintomas e funcionamentos psíquicos o psiquiatra fica, por assim dizer, desincumbido de fazer apreciações sobre a personalidade do paciente. Isso tem trazido um efeito dramático, estranho e intimidador para os clínicos, que relatam frequentemente que não lhes é dada, nas contingências reais de sua prática, a possibilidade de escutar histórias de vida de seus pacientes, restringindo-se a anamnese ao relato sobre o sintoma.

Muitos psiquiatras questionam as renovações feitas pelo DSM-V porque elas não se apoiam de fato em novas descobertas científicas, mas em redefinições nominalistas de sintomas e definições operacionais de síndromes. Isso valoriza ou sobrevaloriza o diagnóstico mediante exame retrospectivo dos efeitos de medicações cujo verdadeiro mecanismo de ação se desconhece. Ou seja, a unidade perdida com o sequestro da neurose, como hipótese que unifica história de vida, sintomas e personalidade, é reencontrada na unidade de um objeto: a medicação. A hipótese da recaptura da noradrenalina para explicar o mecanismo da ansiedade, proposta em 1958, foi expandida para a relação entre a dopamina e a esquizofrenia, nos anos 1960, para a serotonina e a depressão, nos anos 1970, e finalmente ligando a endorfina aos circuitos do prazer, na década de 1980. Observe-se que se trata de uma mesma matriz hipotética que se reaplica em diversos casos. Em todos eles o transtorno é considerado um déficit de substância neuronal. A medicação entraria assim de modo compensatório, fazendo o que o corpo não consegue fazer por si mesmo. Mas tal hipótese deixa de lado o caso em que certos estados mentais são produzidos de forma totalmente inédita na propriocepção, na experiência corporal e na economia de significação do sujeito, como parece ocorrer com o uso continuado do metilfenidado (conhecido popularmente como Ritalina). Ou seja, há sim um "antes" e um "depois" da medicação que estabelece uma nova unidade no eu, mas esta é criada pela medicação e não pressuposta por ela.

O caráter mais ou menos questionável das descobertas em torno dos neurotransmissores se faz acompanhar de outro fato mais difícil de entender. Palavras, principalmente metáforas, narrativas ou experiências de linguagem em contexto intersubjetivo induzem a receptação e a distribuição de neurotransmissores como dopamina, serotonina, noradrenalina e endorfinas. Palavras mudam o seu cérebro, e o seu cérebro muda suas palavras, mas não da mesma maneira.

O real prejuízo que temos com o sequestro da noção de neurose não emana da importância etiológica das experiências infantis nem da gênese histórica dos sintomas ou das conexões sexuais esquecidas, mas da crença que isso traz de que os diferentes sintomas não têm nexo entre si. Surge assim um sistema diagnóstico que confirma e dá força de lei a uma disposição neurótica a desconectar atomicamente sua própria vida. Ou seja, uma das características mais antigas e mais simples da neurose, a saber, o fato de que nela o sujeito não liga (aliena) os pontos que unem sua vida, seus sintomas e sua personalidade, tornou-se a forma oficial e padronizada de pensar a loucura. A neurose opera pela desconexão entre contextos narrativos, como que a dizer que a vida sexual é uma coisa, a profissional é outra, a familiar uma terceira coisa, os cuidados com o corpo algo à parte e as fases da vida um problema isolado. A vida pessoal é apenas "outro setor" desta grande loja de departamentos na qual nos transformamos. Mas todo aquele que se vê diante de uma experiência maior de sofrimento sabe que não é assim. O sofrimento tem uma valência política incontornável porque ele liga os assuntos: a alimentação com a pobreza, a miséria com a família, a família com o Estado, o Estado com a saúde, a saúde com a maneira estética de viver o corpo e assim por diante. O sofrimento pode ter a estrutura de uma *novela*, como o Romance Familiar, de uma *teoria*, como as Teorias Sexuais Infantis (Freud), de um *mito*, como o Mito Individual do Neurótico, da poesia chinesa ou simbolista (Lacan), de uma narrativa (Antonino Ferro) e até mesmo encontrar sua expressão universal na tragédia (*Édipo* para Freud, *Oresteia* para Melanie Klein, *Antígona* ou *Filotectes* para Lacan). As pesquisas em torno da dissolução da forma romance, empreendidas por autores como Beckett, Joyce e Duras, desafiam o paradigma discursivo no qual a neurose foi descrita a partir da unidade narrativa-narrador, da coerência entre contar (*Erzählen*) e descrever (*Beschreiben*), da progressão articulada de conflitos, da tensão entre diegese da ação e verticalização de personagens. Talvez não seja uma coincidência que os mesmos anos 1950 que presidiriam a emergência do DSM-I tenham assistido, mais uma vez, a onda de declarações sobre a morte do romance. Mas isso só confirma que o tipo de unidade que encontramos na noção de neurose nos leva a sistemas simbólicos, como a literatura, o mito ou os discursos sociais, e que ela pode ser redescrita consistentemente em função desses, tanto em termos semiológicos quanto diagnósticos. Mas isso exigiria reconhecer o mal-estar que preside a insuficiência das articulações entre sofrer e ter um sintoma no interior do sistema DSM.

Tradicionalmente, ao final de cada edição do DSM há um espaço reservado para as chamadas síndromes culturais específicas, como o *Amok* (na Malásia) ou o *Susto* (na América Central). Mas o DSM-V surpreende nesse quesito ao trazer uma longa lista de "Outras condições que podem focar a atenção clínica": problemas de relacionamento, rompimentos familiares, negligência ou abuso parental, violência doméstica ou sexual, negligência ou abuso conjugal, problemas ocupacionais e profissionais, situações de sem-domicílio (*homeless*), problemas com vizinhos, pobreza extrema, baixo salário (*low income*!), discriminação social, problemas religiosos e espirituais, exposição a desastres, exposição a terrorismo, terminando pela "não aderência a tratamento médico". A lista exprime o interesse confesso do DSM-V em patologias sociais, mas ao mesmo tempo atesta uma voracidade preocupante. Ela denota os efeitos da exclusão da noção de sofrimento, acrescidos agora da dispersão gerada pela recusa incondicional a pensar nos sintomas no quadro de uma forma de vida, como unidade entre trabalho, desejo e linguagem.

Tão morta quanto a psicanálise e o romance, a neurose é uma forma de constituir um paradigma clínico rigorosamente simétrico à hermenêutica do sofrimento. Nela o que se diz sobre o sofrimento depende de como ele se faz reconhecer e é ou não reconhecido pelo outro. A verdade do sofrimento neurótico se dá em estrutura de ficção, mesmo que o real, que não se consegue nomear, ao qual este do sofrimento se refere, permaneça opaco e resistente a ser inscrito em um discurso, uma prática, um dispositivo qualquer de cura ou diagnóstico. Há, portanto, formas alienadas de sofrimento, assim como modalidades reificadas de reconhecê-lo. Mas isso se encontrará tanto nas categorias elas mesmas quanto na forma como as articulamos. A hipótese da neurose suprimida preserva a estrutura de ficcionalidade do sofrimento contra o realismo ingênuo da diagnóstica do DSM-V.

Tomando os sintomas como ironicamente destituídos de "organicidade", mas ainda assim dotados de "força de lei", a racionalidade diagnóstica do DSM espelha a racionalidade diagnóstica hegemônica de nossa época. Essa estratégia de fragmentação do mal-estar dificulta que o sujeito reconheça que seu sofrimento tem uma relação direta com a maneira como ele vive sua vida. Reforça-se assim o fenômeno que a psicanálise observou na relação dos sintomas com o sujeito, uma relação de alienação. Ele os produziu, como um artesão produziu uma mesa ou uma cadeira, mas ao mesmo tempo ele não se reconhece no produto do seu trabalho simbolizante. Por outro lado, sintomas representam algo do desejo do sujeito, ao modo de uma palavra amordaçada ou de uma mensagem censurada que o sujeito não consegue reconhecer. Qual seria sua implicação em um "estado de adoecimento" contra o qual ele nada pode, pois afinal é seu cérebro que o domina? A segmentação da neurose, como princípio causal e explicativo, cria um efeito iatrogênico difícil de tratar: até onde vai a depressão *e onde começa... outra coisa*? Esse limite entre o moral e o patológico, entre a ação restrita do transtorno e suas consequências, habilita deserções do sujeito diante de seu sofrimento. Nunca nos é dado pelo próprio *Manual*, para desespero de parentes e cuidadores, até onde vai o "transtorno" e onde começa "a vida real" de responsabilidade do sujeito. Reencontramos aqui o princípio que conferia, na excluída categoria psicanalítica de neurose, a unidade entre forma de vida e patologia social, entre sofrimento e dialética do reconhecimento, entre expressão do mal-estar e a forma etiológica de sua produção.

Antes da publicação do DSM-V inúmeros movimentos sociais críticos pelo mundo se opuseram aos princípios de seu poder. O *Stop DSM*, o *Por uma psicopatologia clínica não estatística* e, entre nós, o *Manifesto de São João del-Rey* emergem em associação contingente com os movimentos sociais de renovação política desde 2011. Muitos psiquiatras chegam a comparar os dois processos, afinal: *O DSM seria o pior tipo de diagnóstico, mas não inventamos nenhum melhor do que ele* (parafraseando a frase de Churchill sobre a democracia). O que a psiquiatria e parte da medicina conservadora brasileira, em particular, precisam entender é que a definição crítica de quadros psicopatológicos, a reintrodução criteriosa de noções como mal-estar e sofrimento, o diálogo científico com outras matrizes políticas e epistemológicas são passos necessários para a definição de um programa de atenção e tratamento a um objeto complexo e transversal como a saúde mental.

Quando 52% dos pesquisadores envolvidos na reformulação que engendrou o DSM-V declaram ligações formais e recebimento de proventos por parte da indústria farmacêutica; quando o principal órgão de fomento à pesquisa norte-americano recusa-se a usar o novo instrumento pela ausência de marcadores biológicos para as categorias propostas; quando o descobridor do Déficit de Atenção com Hiperatividade (TDHA), Leon Eisenberg,[2] declara que sua descoberta é uma doença fictícia, não devemos por isso recusar a psiquiatria e a doença mental como uma invenção arbitrária de um negócio farmacêutico, que será curada ou es-

2 L. Eisenberg "When 'ADHD' was 'the Brain-Damaged Child'", *Journal of Child and Adolescent Psychopharmacology*, 2007, n. 3, v. 17, pp. 279-83.

quecida por meio de readaptação ou integração social. Isso seria novamente desprezar a regularidade histórica de nossas formas de sofrer, bem como o real que se encontra no seu interior. Deveríamos explorar a hipótese de que o TDHA é tão fictício quanto os outros quadros e, em seguida, examinar a possibilidade de que existam ficções mais úteis que outras. Se os verdadeiros especialistas em ficções são artistas e literatos, sem eles nossas formas de sofrimentos podem ser mais facilmente classificadas, mas certamente serão menos universais.

## 36

**DEPRESSÃO DO URSO POLAR** Depois de atender pacientes depressivos, clínicos e subclínicos, crônicos e agudos, narcísicos ou enlutados, desenvolvi uma espécie de teoria intuitiva que me ajuda a ver, de quando em quando, se algum progresso foi realizado. No sofrimento dessas pessoas o mundo fica cinza, a vida fica meio sem graça e meio sem gosto. Mas há sempre certa atitude filosófica que olha para o mundo e para a vida de um lugar terceiro, difícil de discernir.

Nos últimos tempos passei a levar menos a sério a teoria aristotélica do sentido dos humores (os líquidos do corpo) e mais em conta o fato de que até para ele tratava-se de uma cor, uma patologia da bílis negra. Esse lugar terceiro entre a vida e o mundo no qual o depressivo se coloca é homólogo ao lugar do pintor. Um pintor monocromático ou formalista.

O pintor depressivo está obcecado por um modo de ver o mundo, separando dois problemas clássicos da representação visual: a forma e a cor. Ali onde a vida tem forma, o mundo não lhe garante cor. E ali onde a vida tem cor, não se discerne sua forma no mundo. Por isso meus três tipos depressivos não são a distimia, o transtorno depressivo maior ou a bipolaridade, mas os que vivem uma espécie de dissolução das cores, os que se apaixonam pelo reino das formas e os que se evadem para o mundo das texturas.

Minha especulação encontrou algum reforço empírico diante da exposição do pintor romântico inglês William Turner (1775-1851) na Tate Britain de Londres. Pintando por encomenda para as exposições anuais da Academia, ele pôde negociar com seu público a gradual exclusão da forma retrato com a subsequente introdução de grandes volumes de cor, em representações majestosas e cativantes do céu, do mar, dos reflexos do céu no mar, das tempestades, do sol poente, das avalanches de neve com seu tema depressivo maior: o naufrágio. Tendo levado uma vida de raro reconhecimento, Turner chegou à velhice afetado por estados confusionais, provavelmente gerados por anos de acúmulo de chumbo, presente nas tintas que usava em seu ofício.

Esta é também a origem da alusão de Lewis Carroll, em *Alice no País das Maravilhas*, ao Chapeleiro Louco (os que faziam chapéus tinham de lidar com o mercúrio usado nas abas dos chapéus e, assim, terminavam "loucos"). Para diminuir os efeitos do chumbo, Turner ingeria doses cavalares de *sherry* todo dia, tornando-se assim, mais provavelmente, alcóolatra. Devemos acrescentar ao problema do "último Turner", foco da exposição (*O último Turner*), o fato de que ele tinha um tipo específico de catarata, que o fazia perceber com maior dificuldade certos tons de amarelo, que realmente se tornam inigualavelmente vivos e impressionantes em seus derradeiros trabalhos. Turner tinha um método de produção baseado em sucessivas retomadas de uma mesma tela, legando ao final mais de uma centena de trabalhos em seu estúdio. Isso colocou um problema para os críticos: seriam estas obras inacabadas, que não couberam no tempo de uma vida, ou então são trabalhos que, de modo visionário, antecipam-se ao próprio tempo, radicalizando a tendência à decomposição entre forma e cor, tal como se verá na arte vindoura?

O "complexo de Turner" mostra como é possível, ao mesmo tempo, dissolver as formas e as cores tornando a luz o próprio objeto do olhar. Talvez essa seja a essência da experiência depressiva: inacabamento e antecipação, percepção demasiadamente perfeita e ilusão. Catarata mental. Se queremos entender com mais precisão a experiência depressiva, precisamos rever nossa teoria da formação do eu, cuja metáfora é a de Narciso, introduzindo no seu interior o problema da integração entre forma e cor na determinação da imagem.

Dizem que a depressão é branca, enquanto a melancolia é negra. Em inglês ambas são azuis (*blue*). Freud dizia que a relação entre a psicanálise e a psiquiatria seria semelhante à que encontramos entre o urso polar e a baleia. Como vivem em ambientes diferentes, a comunicação e colaboração entre ambos seria improvável ou impossível. Freud mostrou-se um péssimo climatologista. Não previu que os buracos na camada de ozônio derreteriam as geleiras e que, em meio ao desastre ecológico, finalmente ursos polares e baleias poderiam vir a fazer parte do mesmo ambiente. Assim está nossa paisagem clínica hoje, com muitos pacientes da psicanálise tomando antidepressivos e muitos pacientes psiquiátricos aspirando pela escuta de seu sofrimento. Quanto a quem será o urso e quem será a baleia, resta a controvérsia.

Divergências entre psicanálise e psiquiatria estão mal focadas. Não há nada de contrapsicanalítico na tese de que a depressão é um desequilíbrio dos mecanismos de produção e recaptação de neurotransmissores como serotonina ou dopamina. Não há nada de avesso à psicanálise no argumento de que a depressão não é tristeza e que ela constitui uma "doença" em sentido lato ou estrito. Considero atitude de principiante acusar a psicanálise de fazer apologia da depressão ou de que ela trabalha na moral da culpa e da "falta de vontade". As diferenças relevantes começam quando examinamos de perto certas suposições sob as quais há de fato consenso genérico entre psicanálise e psiquiatria.

Dizer que existe uma concorrência entre desequilíbrio neuroquímico e depressão *não autoriza* atribuir a esse desequilíbrio uma função causal. Ou seja, ficamos tristes porque há menos serotonina ou há menos serotonina porque ficamos tristes? O que causa a depressão é realmente a diminuição da recaptação de serotonina no interior dos neurônios ou esta é apenas uma descrição do processo? Descobertas sobre neuroplasticidade cerebral, estudos com métodos derivados da neuroimagem e pesquisas comparativas sobre eficácia de tratamentos psicoterápicos insistem no caráter reversível da equação depressiva. O problema não está em mostrar que a depressão é reversível por meio de intervenções no cérebro, mas em mostrar por que ela *também* é reversível por meio de inúmeras outras práticas não químicas (psicoterapêuticas, narrativas, experienciais). Hipóteses serotoninérgicas e similares são descritivas, não causais ou etiológicas.

Dizer que a depressão é uma doença tratável *não implica* endossar a disciplina higienista, a medicalização massiva e a recusa do detalhamento diagnóstico. A depressão pode ser comparada com a febre. Acontece em vários quadros e significa coisas distintas em situações clínicas distintas. Assim como a febre pode ser contida por antitérmico, a depressão pode ser contida por antidepressivo. É uma temeridade pensar que *se a depressão é um transtorno ou uma doença então ela deve ser erradicada*, pois é algo supérfluo que pode ser tirado sem consequências. Assim como não se pode continuar a dizer que o sofrimento salva e redime, não se pode dizer que uma vida sem sofrimento seria uma vida feliz e que o sofrimento exprime um tipo de fracasso moral ou déficit químico que temos que eliminar. Há uma distinção ética a se fazer entre *sofrimento* (como categoria moral, que contém uma história, que forma vínculos que unem ou separam pessoas), *mal-estar* (como posição existencial sobre a condição trágica e cômica de nossos assuntos humanos) e *sintoma* (como privação de liberdade e realização simbólica de um desejo recalcado). Dimensões que se cruzam, mas não creio que seja a mesma reflexão ética em cada caso, logo não deveriam exprimir a mesma ambição clínica. Quando perdemos a linha divisória entre sintoma e sofrimento ou entre sofrimento e mal-estar, acabamos como Simão Bacamarte, o personagem de Machado de Assis que termina internando toda a cidade no asilo do qual só ele tinha a chave (*O alienista*).

Todo sintoma exprime um trabalho subjetivo. Além de um problema, exprime uma forma de "solução" criada pelo paciente. Suprimir isso pode ter consequências. Todo medicamento só é eficaz porque realiza "por outras vias" um trabalho ou função que o organismo ou o sujeito pode fazer em condições normais. Ao introduzir o medicamento, sem fornecer meios para que o sujeito recupere a possibilidade de realizar esse trabalho, produzimos uma espécie de "efeito colateral", uma "atrofia" das já debilitadas funções psicológicas requeridas para realizar tanto o trabalho positivo da depressão (como força de reparação e integração) quanto o trabalho negativo da depressão (distanciamento da experiência e redução da capacidade de satisfação).

Entre psicanálise e psiquiatria há um desacordo diagnóstico e um relativo consenso semiológico sobre a depressão. Por isso a psicanálise não distingue a depressão apenas por sua apresentação típica ou atípica, grave ou moderada, como uma patologia ou transtorno localizado do humor. Todavia, assim como a psiquiatria, a psicanálise considera três grupos distintos de depressão: aquelas que parecem reagir a uma experiência isolável, aquelas que atuam de forma crônica em vínculos intersubjetivos de reconhecimento e aquelas que afetam uma condição ou posição básica e permanente da subjetividade.

Há depressões cujo modelo de formação é o *luto patológico*. Nelas o sujeito exagera, intensifica ou prolonga a resposta esperada para a perda, ausência ou indisponibilidade de algo ou alguém. Encontramos aqui os mesmos sinais do luto: tristeza, idealização da perda, lentificação da fala, culpa por ter sobrevivido, dificuldade de começar de novo, memória ruminante sobre a perda, indignação, impaciência e irritabilidade contra aqueles que não estão no mesmo "momento pessimista". O traço fundamental aqui é a dor de existir. Vivida no corpo, no impedimento do sono e da alimentação, essa dor tira a "graça da vida".

Há depressões cujo modelo é a crise narcísica. Nelas ocorre uma pane do sistema sócio-simbólico de reconhecimento subjetivo do desejo. Ao não reconhecer seu próprio desejo o sujeito não sabe mais se está indo a favor ou contra seus propósitos. Ele interpreta adversidades como sinal e permissão para a desistência. Os triunfos são sentidos como derrotas e as realizações, como sinais de insuficiência (perfeccionismo). Isso pode fazer com que o deprimido desista de fazer seu desejo reconhecido. Isso ocorre de forma circular. A falta de dedicação aos sonhos e projetos leva a decepções que confirmam a insuficiência e impotência, reduzindo a autoestima.

O terceiro tipo de depressão refere-se à capacidade psíquica de reconstituir objetos e reparar laços. Em alguns casos, essa posição fracassa sistematicamente, e então não estamos mais diante de um sintoma ou um diagnóstico de segunda, mas de um quadro clínico dotado de maior autonomia diagnóstica. Fala-se aqui, com restrições, em *depressão estrutural*. Ela estaria ligada a certas experiências primárias marcadas pela antecipação. No conjunto, a depressão não deve ser confundida com a síndrome composta por tais signos, pois ela não é só luto e nem apenas crise narcísica ou impossibilidade de posição, mas *exageração, intensificação* e *prolongamento* de um funcionamento psíquico.

Podemos aproximar o modelo psicanalítico da depressão baseada no *luto patológico* da depressão episódica ou reativa; a *depressão narcísica* poderia se traduzir no transtorno distímico e no episódio depressivo maior; finalmente, a *depressão estrutural* evocaria a depressão melancólica e o transtorno bipolar. Mas o problema não é só de ajuste de nomenclaturas. As boas descrições, psiquiátricas ou psicanalíticas, são feitas tendo em vista estratégias de intervenção e transformação. Elas não são o neutro reflexo das coisas como tais, mas descrições ajustadas e intencionadas conforme fins terapêuticos que lhes são próprios.

Isso põe em questão o conceito de cura atinente à depressão. Se entendemos por cura a completa erradicação do mal, sua exclusão permanente e indelével, em todos os tipos e modalidades, espero sinceramente que nunca encontremos a cura para a depressão. Poderíamos nos tornar mais saudáveis, mas seríamos certamente menos interessantes. Se restringirmos a noção de cura ao controle do exagero, à recuperação da autonomia e à melhor orientação na vida desejante, posso dizer que a depressão tem cura. A depressão deve ser tratada com todos os recursos de que dispomos: psicoterápicos, psicanalíticos, farmacológicos, laborterápicos, nutricionais e assim por diante.

Quanto ao uso da medicação, há algum tempo firmou-se o consenso de que o melhor tratamento para a depressão, excluindo-se o tipo bipolar, é a estratégia combinada de antidepressivos, psicoterapia e atividades complementares. A modalidade mais indicada seria a psicoterapia cognitivo-comportamental (TCC). Contudo, um estudo recente mostrou que a psicanálise apresenta resultados mais consistentes e mais persistentes. Na verdade, não se trata apenas de um estudo isolado que mostrou isso, mas de um tipo de pesquisa conhecido como meta-análise, uma análise de centenas ou milhares de pesquisas tomadas em conjunto comparativo.[3] É possível que o antigo consenso apontasse para

3 F. Leichsenring & S. Rabung, "Effectiveness of long-term Psychodynamic Psychoterapy". *Journal of American Medical Association*, n. 13, v. 300, out. 2008.

a maior aptidão da psicoterapia cognitivo-comportamental em se conjugar ao método psiquiátrico de verificação de resultados. Essa mesma meta-análise trouxe um resultado difícil de interpretar. Em alguns tipos de depressão mais leves, a *psicanálise, sem uso de medicação, apresenta melhor resultado do que a psicanálise associada com medicação.*

O consenso merece ser reformulado para: *a utilização de medicamentos é necessária, benéfica e deve ser acompanhada pela participação ativa e continuada do paciente na decisão de recorrer ao tratamento, nas alterações de dosagens, no controle dos efeitos colaterais, no programa de descontinuação e na elaboração da estratégia geral de tratamento.* Tal participação não é apenas necessária para maior aderência ao tratamento (evitando os casos, infelizmente cada vez mais comuns, de supermedicalização e de emprego continuado de antidepressivos, por décadas, sem supervisão, geralmente em subdoses ou com mediações inadequadas), mas também para evitar a "medicalização selvagem" (por não psiquiatras) e a automedicação.

Não gostaria de situar os medicamentos como vilões da história. Tivemos a fase da "pílula da felicidade". Chegamos agora ao momento mais sóbrio, e mais "administrado", por meio do qual o antidepressivo tornou-se banal. Menos do que nos levar ao céu, ele apenas nos afasta do inferno. Uma versão desse debate vale para a eletroconvulsoterapia, que pode ser útil para casos específicos, envolvendo catatonia, não responsividade a nenhum medicamento e paralisação geral do contato com o outro. Ela é simplesmente inadmissível como uso *popular* e *barato* para contornar a inépcia diagnóstica e a ausência de empenho terapêutico. É assustador verificar o retorno dessa técnica sem que se tenha desenvolvido qualquer teoria consistente sobre seu meio de ação, sobre as razões de sua eficácia ou suas consequências iatrogênicas (permanentes em termos de lesões no cérebro e funções psicológicas associadas). É indignante constatar que os incrementos técnicos na eficácia da ciência médica tenham gerado uma espécie de efeito colateral, a "autoridade bio-securitária" que induz estados de docilidade e passividade, não só no paciente, mas nos familiares e responsáveis, diante de técnicas brutais como essa. Infelizmente há muito disso atravessando as políticas de saúde mental.

Ou seja, o medicamento traz efeitos colaterais ruins; mas uma relação ruim com o medicamento traz efeitos ainda piores. Assim como qualquer tecnologia, o que está em juízo é a maneira como nós a empregamos, interpretamos e incluímos em nossa vida. Em alguns casos de depressão de tipo mais grave, há um difícil dilema clínico. Ao tomar a medicação o sujeito melhora, mas sente que a vida *perdeu o sabor*. Tudo tem *gosto de papelão*, a boca seca, o encontro sexual piora, a pessoa sente que está *funcionando bem*, mas os picos e oscilações que dão *tempero* à existência desaparecem. Muitas vezes não é uma troca do tipo 3 por 10; mas uma troca do tipo 3 por 5. Entre o urso polar e a baleia, a única coisa certa é que a água está subindo para todos.

## 37 PERVERSÃO ORDINÁRIA

**PERVERSÃO ORDINÁRIA** A perversão é uma das três grandes estruturas da psicopatologia psicanalítica. Ao lado da psicose e da neurose, ela representa um tipo específico de subjetividade, desejo e fantasia. Comparativamente, seu diagnóstico é mais difícil e controverso: consideram-se a extensão e variedade de seus sintomas, bem como sua alta suscetibilidade à dimensão política. Nas perversões podemos incluir, aproximativamente, três subgrupos: as perversões sexuais, as personalidades antissociais (psicopatias) e os tipos impulsivos. Essa subdivisão é problemática e apenas descritiva, pois cruza categorias originadas em diferentes tradições clínicas.

Devemos distinguir uma perversão ordinária de uma *perversão extraordinária*, representada pelos *tipos concentrados* com os quais a perversão foi historicamente associada, para, em seguida, ser excluída, silenciada e expulsa da condição humana. Aquela que seria a forma mais forte de perversão, como confronto e desafio à lei, é, na verdade, expressão de um tipo de *exagero* da lei, baseado na atração pela forma, desligada e *deslocada* de seu conteúdo.

*Perversão*, assim, seria o nome para o que nos desperta indignação. Mas, porque o estado social "normal" não representa necessariamente o bem ético, torna-se difícil pensar na perversão de modo simples. A anomalia que nega a norma pode ser um desvio progressivo, útil ou benéfico. Além disso, mesmo a dissociação entre a norma e seu oposto, entre real e ideal, entre o bem e o mal, é justamente uma das características da perversão.

Isso posto, há três famílias principais da perversão. A primeira refere-se ao exagero ou à diminuição de algo, que, sob justa medida, seria tolerável e até mesmo desejável. O perverso estereotipa um comportamento, fixa-se em um modo de estar com o outro e de orientar sua satisfação. Tome-se o exemplo de um sujeito que, para encontrar satisfação sexual, deve empregar adereços como calcinhas, vestir-se com roupas do sexo oposto, admirar partes específicas do corpo do parceiro ou manipulá-las de modo bizarro. Tudo isso, sem exagero, seria parte esperada de um encontro sexual, mas, quando sua presença torna-se coercitiva, necessária e condicional, percebemos que há uma espécie de excesso. A parte toma conta do todo.

A segunda família de perversões decorre da ideia de *desvio*. Trata-se aqui da metáfora da vida como um caminho, no qual o perverso toma um atalho ou elege para si "outra via". Ele se desgarra dos outros, torna-se alguém fora da ordem, fora do lugar adequado. Curiosamente, essa negação da norma funciona como reafirmação de sua força. Se a primeira perversão é definida pelo traço de exagero, a ideia central do segundo tipo é a de deslocamento, inversão e dissociação.

A terceira classe de perversão é composta pelos que marcam seu compromisso com a transgressão, com a violação da lei, da moral ou dos costumes. Essa transgressão não é efeito secundário, mas decorre da identificação do sujeito com a lei. Alude-se aqui à lei materna (em oposição à lei paterna) para designar essa relação de passividade radical e de disposição soberana e caprichosa sobre o corpo do outro. Apesar da extrema variedade histórica e antropológica, há duas maneiras básicas de perversão da lei: afirmá-la por meio de uma negação ou negá-la por meio de uma afirmação.

No primeiro caso, a lei está escrita em alguma parte e há intérpretes confiáveis e executores fiéis. Dessa perspectiva, exagera-se o caráter formal da lei, de maneira que sua execução deixe de aparecer como efeito de agentes empíricos dotados de sensibilidade. Ou seja, cria-se uma *exceção à lei* dentro da lei. Não importa se o modo de relação com o objeto é contrário à lei social instituída (como a pedofilia ou o assassinato); se ele é indiferente a essa lei (como o sujeito que obrigatoriamente deve "tatuar" sua parceira com uma caneta Bic durante o intercurso sexual para encontrar orgasmo); ou se ele é parasitário da lei socialmente instituída (como no filme *O cheiro do ralo* [de Heitor Dhalia, 2006], no qual o fetiche do cheiro se especifica como traço adicional nas relações de compra e venda de objetos). O importante é que, do ponto de vista do sujeito, *afirma-se a lei para negá-la.*

A segunda forma de perversão da lei aparece quando o sujeito nega a lei para afirmá-la em outro nível. A satisfação não decorre de uma "falsa submissão a uma lei ilegítima", mas da elevação do sujeito à condição de autor da lei. Esse é o caso dos que se identificam com o objeto para causar angústia no outro, ou seja, para dividir o outro e assim fugir à sua própria divisão. São as chamadas personalidades psicopáticas, hoje personalidades antissociais, nas quais predomina o sadismo: nego a lei socialmente compartilhada para afirmar uma lei maior, cuja enunciação está em minhas mãos.

A questão se complica se observamos que a lei considerada fato positivo para a definição de perversão não é sinônimo de ordenamento jurídico nem da lei como conjunto de costumes e regras. Trata-se da lei que, a cada momento, é a precondição que orienta nossas escolhas, juízos e desejos. Mesmo que ela não esteja escrita nem encontre corpo em um código formal ou informal, essa lei está pressuposta a cada vez que agimos. O problema da perversão torna-se mais interessante se observarmos que a lei que orienta a vida desejante do sujeito, a partir de seu inconsciente, não é outra que uma versão da lei social corrente, instituinte das relações de autoridade e pertinência, de ordem e de poder, de família e de Estado. Uma é versão da outra, uma *père-version* (versão do pai), como diria Lacan.

A psicanálise chama de supereu essa lei interna ou essa voz que interdita certos tipos de satisfação, obrigando a outros. O supereu é a matriz ordinária de nossas perversões particulares e, ao mesmo tempo, a língua na qual expressamos e somos expressos pela lei social. Segundo essa tese, nossa consciência crítica, tida por muitos como a maior realização da razão humana, é ao mesmo tempo um olhar no qual nos aprisionamos, a voz do exagero e engrandecimento (das exigências, dos ideais e das expectativas normativas) e o núcleo de nossa satisfação e de nossa culpa em transgredir.

Por exemplo, vibrar em êxtase vendo um formigueiro pegar fogo não é um ato ilegal, mas sugere um tipo de gozo associado com a perversão. Qualquer criança explora esse tipo de satisfação, até que seus pais o convidem à seguinte "inversão de perspectiva": *Imagine se você fosse uma formiga? Iria gostar de ver a casa pegar fogo?* Esse tipo de *inversão* faz com que abandonemos uma gramática da satisfação – nesse caso o sadomasoquismo – em prol de outra. Cada um de nós possui uma história composta por gramáticas como estas: *exibicionismo* e *voyeurismo*, *heterossexualidade* e *homossexualidade*, *feminilidade* e *masculinidade*. Há gramáticas pulsionais mais simples, como *ingerir* e *expelir*, *dar* e *receber*, *bater* e *apanhar*, e há gramáticas mais complexas e mais abrangentes, como *ser* e *ter* ou *aceitar* e *recusar*. Contudo, a tese psicanalítica é de que a sexualidade infantil possui a característica de ser *perversa*, por explorar, exagerar e transgredir os diferentes modos de satisfação, e de ser *polimorfa*, por admitir muitas formas, plásticas e mutáveis. A perversão no adulto se diferencia disso por seu caráter de fixidez (uniforme) e pela função subjetiva de desautorização da lei. Assim, a perversão não é só uma questão de infração procedimental da lei, mas refere-se ao tipo de intenção (ou de desejo); o modo como nos colocamos, e situamos o outro, diante do que fazemos.

É nesse ponto que a definição popular de perversão argumentará que ela ocorre justamente por falta de sentimentos morais como a culpa, a vergonha e o nojo. Daí a ausência de arrependimento, reparação e consideração pelo outro que historicamente fizeram dos perversos os ícones da maldade. Eles não apenas praticam o mal, mas, principalmente, gostam de fazer mal aos outros, especialmente quando se comprazem em causar angústia, terror e tortura. Ora, o que acontece aqui não é a ausência de supereu, que poderia ser curada com a administração massiva da lei, mas a construção de uma espécie de supereu ampliado, como se algumas de suas funções fossem experienciadas, de modo deslocado, fora do sujeito, ou seja, no seu infeliz e circunstancial parceiro.

Os mais diferentes e insólitos tipos de satisfação estão presentes em todos nós, de forma atenuada, disfarçada ou restrita. Não é pela ausência ou presença dessas tendências que podemos definir a perversão. Os perversos não são extra-humanos, mas demasiadamente humanos. O problema para definir a perversão, nesse sentido, é que temos de resolver o chamado paradoxo ético do ato. Não basta saber se ele é conforme ou contrário à lei, é preciso saber qual tipo de experiência ele produz em quem o realiza e o tipo de posição que ele confere ao outro.

Há vários exemplos de como o gozo, ou seja, o tipo de satisfação ordenado pelo supereu, constitui uma perversão particular e ao mesmo tempo um fator político incontornável. Há, por exemplo, um fascínio espontâneo por aquele que se coloca no lugar de supereu. A atração exercida por líderes e "celebridades", assim como pelos sistemas totalitários, sejam eles nações, instituições, corporações ou mesmo empresas e grupos, baseia-se neste sentimento de que eles expressam em exterioridade nossa própria relação perversa com a lei. Diante disso, estaremos voluntariamente dispostos a servir como instrumento do gozo do outro, posto que ele é o meio pelo qual posso ter acesso *deslocado* à minha própria fantasia, *exagerada* pelo fato de ser vivida *em massa*. Isso tudo sem o ônus da culpa e do risco que estariam em jogo se eu me dispusesse a realizá-la por meios próprios.

A chave para entender esse tipo de *perversão ordinária* está na dissociação e simplificação produzidas pela montagem da fantasia. Dissociação e simplificação encontradas na principal expressão sintomática da perversão, a saber, o fetiche, ou seja, esta propriedade ou esta função que permite transformar o outro em objeto inanimado (meio de gozo para meus fins) e reversamente o objeto em outro animado (fim para o qual todos os meios se justificam). Em acordo com a regra perversa da inversão, o fetiche é a condição básica a que todo objeto deve atender para se tornar viável no universo de consumo. Para funcionar como tal, ele deve conseguir dissociar seu potencial de ilusão, por um lado, de seu efeito de decepção, por outro. Não é um acaso que Marx tenha descrito a economia capitalista baseando-se no fetiche da mercadoria.

Outro exemplo de montagem perversa são os sistemas e dispositivos burocráticos responsáveis pela judicialização da vida cotidiana. A burocracia é uma forma regrada e metódica de produzir anonimato e álibi para nosso desejo e, portanto, para confirmar a máxima perversa de que *o outro deseja, mas segundo a lei que eu determino*. Nessa medida, há tanta perversão nos excessos alimentares – o bulímico e o anoréxico – quanto no discurso de vigilância sanitária sobre nossa alimentação, para não falar do exibicionismo de uma infância sexualizada pela moda, o voyeurismo de nossos *reality shows*, a estética pornográfica de nossas produções culturais, o sadismo de nossos programas de violência ao vivo, o masoquismo do trabalho e da "vida corporativa", o descompromisso "líquido" de nossa vida amorosa, a cultura da drogadição (legal e ilegal) e tantos fenômenos que costumam ser reunidos sob a hipótese da perversão generalizada. Ao contrário da perversão clássica, a perversão ordinária de nossos tempos é uma perversão flexível, silenciosa e pragmática. Ela não se mostra como experiência "fora da lei", que convidaria a ajustar as contas com os limites de nossa própria liberdade, mas, ao contrário, é mais perniciosa, pois reafirma nossa realidade assim como ela é.

As articulações que constituem a perversão, como a transgressão, a exageração e a dissociação, tornaram-se aspectos decisivos de nosso laço social ordinário. Bem-vindos à perversão nossa de cada dia.

## 38

**SÍNDROME PÓS-NATALINA** Uma síndrome implica a combinação de signos clínicos que, reunidos, formam sintomas em um quadro regular. Não é necessário que todos os sinais estejam presentes, nem que a sua intensidade seja a mesma, ou que se apresente uma causa comum. Nos países do hemisfério Norte discute-se a existência da depressão sazonal, associada com a chegada do inverno, a redução da luminosidade e as dificuldades de movimentação. Ela piora com o tempo à medida que o sujeito começa a temer a proximidade da estação e a pressentir a chegada do pior. Semelhante é o caso da *síndrome pós-natalina* que acomete exponencialmente pessoas de meia-idade, quase não ocorre em crianças e tende a reduzir-se na terceira idade. É possível que a reincidência produza, a longo prazo, algum tipo de imunização. Os sinais característicos dessa síndrome incluem irritabilidade, reatividade, explosões alternadas de ternura e violência, agitação psicomotora e, sobretudo, crescente sensação de asfixia psíquica.

Asfixia não é apenas falta de ar. Ela pode se apresentar na forma de sentimentos persecutórios como os de estar sendo invadido por olhares, juízos e comparações, advindas do outro ou de si mesmo. É o *cálculo da felicidade*, sinal típico do desencadeamento da síndrome. Nele julgamos nossa própria situação de vida tendo em vista o *padrão-ouro* formado por nossa experiência infantil pregressa e... familiar. Mas atenção. Assim como o padrão-ouro na economia foi abolido há décadas, sem prejuízo ou dificuldade ao mercado financeiro, nossa ficção de felicidade familiar geralmente está baseada em um sistema de crenças "deformado". Posso estar achando minha vida miserável, mas me consolo com o fato de que alguém está recebendo este a mais de felicidade do qual fui privado. O *padrão-ouro* de nossa felicidade é medido pela felicidade dos outros: *padrão-outro*. Por isso a felicidade é um fato político, dependente de nossa gramática hegemônica de sofrimento. Daí que exista nessa época uma espécie de inflação, excesso ou exuberância tanto no mercado da felicidade quanto no mercado da infelicidade.

A síndrome apresenta-se geralmente em duas fases bem distintas: no Natal comparamos o que somos com o que deveríamos ser; no Ano-Novo comparamos o que queremos ser com o que somos. Tipicamente: família para o Natal (para lembrar quem somos); viagem para o Ano-Novo (para esquecer quem somos).

A síndrome, assim como uma crise ou bolha financeira, é gerada por uma corrida aos bancos de nosso narcisismo. Em outras palavras, sabemos muito bem que os ideais, as expectativas e as lembranças evocadas por ocasião do Natal são como dinheiro depositado em confiança no banco. Sabemos que as crianças não acreditam mais em Papai Noel (e geralmente elas sabem que nós sabemos), mas para não estragar a crença delas (e elas, para não estragar a nossa) fazemos como se acreditássemos. Mas o genial é que, ao agirmos como se acreditássemos no mito natalino, para não ofender o fato de que *pelo menos um acredita*, fazemos com que o mito adquira força de verdade. É como nossa crença irracional de que os bancos realmente dispõem do dinheiro de todos nós. Não é verdade objetiva, mas nossa crença nisso faz com que *tudo funcione como se fosse*.

Não adianta se enganar: se você monta árvore, pendura bolas, come peru, acende velas e troca presentes, você acredita em Papai Noel. Se você pula ondas, come lentilhas, abre champanhe e canta a despedida do ano velho, você realmente acredita em Ano-Novo. Basta imaginar um gnomo interior sussurrando *desta vez vai ser diferente* para ter o correlato do bom velhinho. Diagnóstico fechado: síndrome pós-natalina. Dizer que na verdade você não acredita em nada disso, que você é maria-vai-com-as-outras, que é para não chatear mamãe ou que isso é invenção do capitalismo só vai aumentar sua divisão subjetiva secretando doses crescentes de angústia, vazio ou solidão. Acreditar não é um sentimento interior, mas uma prática. O sentimento acompanha, justifica e se ajusta retrospectivamente a essa prática. E é exatamente assim que as práticas se transmitem. Como dizia Pascal: "Ajoelha e reza, a fé virá por si mesma". Basta supor que existe ao menos um que, em algum lugar, acredita. No Natal, este ao menos um reside nos outros; no Ano-Novo, ele volta para você mesmo.

Não adianta fugir do real. Se todo mundo for objetivamente resgatar seu investimento desejante, iremos à falência... todos juntos. É exatamente isso que ocorre na síndrome em questão. Primeiro uma corrida aos bancos para verificar se nossos sonhos ainda estão lá, preto no branco, e depois a pressa para inventar em nome de tudo isso que chamamos *vida prossegue.*

## 39

**QUE FIM LEVARAM OS MANÍACOS?** Quando a loucura tornou-se objeto da consciência médica, em meados do século XVIII, ela era reconhecida, sobretudo, como uma forma de mania. Hoje, quando falamos que alguém tem uma mania, é apenas um modo de dizer que ela está apegada demais a um tema, assunto ou ideia. Em uma época na qual nossa liberdade define-se cada vez mais como uso desimpedido de nossos gostos, a mania quase se despatologizou. Por outro lado, o termo está reservado para um grau mais grave e elevado de inconveniência e periculosidade, presente na expressão *maníaco*.

A melancolia-mania tem uma origem grega, assim como a esquizofrenia-paranoia vem do universo judaico-cristão. Ela implica, de certa forma, estar possuído pelos deuses sem perder sua humanidade. Em seu *Tratado médico filosófico*, de 1801, Pinel distinguia os alienados que perderam a razão dos *maníacos intermitentes*, ou seja, aqueles para os quais não havia nenhuma anomalia na qualidade do pensamento, da imaginação, da percepção ou da memória, mas apenas alterações quantitativas. Seu discípulo Esquirol acentuou essa diferença ao postular a distinção entre a *lipemania* (depressão) e as *monomanias* (delírios temáticos). Logo em seguida Jean-Pierre Falret mostrou que depressão e mania formam um mesmo quadro chegando na ideia de *loucura circular*, consagrada por Kraepelin, em 1889, como loucura maníaco-depressiva. Assim como a depressão, só que como seu contrário estrutural, a mania acelera, intensifica ou adensa uma forma de vida que, em certa medida já estava lá. Ela não transporta o sujeito para outro mundo, mas faz com que esse mundo seja retinto de cores e brilhos, como que animado pelos deuses.

Uma descrição parcimoniosa de uma crise maníaca poderia ser a seguinte: a pessoa adquire um senso de ligação ou conexidade entre coisas, pensamentos e afetos. Isso a torna destemida e decidida, habilitando-a a correr riscos e a empreender desafios improváveis. Ao mesmo tempo, ela sente uma disposição inexaurível para o trabalho e uma implicação extremamente pessoal e envolvente em tudo que está fazendo. O ritmo de vida se acelera. O sono se torna quase desnecessário. Caminhos e relações que não deram certo rapidamente são abandonados, sem custo, pois o importante é o futuro. Sua atenção é ao mesmo tempo muito focal e periférica e sua confiança em si é inabalável. Ela adquire uma autoestima invencível, um senso de produtividade aumentado e uma elevadíssima proatividade e sente que a vida e o mundo lhe reservam um destino grandioso.

Mudando um pouco os termos, é tudo o que um empregador gostaria de ouvir na entrevista de seleção de pessoal, com um bônus: é tudo verdade. Ou pelo menos o sujeito acredita e pratica isso. É o que se espera de nossos alunos. O modelo redivivo e feliz do indivíduo empreendedor. A máscara mais desejável para vestir em nossos amores e amigos que nos colocam "para cima". O mandamento laico que se encontrará em todos os manuais de autoajuda e gestão organizacional. Ou seja, hoje a mania perdeu toda dignidade, restando-lhe este estranho título de bipolaridade, apenas porque ela se tornou modelo e razão de nossa normalopatia.

# Patologias do individualismo à brasileira

## 40 NOVAS FORMAS DE SOFRER NO BRASIL DA RETOMADA

Tenho me dedicado a introduzir a noção de sofrimento como uma dimensão de nosso raciocínio diagnóstico em psicanálise.[1] A ideia veio de dois problemas que pareciam conversar entre si, mas sem que soubéssemos ao certo a natureza de sua relação. O primeiro problema é o que posso chamar de expansão da racionalidade diagnóstica no Brasil pós-inflacionário. Desde então passamos, gradualmente, a entender nossa vida no trabalho, na escola e na comunidade a partir de avaliações. Avaliações que justificam intervenções, que geram novas avaliações. Métricas, orientação para resultados, comparações e cálculo de valores agregados tornaram-se parte de nossa forma de vida como nunca antes. Isso justifica, em parte, o crescimento dos diagnósticos de todo tipo: psicológico, educacional, jurídico e empresarial ou corporativo. Não há diagnóstico sem sintoma. Na psicanálise isso se mostrou como uma preocupação ascendente com a psicopatologia e com o tema dos sintomas, os chamados novos sintomas: pânicos, depressão, drogadição, anorexia.

Paralelamente, temos que reconhecer um segundo processo, que tem relação com a profunda reorganização social que o Brasil sofreu nesses últimos vinte anos. Deixamos de nos pensar a partir de divisões como campo ou cidade, desenvolvimento ou subdesenvolvimento, nacional ou estrangeiro, e passamos a tematizar nossas divisões internas em termos da distribuição de recursos ou renda e de acesso a bens simbólicos como saúde, justiça e educação. O deslocamento social da ralé para a pobreza, da pobreza para a classe média, bem como da classe média para cima e para baixo tornou-se real. Isso

1 Ver C. Dunker, *Mal-estar, sofrimento e sintoma*. São Paulo: Boitempo Editorial, 2015.

produziu uma modificação estrutural do mal-estar. O mal-estar (*Unbehagen*) é uma noção intuitivamente acessível, mas difícil de conceitualizar. Todos nós já passamos por aquela situação na qual o que deveria ter ficado tácito e pressuposto vem à tona, revelando um desencontro de expectativas e rasgando o semblante de nossa representação social. Algo análogo teria acontecido nesta nova configuração do mal-estar quando ficou claro que alguma coisa havia se rompido nos pactos que formaram a brasilidade até então. Há um descompasso entre a transformação e a nomeação da transformação. O mal-estar é a experiência desta zona de indeterminação, anomia e contingência que acompanha toda transformação, mas também todo fracasso transformativo; por isso seu afeto fundamental foi pensado por Freud como sendo a angústia e suas variações mais próximas: sentimento de culpa, desamparo e ansiedade expectante.

Temos então de um lado esses novos sintomas e, do outro, essa mutação do mal-estar. Entre eles é possível situar a transformação das maneiras de sofrer. O sofrimento possui três características importantes, que explicam por que ele é uma espécie de ponte ou caminho pelo qual particularizamos o mal-estar na forma de sintomas:

1) *Todo sofrimento é transitivista*. Quando sofremos criamos identificações, nas quais o agente e o paciente da ação se indeterminam mutuamente. Exemplo: uma pessoa querida adoece. Ela sofre porque perde sua saúde, você sofre porque ela sofre, ela sofre porque você sofre porque ela sofre e assim por diante, envolvendo todos os que amam aquele que sofre.
2) *O sofrimento depende de relações de reconhecimento*. A experiência de sofrimento que é reconhecido, seja por aqueles que nos cercam, seja pelo Estado, é diferente

do sofrimento sobre o qual paira o silêncio, a invisibilidade ou a indiferença. Há, portanto, uma política do sofrimento que estabelece para cada comunidade qual demanda deve ser sancionada como legítima e qual deve ser reduzida ao que Freud chamava de sofrimento ordinário. Para Freud, o sofrimento neurótico ordinário corresponde ao nível de angústia que devemos aceitar como parte da existência. O objetivo da análise seria retirar o sujeito do a mais de sofrimento que a neurose introduz, que ele chama de "miséria neurótica", e devolvê-lo ao sofrimento comum. O sofrimento ordinário é aquele inerente ao incurável da experiência humana: nossos corpos se degradam, a natureza nos coloca obstáculos que jamais poderemos superar e as nossas leis são extremamente imperfeitas para regular os laços humanos. O sofrimento neurótico, ou a angústia neurótica, começa para além dessas fronteiras. Ele é um acréscimo produzido, em parte, pela recusa ou denegação dessa fronteira.

3) *O sofrimento se estrutura como uma narrativa*. Ao contrário da dor, que permanece mais ou menos igual a si mesma, o sofrimento exprime-se em séries transformativas, ele se realiza por meio de um enredo, ele convoca personagens (como a vítima e o carrasco). A experiência de sofrimento envolve a transferência e a partilha de um saber sobre suas causas, motivos e razões. O sofrimento varia radicalmente em conformidade com o saber que se organiza em torno e por meio dele.

Para efeitos de simplificação, poderia dizer que essas três condições do sofrimento se sintetizam no que os filósofos antigos chamavam de *sentimento*. O sentimento é uma categoria essencialmente social, que reúne e resolve contradições inerentes ao mal-estar. Disse anteriormente que o mal-estar é sempre um fracasso de nomeação, e quando ele se nomeia perfeitamente o pior se enuncia no horizonte. Ora, um índice de como o mal-estar se combina com os sintomas na experiência de reconhecimento narrativa e transitiva do sofrimento é justamente a noção de sentimento. Como dizia Lacan, o *sentimento* mente. Mas é essa mentira que nos permite localizar outro lugar onde estará o grão de verdade faltante.

O que caracteriza o Brasil de 1984 em diante não é apenas uma redemocratização do país, a abertura gradual de sua economia ou a modernização de suas práticas institucionais. Mudamos nossa forma de sofrer e, como argumentei acima, de reconhecer, partilhar e narrar nosso sofrimento. Isso poderia ser ilustrado pelo que aconteceu com o nosso cinema, particularmente no período de 1997 a 2007, com o chamado *cinema da retomada*. De repente quatro temas ganharam as telas: a traição e a vingança, a invasão de privacidade, a deriva errática de destinos e a "cosmética" da fome e da pobreza. Todas essas narrativas são convergentes com o nome que encontramos para o nosso novo mal-estar: a violência. Meu argumento aqui não é apenas constatativo. Ele aponta para o fato de que a violência está sobrecarregando e condensando muita coisa, talvez coisas demais: a corrupção, a diferença de classes, a tensão entre gêneros, a má distribuição de recursos, a precariedade institucional. Ou seja, o engodo está em pensar que tudo isso tem um nome só, *violência*, e que, portanto, ao "combatermos" esse problema, estamos resolvendo todo o resto que nele se comprime. Nada mais falso.

Na década de 1930, o antropólogo Forrest Clements[2] fez uma pesquisa transcul-

2 F. E. Clements, "Primitive Concepts of Disease". *American Archeology and Ethnology*, n. 2, v. 32, pp. 185-252. Berkeley: University of California Publications, 1932.

tural estudando como os diferentes povos e civilizações narram seu sofrimento, notadamente no contexto de interpretação social da experiência de adoecimento e na interpretação narrativa de suas causas. Ele observou que nossa imaginação quanto às diferentes maneiras de sofrer é bastante curta e repetitiva. Nós não conseguimos sair de quatro hipóteses:

1) *Violação de um pacto*. Acreditamos que o sofrimento deriva do não cumprimento de um pacto, ou da sua não realização adequada ou da usurpação de seu sentido. Essa é a nossa teoria trivial, de que se estamos em desgraça é porque algo ou alguém está descumprindo a lei. Como se, se todos agissem em conformidade e adequação com a lei, o sofrimento se extinguiria. Ora, no Brasil dos últimos vinte anos há uma maneira nova de pensar o pacto social, que inverte essa teoria. Surge uma percepção de que a lei pode ser usada de forma contrária ao espírito do pacto que a originou. Isso cria um sentimento social que domina uma de nossas novas narrativas de sofrimento, a saber, o ressentimento. O ressentido não é aquele que perdeu, mas aquele que acha que no fundo o jogo é injusto. Ele acha que o Outro tem muito mais poderes do que ele realmente tem, por isso está sempre apaixonado por sua própria inferioridade.
2) A segunda narrativa clássica para dar forma de linguagem ao sofrimento é a narrativa da *perda da alma*. E aqui sofremos porque não conseguimos mais nos reconhecer no que fazemos ou em quem nos tornamos. Pensem naquelas pessoas que mudam de classe social ou de padrão de consumo e que de repente são percebidas como inautênticas, postiças, habitando um mundo de mera aparência, por exemplo, como os novos-ricos (emergentes). Pensem também na-

queles que estão corroídos por uma espécie de sentimento de inadequação existencial, incorrigível e persistente. Uma espécie de vergonha incurável, que não diz respeito ao que alguém faz, que pode ser progressivamente aperfeiçoado, mas que é uma vergonha de ser.

3) A terceira forma de sofrer que vem ganhando força entre nós refere-se à hipótese do *objeto intrusivo*. Ou seja, diante do sofrimento logo interpreto que há alguém a mais em meu território que está desequilibrando o ambiente e tirando a suposta pureza e harmonia na qual vivíamos antes. Este é o caso tanto da vida murada, em forma de condomínio, que precisa se defender permanentemente do outro percebido como perigoso, quanto das erupções de preconceito e segregação inspirada na homofobia.
4) A quarta forma de sofrimento refere-se à *perda da unidade do espírito*. Entenda-se por espírito tudo aquilo que concorre para a produção de uma unidade simbólica: uma família, um povo, uma nação, uma época, uma determinada conformação social. O sentimento romântico de degradação, o *spleen* impressionista e a apatia pós-moderna são exemplos de sentimentos de dissolução do espírito. A tentativa de reconstituir sua origem e significado costuma dar origem às respostas mais conservadoras, contudo a experiência mesma da dissolução e do fracasso de uma história, uma história de desejos desejados, constitui uma importante matriz para a experiência de sofrimento. O sofrimento do desterrado, do refugiado, daquele que se sente à deriva ou errante no mundo é um sofrimento desse tipo.

A interpretação mais corrente sobre mudança no circuito político dos afetos que perpassou a queda da presidente

Dilma Rousseff e as manifestações que tomaram conta do país desde 2012 sugerem que se tratou apenas do esgotamento de um modelo de sofrimento baseado na violação do pacto, com a retomada do poder por aqueles que se consideram donos do país. Do outro lado estão aqueles que argumentam pelo sofrimento baseado na emergência de novos objetos intrusivos, a nova classe média, as novas condições de circulação e ocupação do espaço público. Além do sofrimento, do ódio e do ressentimento seria preciso olhar mais de longe e perceber um conjunto significativo de sujeitos para os quais a dissolução da unidade do espírito e a alienação da alma tornaram-se um modo compulsório e não reconhecido de sofrimento.

## 41 O PARADOXO MORAL DO BATALHADOR BRASILEIRO

O Brasil pós-inflacionário viu nascer uma nova classe social, que emerge com um tipo de economia inédito. Oficinas de fundo de quintal, operadores de telemarketing, feirantes bem-sucedidos, pequenos negócios familiares geridos por pequenos empresários estimulados pelo microcrédito e pelo auxílio Estatal. Jessé de Souza, em *Os batalhadores brasileiros,*[3] estudou como esse novo tipo de trabalhador se adaptou às exigências de desenraizamento, ausência de identidade de classe e vínculos de pertencimento trabalhista, que nosso capitalismo flexível e expressivo tornou compulsórios. Aceitando a superexploração da jornada de trabalho e estudo, o adiamento do consumo imediato e grande dose de crença em si mesma, essa classe emergente formou um admirável senso de disciplina, autocontrole e pensamento prospectivo. Diferentemente da chamada ralé, dos quais muitos eram, até pouco tempo antes, a sua elite, a nova classe trabalhadora conseguiu criar para si um senso de futuro. Colocando-se em sincronia com a tese globalizada de que todos nós agora somos *empresários e patrões de nós mesmos*, saímos diretamente da periferia do mundo para a vanguarda do "capitalismo brazilianizado" (com Z mesmo).

Um movimento desse tipo pede por uma justificativa moral que explique o próprio sucesso de uns e o fracasso de outros tantos. Situações como essas são férteis para novos arranjos entre exigências superegoicas e disponibilidades de ideais. Novas formas de viver sempre trazem consigo novas formas de sofrer, assim como novas formas de vida projetam novos ideais de felicidade. Exemplos: a situação da classe média americana dos anos 1950 está ligada

3 Jessé de Souza, *Os batalhadores brasileiros: nova classe média ou nova classe trabalhadora?* Belo Horizonte: Editora da UFMG, 2010.

à aparição das patologias narcísicas, assim como a crença neoliberal dos anos 1990 está em sintonia com a popularização da depressão e das patologias do consumo. A tese remonta à ideia, posta em circulação por Lacan, de que as neuroses clássicas (histeria, neurose obsessiva, fobia) dependiam de um enfraquecimento, na sociedade europeia dos anos 1900, da imagem do pai. O aprofundamento desse declínio redundou, já na psicopatologia dos anos 1930, nas patologias de caráter.

No caso dos batalhadores brasileiros, a religião e os laços familiares parecem desempenhar um papel importante na formação desse espírito de resiliência, capaz de absorver os sucessivos fracassos, sacrifícios e riscos envolvidos em tal empreitada de ascensão social. Ao contrário do imigrante que se separa de seus laços comunitários iniciando uma aventura individual de conquista, os batalhadores mantêm uma dívida simbólica com o passado e com a comunidade que tornou isso possível. Se, para o imigrante, o passado renegado vem bater à porta como sintoma de que algo de importante foi deixado para trás, para o batalhador é o futuro que assombra como indeterminação e incerteza de que ele trouxe tudo o que precisava em sua mala. Os batalhadores não querem mudar de bairro, mas permanecer junto de suas origens. Paradoxo: teria sido o infortúnio original a causa da felicidade posterior? Se esta for a pergunta, teremos que entender muito melhor o sentido clínico do masoquismo.

## 42

**A CULTURA DA INDIFERENÇA** *A cultura do narcisismo*, escrito por Christopher Lasch em 1979, é um clássico. Abordando o modo de vida americano nos anos 1970, ele descreve uma sociedade que enfraquecia seu sentimento de história, que se tornava aceleradamente confessional e onde a participação na esfera pública entrava em declínio. O livro é premonitório em vários sentidos: aponta o horror à velhice, a feminilização da cultura, a autoridade burocrático-permissiva, a educação como mercadoria, a autopromoção por meio de "imagens de vitória" e o paternalismo sem pai. O texto de Lasch mostra como o que era diagnosticado como patologia narcísica ou limítrofe nos anos 1950 torna-se uma espécie de normalidade compulsória nos anos 1970. Para que alguém seja considerado bem-sucedido é trivialmente esperado manipular sua própria imagem como se fosse um personagem, com a consequente perda do sentimento de autenticidade, dramatizar sua vida em forma de espetáculo, com o correlativo complexo de impostura, ou olhar para seu trabalho como se ele fosse uma maratona olímpica e você, um herói predestinado.

Mas havia um capítulo subtraído da descrição de Lasch que Jurandir Freire Costa soube lembrar, tendo em vista o caso brasileiro: a violência. Ao contrário do narcisismo norte-americano, que produzia sentimentos de vacuidade, isolamento e solidão, o narcisismo à brasileira é capaz de inverter inadvertidamente a docilidade em violência. Seria preciso voltar a três hipóteses sobre a brasilidade para entender esse fenômeno.

Para Sérgio Buarque de Holanda, nossa contribuição aos costumes universais está na cordialidade com a qual combinamos vícios públicos e benefícios privados. Nosso "manejo" da lei explica a dificuldade de reconhecer problemas comuns e de engendrar verdadeiras transformações. Daí a formação de uma docilidade que nada mais é do que resignação, ressentimento e conformidade. Para modernistas como Oswald e Mário de Andrade, nossa violência é um caso exagerado de nosso complexo canibal de devoração do Outro. Nosso consumo do estrangeiro é ao mesmo tempo violência e submissão, impotência e desmesura, caráter e autoironia. Finalmente, para Gilberto Freyre, violência e docilidade convivem bem em função das inversões propiciadas pela sexualidade, na qual o mais fraco pode dominar o mais forte para em seguida ser submetido vingativamente por este.

Se o narcisismo nada mais é do que a patologia normal do amor, percebe-se que as três hipóteses sobre a gênese de nossa violência narcísica respondem por três maneiras distintas de negar o amor como paradigma da relação de reconhecimento: invertendo-o em ódio invejoso dirigido ao dominador (como em *Casa-Grande & Senzala*), projetando-o no Outro plenipotente a ser espoliado (como no *Manifesto antropofágico*) ou mimetizando desamparo diante daquele que é o dono da lei (como em *Raízes do Brasil*). Freud dizia que o amor é uma pulsão especial porque ela admite três, e não apenas uma negação, como a maior parte das pulsões. Amar opõe-se a ser amado, como no canibalismo cordial, mas também a odiar, como na dominação cordial. Contudo, para Freud, a oposição real se dá entre amor e indiferença. O amor não acaba quando odiamos o outro ou quando queremos fazer ao outro o que ele nos fez, mas quando nos tornamos indiferentes ao outro. Esse é o narcisismo de alta periculosidade, pois passa da docilidade à violência, baseado apenas na experiência de admitir ou negar a existência do outro.

Na cordialidade, na antropofagia ou na dominação sexual a existência do outro está prevista, bem como suas alternativas de reconhecimento. Algo diferente se passa quando nossa cultura da indiferença é forçada a reconhecer aqueles que, até então, não existiam.

Um sinal colateral da cultura da indiferença é o decrescente interesse por sexo, fenômeno observado em inúmeros países tanto no Ocidente quanto no Oriente. Em certa medida, a indiferença prospera onde a experiência da palavra pessoal e direta declina. A contingência e imprevisibilidade de uma interação autêntica por meio da palavra, com os riscos que ela traz, parecem ser um tratamento possível para essa cultura da indiferença. Outro fato a considerar aqui é o impacto da vida digital, com suas práticas que exigem uma atenção concentrada e a eliminação de tudo o que compõe a paisagem desnecessária da comunicação. Aprendemos, portanto, a criar e a manter atitudes de indiferença perceptiva, cognitiva e desejante, por meio de imperativos morais como o do foco, da auto-organização e do planejamento. A emergência do ódio como afeto social dominante no Brasil dos anos 2010 parece ser uma espécie de reação colateral que presume a cultura da indiferença. Uma vez posta a "inexistência" moral de um conjunto de pessoas, tornadas até então invisíveis sociais, a reaparição de suas demandas e de seus traços de distinção identitária na cena pública é percebida como agressiva ou violenta, justamente porque rompe a camada de surdez e de indiferença que recobria tais experiências até então.

## 43 CRIMES DA PALAVRA E CULTURA DA DENÚNCIA

"Existe muita maldade no mundo, mas se nós ficamos juntos ela diminui." É com essa frase que o pai de uma menina de cinco anos de idade tenta consolar sua filha. Ela havia declarado recentemente à supervisora da creche onde estuda que seu professor havia lhe mostrado "sua vara em pé". O pai é amigo de infância do acusado, que vive solitário em sua casa, enquanto luta para ter a guarda de seu filho após uma separação turbulenta. A pequena vila na Suécia, onde se passa o filme *A caça* [*Jagten*, Thomas Vinterberg, 2012], reage violentamente à denúncia da menina oprimindo, atacando e vilipendiando o jovem professor. Na dúvida é melhor fazer alguma coisa, e o que há para fazer é vingar-se. A violência contra o mal é também uma forma de "ficar junto" e de magicamente "diminuir" a maldade. É assim que a comunhão integrativa que nos une contra um inimigo, interno ou externo, pratica a *catharsis* como purificação do mal.

As crianças dizem a verdade, afirma a escola de Dolto e Manonni, sem se perguntar onde e como exatamente ela diz a verdade. O filme mostra quão perniciosa pode ser a verdade quando a reduzimos ao fervor judicialista que se apossa de nós diante do pressentimento de injustiça. *Existe muita maldade no mundo, mas, às vezes, se nós ficamos juntos ela aumenta... mais ainda*. E, se a vingança pode reparar imaginariamente o mal cometido, ainda não sabemos como curar os prejuízos de uma falsa denúncia pública. O filósofo Giorgio Agamben apresentou a figura do *homo sacer* para falar daqueles que podem ser mortos impunemente, como nos campos de concentração nazistas ou em suas versões mais recentes em forma de cracolândia. Ainda não descobrimos uma figura equivalente para falar dos crimes impunes da palavra, mais aquém da difamação, da calúnia e da injúria. Eis um problema para nossa racionalidade judicialista, pois como seria possível tipificar um crime que se baseia na incerteza das intenções, na indeterminação da autoria e na inconsequência dos efeitos? A voz coletiva que julga, segrega e antecipa castigos a partir da culpa provável não se individualiza em nenhuma responsabilidade. No filme de Vinterberg, o crime não está na palavra da criança, mas no que o adulto faz com ela. Ele usa a criança para propagar o seu próprio mal, impronunciável até então.

Há hipóteses que não alteram quem as enuncia nem a situação na qual são formuladas. Mas há outras hipóteses que possuem um estranho e incontrolável efeito transformativo. Entre dois amantes, um deles pergunta: *E se você estiver me traindo?* Falsa ou verdadeira, a mera enunciação da hipótese muda completamente a natureza do laço entre os envolvidos. *E se você estiver usando drogas*? - questionam os pais do adolescente. *De quem você gosta mais: do papai ou da mamãe*? A pergunta que jamais deveria ser feita a qualquer criança. *Será que você me ama... mesmo*? - diz a inquisição destruidora. Mas não se pode, e talvez não se deva, proibir o sussurro maledicente, o pensamento infiltrativo ou a desconfiança covarde. Há uma correlação entre a emergência de uma cultura da celebridade e a expansão dos crimes da palavra. A construção "social" de avaliações, juízos e demais impressões derrogatórias é uma arte ascendente no mundo corporativo. Paul Valéry falava das profissões delirantes como aquelas atividades cujo sucesso depende quase exclusivamente da opinião que os outros têm sobre você, por exemplo, o artista. Ocorre que uma cultura da denúncia é uma cultura onde quase todas as profissões tornaram-se delirantes.

A incerteza promovida por uma denúncia é real. Tão real quanto a devastação que ela causa na vítima da lógica vitimista. É como se diante da impotência gerada por uma dúvida nós nos ocupássemos antes em "ficar juntos" do que em admitir a indeterminação real que atravessa nossas vidas. É preciso pensar outra forma de catarse. Aquela na qual a dignidade de um caso pode derrotar a massa que imagina criar bondade só porque "estamos juntos". Uma catarse que não seria purificadora e excludente do mal, mas desintegrativa em relação à própria "bondade" do grupo na qual emerge. Uma catarse que seria a cura para os crimes da palavra.

O casamento entre os crimes da palavra e a cultura da denúncia parece estar na origem da pós-verdade. Nos anos 1990, Woody Allen dizia que o mundo podia ser horrível, mas ainda era o único lugar onde se poderia comer um bife decente. Nos anos 2000, Cypher, o personagem de *Matrix* [*The Matrix*, Lily e Lana Wachowski, 1999] que decide voltar para o mundo da ilusão, declara: "A ignorância é uma benção". Portanto, não devíamos nos assustar quando o dicionário Oxford declara o termo "pós-verdade" a palavra do ano de 2016. Uma longa jornada filosófica e cultural foi necessária para que primeiro aposentássemos a noção de sujeito, depois nos apaixonássemos pelo Real, para finalmente chegar ao estado presente no qual a verdade é apenas mais uma participante do jogo, sem privilégios ou prerrogativas. Entenda-se por verdade tanto a revelação (*aletheia*) de uma lembrança esquecida, quanto a precisão do testemunho (*veritas*) e ainda a confiança da promessa (*emunah*); por isso a verdade tem três opostos diferentes: a ilusão, a falsidade e a mentira. A pós-verdade é algo distinto do mero *relativismo* e sua dispersão de pontos de vista, todos igualmente válidos, ou do *pragmatismo*, com sua regra maior de que a eficácia e a eficiência impõem-se às nossas melhores representações do mundo. Ela também não é apenas a consagração do *cinismo* no poder, com sua moral provisória, capaz de gerenciar o pessimismo no atacado da tragédia humana em proveito de vantagens obtidas no varejo narcísico. A pós-verdade depende disso, mas não se resume a isso porque ela acrescenta uma ruptura entre os três regimes de verdade e seus contrários. Ela ataca a estrutura de ficção da verdade, ou seja, o fio de fantasia que liga a verdade como confiança e aposta na palavra, a verdade como descoberta e certeza e a verdade como legitimidade e exatidão.

É porque as três faces da verdade não se ligam senão por uma ficção que se pode contar um monte de mentiras dizendo só a verdade, mas também criar muitos fatos sem sentido algum e ainda fazer de conta que o que dizemos agora, nesse contexto e segundo essas circunstâncias, não tem nenhuma consequência para o momento vindouro.

A pós-verdade tem muitas implicações políticas, morais e institucionais. Ela afeta cotidianamente nossos laços amorosos e nossas formas de sofrimento, principalmente na medida em que estes dependem de descrições, nomeações e narrativas. Mas é na educação que a suspensão da verdade prenuncia um conjunto de efeitos ainda incalculáveis. Imaginemos, para reduzir o problema, o que significaria um professor que superou a problemática da escola sem partido porque ingressou em uma nova era de saberes pós-verdadeiros. Seu perfil didático pedagógico poderia ser construído, conjecturalmente, com base em sete atitudes fundamentais:

1) Advogue que a tecnologia não tolera barreiras, tudo se comunica com tudo conforme a vontade do cliente. Recorra a esquemas holistas e integrativos para mostrar que, se permanecermos juntos, confortáveis e amados, tudo terminará bem. É mais importante saber quem somos do que o que podemos fazer em conjunto.

2) Confunda a formação de atitude crítica, baseada no cultivo produtivo da incerteza, com "circunstâncias nas quais fatos objetivos têm menos influência em moldar a opinião pública do que apelos à emoção e a crenças pessoais".[4] A opinião pública compra qualquer coisa, inclusive conhecimento verdadeiro.
3) Mostre-se indiferente em questões controversas como neutralidade do conhecimento científico ou do ordenamento jurídico, evite qualquer termo de conotação política tal como "androcêntrico" ou "patriarcal". Assuntos como desigualdade racial e distribuição de renda são demasiadamente humanos, por isso neles todas as opiniões são igualmente relativas. Seja sempre objetivo; se você dominar os meios e produzir imagem, o efeito de verdade virá por si mesmo.
4) Seja infinitamente tolerante com a expressão de valores, desde que possa controlar suas consequências com o rigor de procedimentos burocráticos segregativos e que a performance seja alcançada ao final do semestre. Lembre-se: seus alunos sabem que você não acredita no que está fazendo, por isso sempre diga coisas impactantes e menospreze autoridades ou especialistas que possam desmenti-las. A vida é um show e a sala de aula, o ensaio do espetáculo.
5) Cultive uma atitude estética, bem-humorada e flexível, mostre com isso que é mais importante *quem* está falando, com seu carisma e estilo, do que argumentos, demonstrações ou provas. Sempre confie que a última palavra e o consenso do momento é o que importa. Divergentes merecem no máximo o tratamento de "inclusão" e no mínimo o desprezo silencioso. Considere que nenhuma conversa que não possa ser resolvida em menos de quinze minutos vale a pena.

4 "O que é 'pós-verdade', a palavra do ano segundo a Universidade de Oxford", *Nexo Jornal*, 19 nov. 2016.

6) Use e abuse do trabalho em grupo. Ele permite que os alunos aprendam que, em nome de ideais nobres como colaboração e solidariedade, podemos criar uma indústria da injustiça e da desresponsabilização. A troca de favores espúrios, o plágio e as técnicas de manipulação da concorrência interna serão úteis para a vida que virá.
7) Sempre privilegie a forma ao conteúdo, o método e as técnicas acima de qualquer substância, apostilas e livros didáticos fazem o trabalho por você. Entenda: sua função é apenas fazer a gestão da sala de aula e cumprir os encargos administrativos, ensinar é coisa de gente ultrapassada.

## 44

**A QUERELA DO CONSUMO** A ideia de consumo conspícuo foi introduzida por Veblen em 1899 para designar a atitude da classe média americana interessada em adquirir produtos e bens com a função de assinalar sua posição social como classe "emergente". O consumo conspícuo é um tipo de patologia do reconhecimento. O processo de escolha soa vulgar, a decisão de compra figura imprópria, a performance de uso é inautêntica e o conjunto cai como "mostração". Essa demanda de diferenciação realiza um esforço de ajustamento e o legítimo desejo de ser reconhecido como "alguém". Ela é um apelo ético para suspender a indiferença ressentida que nos transforma em apenas "mais um indivíduo". Uma aspiração estética genuína em sermos reconhecidos como "únicos" em nossa relação de consumo singular.

O que fazer quando o lugar de onde viemos não combina mais com a posição na qual nos encontramos? Este é o elemento histórico decisivo na mudança do papel social da cultura na modernidade. Quando pessoas *sem origem* precisam tomar posição em meio a outros percebidos como *donos do lugar*, a cultura torna-se signo de ascensão social e terreno real da luta por reconhecimento. Começa a tensão entre cultura popular e erudita. Instala-se a querela do luxo, na qual o consumo é percebido como um mal necessário. A parábola da colmeia de Mandeville[5] estabelece a relação liberal canônica entre vícios privados e benefícios públicos. A falsa escolha forçada entre o consumo progressivo de bens inúteis e o entrevamento regressivo em uma cultura de subsistência.

Pelo consumo, três exigências se expressam: autenticidade, autonomia e não dependência. Daí que ele envolva três

5 Bernard Mandeville, *The Fable of the Bees: Or, Private Vices, Public Benefits.* Bathurst, 1795.

soluções típicas atinentes à forma como nos desligamos de um lugar de origem (não dependência), subjetivamos um complexo de desejos (autonomia) e destinamos o resíduo que acompanha a operação de consumo (autenticidade). Lacan argumentou que a psicanálise precisa fazer a crítica destes três ideais modernos: autonomia, independência e amor concluído (autenticidade). Mas ele pensava o problema do ponto de vista da produção e da autoridade simbólica necessária para sustentar as inversões entre desejo de reconhecimento, reconhecimento de desejo, assim como o destino do que sobra. Quando passamos da produção para o consumo, o terceiro termo ganha primazia. Na querela psicanalítica sobre o luxo há os que consideram o consumo expressão maior de nossa orientação liberal subjetiva (autonomia), os que resistem de forma romântica a reduzir nossa liberdade a opções de compra (não dependência) e os que acreditam na mutação do supereu como expressão maior do empuxo ao consumo (inautenticidade).

Às vezes, o sentido das querelas é iluminar a posição do problema, mais do que decidir os termos de sua solução. Argumento que a controvérsia do consumo admite de uma falsa unidade de seu objeto. Por exemplo, o consumo conspícuo é uma marca dos que preferem *queimar pontes*, deixar as origens para trás, criando uma *fuga para a frente* como experiência compulsoriamente definida pela necessidade de inventar novos começos. O temor ao passado denuncia a iminente tragédia ou farsa. A coleção de signos funciona como certidão de acesso e antídoto contra a vergonha das origens. Como se vê na trajetória de Kurt Cobain, que apesar da carreira de sucesso ressentia-se com a solidão.

Mas há o consumo que funciona para reforçar ou comemorar o reconhecimento da origem, impondo-a como decoração obrigatória da nova morada. Atormentados pela ideia de que o triunfo se tornará fracasso, muitos encontram na solidez e permanência do lugar de onde vieram um antídoto para o sentimento de vazio. É o caso de tantos pais demasiadamente protetores, em seu esforço para recriar uma realidade artificial exclusiva para "consumo interno", tal qual se viu no caso de Michael Jackson.

Finalmente, há os que tomam como centro de gravidade narcísica o resíduo. Identificam-se com a própria contradição que define seu estilo errante e desprendido. Sem passado ou futuro, desdenham tanto dos ideais de progressivo ajustamento quanto das aspirações de inovação regressiva. São os *autênticos*, que duplicam sua satisfação no consumo pela inveja que inspiram ou imaginam no outro. Consumo conspícuo, críptico e autêntico são modalidades do que Lacan chamou de semblante. Se os primeiros partilham das aparências e os segundo apegam-se à essência das imagens, os autênticos são os que entenderam o verdadeiro conceito de atitude, ou seja, que a essência da relação de consumo é tomar a aparência como aparência, em acordo com a lição trazida por Lady Gaga.

## 45

**SOLIDARIEDADE SEM TRANSCENDÊNCIA?** Uma antiga questão na filosofia da ética e na psicologia moral é saber se seria possível explicar a origem do sentimento de solidariedade sem recorrer a algum pressuposto transcendente, seja ele de natureza teológica, como Deus ou a imortalidade da alma, seja ele de compleição metafísica, como a universalidade da razão ou a liberdade essencial do homem. O caminho tomado pela psicanálise nessa matéria é ambíguo. Freud falava em um sentimento de espontânea prestatividade diante de um outro que é percebido como próximo de nós (*Nebenmensch*). Essa disposição a cuidar do outro quando este é percebido em estado de desamparo, vulnerabilidade ou dependência seria a origem de um tipo de identificação, que permanece no sujeito e faz com que ele inverta essa orientação em cuidado por outros que, ele percebe, estão em uma situação similar à que ele um dia esteve. Até aqui Freud caminha ao lado de Adam Smith, ao reconhecer no altruísmo uma reversão e um retorno disfarçado do egoísmo, mas também de Marcel Mauss, que entendia os processos sociais com base nas inexoráveis leis da troca, retribuição e doação. Ou seja, nada de sentimento genuíno e desinteressado de auxílio e colaboração, mas amor de si disfarçado em ajuda e devoção ao outro.

Com Lacan a coisa se complica mais ainda, porque, além da reversão narcísica, a passividade do outro será tomada como fonte de um gozo, e os traços imaginários do próximo estão na origem do mal atribuído a esse gozo. Por isso, se a grama do vizinho é sempre mais verde, é sempre lá que vamos armar nosso próprio inferno particular. Longe de sermos solidários, nossa tendência é perceber em nosso semelhante um gozo a mais, excessivo, perturbador, que nada mais é do que o gozo que ignoramos ou não admitimos em nós mesmos, como no caso da homofobia, do sexismo ou do ressentimento de classe. Portanto, haveria aqui uma solidariedade em torno do gozo, mas ela é percebida como nociva, porque inevitavelmente tenderá a impor uma fantasia sobre outra, no mais das vezes em uma colusão desastrosa entre formas de narcisismo das pequenas diferenças elevadas à condição de máxima de reconhecimento e formas de gozo no qual tomamos o outro como objeto necessário, e não contingente, de nossa insuficiência de satisfação.

Contudo, nem só de narcisismo e supereu vive o homem. Não é preciso apelar para um valor transcendental para explicar a gênese da solidariedade, nem mesmo negar sua existência por meio da descoberta sempre possível e sempre gozosa de más intenções por trás dos melhores atos. Basta imaginar que o ato solidário vem antes da solidariedade, ele a cria e não a segue ou respeita como um valor pré-constituído. Esse ato imponderável, anterior e de certa maneira indiferente ao próprio sistema de interesses, cria suas próprias condições de possibilidade.

## 46

**NARCISISMO DIGITAL** Em 1886, Richard von Krafft-Ebing incluiu o relato de treze casos clínicos de exibicionismo em seu *Psichopatia Sexualis*.[6] São histórias tristes como a de um oficial do Exército que só conseguia obter satisfação sexual ao exibir seu pênis ereto em andanças pelo parque central da cidade, do professor que acordava de seus transes com as calças arriadas e o policial ao seu lado ou, ainda, do assistente de barbeiro que passava a vida indo e voltando da prisão por expor seus órgãos genitais a crianças e adultos, tendo por fim declarado: "Entendo meu crime, mas é como uma doença. Quando se apossa de mim, não posso impedir tais atos. Às vezes, por bastante tempo fico livre dessas inclinações". Mas elas sempre voltam.

Do ponto de vista clínico, o exibicionista é alguém para quem a satisfação sexual está necessariamente condicionada à presença do olhar do outro. Uma definição desse tipo é pouco plausível, porque aquela relação que não leve em conta o olhar do outro provavelmente será chamada de bestial ou inumana. Ocorre que no exibicionismo, assim como no seu par diagnóstico complementar, o voyeurismo, a tendência a olhar, geralmente invadindo o espaço íntimo do outro, torna-se um fim em si mesmo. Nessa condição, olhar e ser olhado, que deveriam fazer parte do processo que vai da sedução ao encontro sexual, substitui o encontro sexual com outra pessoa, que passa a ser secundário ou acessório. É algo da ordem do *em vez de* e não *parte do caminho para*. Freud observou que todas as práticas de natureza perversa, seja pela substituição dos fins, seja pela modificação dos meios, seja pela qualidade, seja pela quantidade, compõem a vida sexual de qualquer um, ain-

6 Richard von Krafft-Ebing, *Psychopathia Sexualis: A Medico-forensic Study* [1939]. New York: Arcade, 2011.

da que sob a forma de fantasias. Portanto, o exibicionismo é uma montagem possível da pulsão cujo objeto é olhar e o prazer de ver e ser visto.

Não devemos confundir o exibicionismo, como modalidade de produção de prazer, com o narcisismo, que é uma espécie de equação intersubjetiva pela qual nos colocamos diante dos outros, tendo em vista o cálculo do lugar onde devo me colocar, dos traços que devo reconhecer e da imagem que devo compor, para ser visto ou reconhecido de maneira conforme meu desejo, o desejo do outro e os ideais que predeterminam nosso laço social. Como se vê, o narcisismo é uma relação a dois, não um indivíduo apaixonado por sua imagem, como se depreende do mito grego compilado por Ovídio. Observando mais de perto esse mito, vemos que Narciso está atraído por sua imagem, mas que ao mesmo tempo ele não reconhece a imagem como sua. Mais ou menos como o bebê que *descobre* sua própria mão, fixando-se a ela, como um objeto fascinante, porque é, simultaneamente, próprio e outro. Além disso, há outro personagem real que está realmente apaixonado por Narciso, a ninfa Eco, que depois é condenada a cumprir a função de refletir a voz nas cavernas. Portanto, o problema não é que Narciso esteja apaixonado por si e se isolaria em um espaço individualista, mas que ele precisa desesperadamente de outros por meio dos quais ele pode receber e confirmar sua própria imagem atraente de fascinação. Ora, o enigma representado por sua própria imagem é fascinante porque o sujeito investiga e descobre as condições pelas quais ele um dia foi amado ou os traços pelos quais poderá voltar a ser amado. É por isso que se diz que o narcisismo é um sistema necessariamente instável, pois ele precisa de constantes reposições e reposicionamentos que jamais podem de fato responder à pergunta que o narcisista está fazendo, uma vez que essa pergunta está alienada ao desejo do Outro. Alienado quer dizer aqui desconhecido, expulso para o exterior e estranhado. Podemos agora distinguir o exibicionismo-voyeurismo, como prazer do *ver e ser visto*, deste sistema de quatro termos (eu, minha imagem, o Outro e a imagem que eu acho que produzo para esse Outro), que regula nossa economia amorosa.

Muito se criticam as redes sociais e os demais recursos que a nova vida digital nos faculta, porque eles seriam venenosos para nosso exibicionismo pulsional, estimulando ainda a velocidade e a urgência de nossa reposição narcísica. De fato, os recursos digitais permitem que segmentemos nossas experiências selecionando "ângulos" muito específicos pelos quais queremos ser reconhecidos. E podemos nos consagrar longamente na arte de recortar e recompor novos selfies e novas versões de nós mesmos, cada vez mais apuradas por padrões de montagem, de cosmetologia imaginária, capazes de estabelecer uma corrida e uma competição voraz por curtidas ou cliques.

Mas como isso acontece exatamente?

Notemos que a relação entre o prazer de *ver e ser visto* (exibicionismo) e o sistema de reconhecimento amoroso (narcisismo) não é direta e natural. Há várias formas de amar e ser amado, assim como há inúmeras maneiras de fazer o olhar entrar em uma relação erótica, maneiras que vão do pornográfico, do tudo-mostrar, ao recato da ocultação calculada do olhar. O que liga os dois problemas é o que a psicanálise chama de identificação. E uma identificação, como dizia Lacan, é a transformação que acontece no sujeito toda vez que ele assume uma imagem. Estamos povoados de imagens, cada vez mais férteis e interessantes, mas diante de quantas delas estamos em posição de dizer: *Eu sou isso?* Na maior parte do tempo estamos deslizando de uma imagem para outra ou nos esforçando para manipular a imagem que os outros fazem de nós, justamente para escapar deste terrível *Você é isso*. Preferimos, ao contrário, a efemeridade do *Estou, neste momento, sendo isso*, mas quero garantir para mim mesmo e para os que me cercam que amanhã, ou, digamos, daqui a duas horas, posso ser outra coisa. Basta mudar meu perfil.

O direito a transformar minha imagem, ou seja, o direito a criar novas identificações, torna-se um direito extremamente perigoso quando distribuído farta e amplamente. Perigoso porque existe uma segunda maneira de ligar exibicionismo e narcisismo. Uma maneira que não exclui a identificação, mas que é uma identificação imposta pelo supereu. Ou seja, a liberdade de nos transformarmos e a efemeridade da experiência de ser-sendo passa rapidamente à coerção para nos transformarmos. E aqui chegamos a entender por que as gramáticas de reconhecimento tendem a uma espécie de autoexaustão, como o falecido Orkut e o atual Facebook. A obrigação de ser outro cansa. Lembremos que o livro de Ovídio que descreveu o mito de Narciso chamava-se justamente *Transformações* (Metamorfose). Mas quando todo mundo precisa ser novo, quando os outros são reconhecidos como pessoas que estão fazendo exatamente a mesma coisa que você para serem reconhecidos, inicia-se uma corrida pela quantidade que em algum momento exigirá uma mudança de qualidade. Depois de injetar vinte litros de silicone ou de tatuar 90% do corpo, podemos ser assediados pelo cansaço e pelo desejo de encontrar uma nova diferença. Não apenas uma diferença que nos equalize e permita comparações, mas uma diferença que faça realmente diferença. Uma diferença diferente. O primeiro sinal de que isso está acontecendo é o que chamei de cansaço do exibicionista. Nesse momento, é comum que nos revoltemos contra o próprio imperativo de reconhecimento, contra a existência da máquina, em vez de nos voltarmos para nossa própria tentação de por meio dela nos iludirmos com um heroísmo além de nossas posses narcísicas. É como aquele autor que publica seus livros, mas, porque não é lido por ninguém, revolta-se contra o sistema das editoras. Brigar contra a lei do reconhecimento é o caminho mais curto para o curto-circuito narcísico conhecido como depressão. Em geral, fazemos isso para querer nos afastar do trabalho que nos dá discernir como e por quem queremos ser realmente reconhecidos, bem como do trabalho e do risco que o desejo sempre traz nesse contexto. O problema todo é como passar do desejo de reconhecimento (narcísico) para o reconhecimento do desejo, por si, com o outro e entre outros.

Espero que a distinção que apresentei entre narcisismo, exibicionismo e identificação permita perceber que as redes sociais jamais deveriam ser entendidas como um instrumento de mão única e de uso compulsoriamente semelhante para todos. Há pessoas que usam coisas como Instagram como um palco, tornando-se dependentes de curtidas e de aprovação anônima para suas imagens, outras que o tomam como uma cama para sustentar suas práticas eróticas (ótimo também, por que não?). Mas há também aqueles que fazem dele uma espécie de livro, de repositório biográfico ou epistolar, muito mais interessadas em escrever e criar novas possibilidades produtivas de si do que comparar cliques ou manter a pirotécnica da felicidade. Esta cansa, e pior, cansa cada vez mais rápido.

No filme *Birdman ou (A inesperada virtude da ignorância)* [*Birdman or (The Unexpected Virtue of Ignorance)*, Alejandro Iñárritu, 2014], um ator (Michael Keaton) fica preso do lado de fora do teatro onde estava ensaiando. Às vésperas da estreia ele se vê obrigado a desfilar de cueca e meia pela Broadway, diante das câmeras e dos celulares da massa de circulantes pela qual é reconhecido. Para alguém da sua geração, ele deve ter uns sessenta anos, uma gafe como essa decreta o encerramento de carreira e pena máxima contra uma peça promissora. Suicídio social. Mas para nossa época não é assim. A coisa cai no Twitter e no Facebook, torna-se viral, de tal maneira que o imprevisto deixa de ser um desabono e passa a representar uma marca de autenticidade. Em um mundo que administra cada vez mais a vida privada por meio de rituais de exposição e por reconstruções manipuladas de afetos, gostos e disposições, os pequenos deslizes e os atos falhos assumem um valor cada vez mais decisivo. Se tudo é teatro, a única verdade virá da queda da máscara, da degradação do personagem, da revelação súbita da insustentável aspereza do ser. Se a vida é uma "história contada por um idiota, com som e fúria, completamente sem sentido", o que resta da *verdade* está nesta sua prima-irmã chamada *autenticidade*, cujo aparecimento é fugaz, mas insidioso nas formações do inconsciente como nossos sintomas, atos falhos, chistes e lapsos.

Para criar sua própria experiência de intimidade, a criança deve descobrir que o outro mente. Ele não é uma figura caridosa que, em sua infinita e autodeclarada bondade, tem um compromisso irrestrito com verdade. Quando o assunto é sexo, morte, corpo ou interesses narcísicos, os adultos mentem. Ainda me espanta que muitos pacientes consigam contar detalhes escabrosos de sua vida íntima, mas se recusem terminantemente a responder a uma pergunta direta do tipo: *Quanto você pesa?* Ou: *Qual a sua idade?* Com a descoberta da hipocrisia dos adultos, a criança se interessa pelos lugares reservados: banheiros, quartos, áreas guardadas por portas, com relação às quais é preciso ter ou conquistar permissão especial para entrar. Ela brinca com os litorais de sua intimidade, ao mesmo tempo que constrói castelos de areia sobre si mesma. Assim a criança se dá conta de que escorregões e atos falhos são como portas pelas quais um grão de verdade aparece, mais além da imagem que o outro gostaria de manter. É tão difícil planejar um ato falho, assim como manipular o sonho que você terá nesta noite. Mas se você acompanha a vida de uma pessoa, ou de um grupo de pessoas, por horas e dias a fio, vai se deliciar com um monte de efeitos de verdade desse tipo. Ainda mais se você se sente a única testemunha que sabe daquilo que os personagens da cena adjacente desconhecem.

Os *reality shows* e mais particularmente os que se desenvolvem em uma casa, mostrando a intimidade das pessoas e suas relações, como o *Big Brother*, apoiam-se em uma combinação destes dois efeitos: a brincadeira com o litoral de intimidade e o efeito de verdade causado pelo imprevisto. Há uma grande tentação narcísica que liga os dois pontos. Quem acompanha a série *Big Brother* fica inicialmente cativado pela ideia de que qualquer um pode estar na televisão, ser visto e apreciado por muitos espectadores, tornando-se objeto de interesse e atenção. *Qualquer um é alguém* – é uma descoberta muito democrática e um ideal simbólico digno de defesa coletiva. Mas isso tem um efeito colateral. Quando ser *alguém* é somente o efeito de ser popular, famoso ou célebre, esse *alguém* assim, formalmente considerado, é meio vazio. Isso diz que essa pessoa deseja ser reconhecida, mas não diz nada de *como* essa pessoa quer ser reconhecida e muito menos *por quem*. Ser reconhecido por uma massa amorfa de espectadores imaginários é ser reconhecido por escravos. Nada mal para *alguém* que antes se sentia *ninguém*, mas que valor tem isso quando se é *alguém* entre outros *alguéns*?

Colocar pessoas reais para representar a si mesmas, dissolvendo o litoral entre espaço público e espaço privado, parece a brincadeira infantil de flagrar a intimidade dos adultos, ou então olhar pela fechadura da porta. Mas, como no fenômeno correlato das redes sociais, o exibicionismo (ou voyeurismo) não vai sem uma combinação entre narcisismo e identificação. Se olharmos para trás, veremos que a fórmula original do *Big Brother*, puramente exibicionista, já faleceu faz tempo. Houve uma mutação dos *reality shows* da vida comum, em uma casa comum, com pessoas comuns, para uma espécie de gincana de sobrevivência, força ou habilidade, tipo *Survivor*, *The Voice* ou *Hell's Kitchen*. Um recurso para introduzir mais "ação" na cena e estimular nosso narcisismo concorrencial. Essa correção paliativa, mesmo que combinando as duas coisas, como em *A fazenda*, nos traz de volta a um formato muito regressivo. São variantes das gincanas e dos *quiz shows* dos quais estamos cansados, tanto porque pertencem ao nosso passado televisivo quanto porque a vida banal foi se tornando cada vez mais estruturada como um jogo, mais precisamente como um videogame. Uma identificação só se renova se contiver uma pitada adicional de "autenticidade".

A fórmula inicial de que para ser um ator basta ser *você mesmo* funciona como uma espécie de desculpa ou de consolo para nosso sentimento de que a vida é cada vez mais inautêntica, *poseur* ou fabricada. Mas se somos o que o olhar do outro define, se não há nada nem ninguém que, por seus atributos substancialmente diferentes ou especiais, seria intrinsecamente merecedor de reconhecimento, isso representa uma mudança em relação ao antigo fenômeno das novelas. Nelas, era preciso um trabalho tanto para manter e enriquecer a identificação com um determinado personagem quanto o trabalho do ator para fazer valer tais traços.

O problema é que ser amado ou admirado pela bonita imagem que produz é uma forma de reconhecimento de baixíssimo valor agregado. A imagem é símbolo de um processo. Quem se identifica com ela para pular o processo cedo ou tarde terminará no vazio. É isso que traz trágicas dificuldades para modelos, ex-misses, crianças prodígios e alunos brilhantes. Nessa condição permanecemos prisioneiros de um amor que está sempre no primeiro capítulo e nunca faz história. Esse amor incondicional, amnésico, que independe do que você faz, pode ser esperado de pais e mães, mas acende o alerta amarelo quando aparece como um ideal entre amantes. Infelizmente, ser rico ou poderoso no Brasil ainda está muito associado a essa forma simples e infantil de reconhecimento. Nossa conivência com fenômenos como corrupção, desperdício e ostentação depende, em alguma medida, de acreditarmos que o importante é *ser rico* ou *ter uma imagem* para ostentar, e não de ter uma boa história para contar sobre a conquista das suas riquezas ou sobre o trabalho que dá construir uma imagem compartilhada (onde todos nós podemos nos reconhecer).

Depois do momento *Eu te amo, você me ama*, deveria vir o capítulo: *O que vamos fazer com isso?* Se não passamos deste primeiro capítulo, a novela vai ser reprisada em torno de duas perguntas, que no final são a mesma: *Mas você me ama... mesmo?* Ou: *Quem e o que podemos excluir para que você me ame mais ainda?* Isto que Lacan chamou de complexo de intrusão remonta à prática infantil, depois reeditada como identificação histérica, de que a prova do amor de alguém é exclusão de um terceiro que seria preterido. Esta é uma forma pós-moderna de enunciar a crise edipiana. O correlato BBB disso é o paredão, ou seja, um método subtrativo pelo qual descobrimos quanto somos amados pelos outros, unicamente porque afinal *ele me ama mais do que este outro que nós excluímos*. O perigo aqui é que precisamos segregar mais e mais para confirmar nossa escolha narcísica. Isso torna o ciúme e a paranoia uma necessidade, e não a exceção. Por isso o programa se chama *Big Brother*, e não *Big Father*.

Oscilando entre o apelo indeterminado e repetitivo do: *Você me ama... mesmo?* e o *Quem vai ficar de fora desta vez?*, o sucesso das primeiras versões do programa foi lentamente se degradando e hoje nos perguntamos se melhor não seria assistir o *Vale a Pena Ver de Novo*. Grande parte da atração que o *Big Brother* exercia sobre nós vem do fato de que ele reproduz a lógica sádica que encontramos cada vez mais em nossa vida no trabalho. Segundo Jack Welsch, ex-presidente da General Electric, mentor de um método de administração de pessoal que se consagrou no neoliberalismo, 10% dos funcionários de uma empresa devem ser eliminados compulsoriamente de ano para ano. Com essa eliminação periódica, independentemente da produtividade ou das metas individual ou coletivamente alcançadas, confirmamos que ser reconhecido independe do que você faz.

No romance *1984*, de George Orwell, publicado em 1949, a figura do Grande Irmão (*Big Brother*) era uma instância de controle e vigilância, mas também de adoração, complementar ao ódio que todos deviam cultivar por Emmanuel Goldstein (o traidor foragido). Um dos aspectos desse novo mundo é que ele teria uma nova língua. *Duplipensar* é a palavra dessa *novilíngua* que corresponde à ideia de que é possível conviver simultaneamente com duas crenças completamente opostas, aceitando ambas. O declínio de audiência do *Big Brother*, programa de televisão, em quase todas as partes do mundo talvez possa ser explicado pelo seu próprio sucesso. A nova lei, banal no trabalho e na vida, é esse *duplipensar*, sem contradição entre imagem e vacilo, sem litoral de intimidade, sem instante de verdade que não seja capitalizável para o olhar do outro. É assim que a *novilíngua* do amor fácil tornou-se a *velha-língua* do ódio ressentido. Melhor partir para outra. O *Big Brother* declina como um brinquedo velho que deixamos no fundo da caixa, como que para nos lembrarmos de que um dia fomos crianças e que acreditávamos na virtude da ingenuidade. Naquela época ainda achávamos que bastava ser lindinho e fazer umas caretas para conquistar aplausos da multidão (formada por papai, mamãe e titia).

# Políticas de tratamento

# 47

**DOENÇA MENTAL NA POLÍTICA** As eleições de 2014 foram precedidas por um acirramento discursivo sem precedentes no país. A disponibilidade de meios e a facilidade dos fins desencadearam uma espécie de loucura coletiva que dividiu famílias, amigos e comunidades. Nunca se falou tanto em política nos divãs, e os conflitos se alastram catalisando relações entre professores e alunos, médicos e pacientes, empregados e funcionários. Transfigurações e epifanias se sucediam quando se descobria um novo colega *aecista* ou quando um pequeno gesto deixava farejar um *dilmista* nas redondezas. A coisa já vinha se anunciando desde as manifestações de junho de 2013. Ao lado da renovação da esquerda, temos a emergência de um novo discurso conservador, cujo traço mais significativo é a suspensão do seu tradicional universalismo liberal e a retomada da retórica particularista da família, da ordem e da religião. Lembremos aqui que o apóstolo Paulo é conhecido como inventor do universalismo ao interpretar que a chegada do cristianismo significa uma suspensão da antiga lei, que dividia as pessoas entre "gregos e judeus, entre mulheres e homens, entre escravos e livres".[1] Diante da nova lei, com a qual podemos nos medir e comparar, somos todos iguais e dissolvemos nossas particularidades de nascimento, de origem cultural, de gênero ou de condição social.

Discordo dos que pensam que a política deveria ser o espaço do debate neutro de ideias, sem a degradação representada pelo Fla-Flu eleitoral. O Fla-Flu está aí desde que há política e o antagonismo que ele representa constitui a política como ocupação do espaço público, não sem violência. Há

1 Ver, por exemplo, *Carta aos Colossenses 3:11*: "Nessa nova ordem de vida, não há mais diferença entre grego e judeu, circunciso e incircunciso, bárbaro e cita, escravo ou pessoa livre, mas, sim, Cristo é tudo e habita em todos vós".

interesses e há diferença de interesses. Ocorre que a nomeação dos "times" já é um ato político. Dividir as coisas entre *direita* e *esquerda*, entre *progressistas* e *conservadores* ou entre *liberais* e *revolucionários* exprime não só o lugar de quem propõe a geografia do problema, mas também a teoria da transformação que este pressupõe. Mas então o que teria mudado nessa última eleição de tal maneira que o ódio e o ressentimento parecem ter assumindo o controle discursivo da situação?

Paulo Arantes[2] argumentou que esse fenômeno corresponde ao surgimento de uma *polarização assimétrica*, na qual há um lado que não está interessado em governar, mas em impedir que haja governo. O outro lado, o da esquerda moderada, está um tanto esgotado quanto a definir que Brasil interessa ao conjunto paulíneo dos brasileiros. Teríamos assim um agrupamento que não quer mais esperar, que alterou a relação da política com o tempo e que não está interessado nas próximas eleições como ponto de mudança. O medo do declínio social, a incerteza identitária que caracteriza a classe média, transforma-se cinicamente em um ato de bravura vingativa e afirmação de força política feita por outras vias. A chamada "elite branca" jamais havia sido confrontada tão abertamente quanto nessa combinação de cinismo, autocomplacência e complexo de adequação que veio a carregar semanticamente a palavra *coxinha*. O nosso rico típico deixou de ser o ostentador consumista cuja autoridade depende da capacidade de impor humilhação e inveja ao outro, assim como *petista* não é mais o pobre engajado na aliança operário-camponesa estudantil. O novo discurso do ódio generalizado começa pela interpretação de que até mesmo nossos inimigos são farsantes, dissimulados, pessoas que escondem o que *realmente são*. Os petistas viraram *esquerda*

2 Em artigo intitulado "Nova direita surgiu após junho, diz filósofo". *Folha de S. Paulo*, 31 out. 2014.

*caviar* e os ricos viraram *coxinhas*. Nesse novo mundo, não se pode confiar nem mesmo em nossos inimigos, esses corruptos e dissimulados, *black* ou *yellow blocks*, mascarados.

Isso é muito evidente nos epígonos desta nova era de ressentimento na política, que já vinha sendo anunciada pela nova direita conservadora. Figuras visionárias que perceberam com clareza que, diante dos perigos representados pela diminuição da exclusão social e da desigualdade, seria preciso construir uma reação representada pela exclusão discursiva e por novas retóricas da diferença. Os que pensam diferentes de nós não estão apenas em outro ponto de vista, mas são pessoas doentes que precisam ser corrigidas como indivíduos desviantes. E o ponto comum nessa exclusão é a redução de seus adversários a uma figura de irracionalidade. Não há que se argumentar com os *petralhas* ou os *coxinhas* porque eles *são* pessoas moralmente indignas. E a partir da nomeação inicia-se uma associação englobante que vai do governo a todos os que votam no partido e termina em todos aqueles que se recusam a *ver o óbvio* – inclusive a pobre empregada doméstica demitida. Estes estão possuídos por um estado de excepcionalidade na qual foram destituídos de sua razão, do uso livre da vontade, revelando assim seu verdadeiro caráter. Ora, como psicanalista, interessado na psicopatologia, salta aos olhos o uso sistemático e recorrente que este discurso faz da noção de doença mental. Para isso remeto o leitor a afirmações como:

> A verdadeira *desordem psiquiátrica* é justamente esse esquerdismo doente, que relativiza tudo e não encontra mais parâmetro algum de comportamento decente.[3]

3 Rodrigo Constantino, "Pedofilia: uma orientação sexual?". *Veja*, 31 out. 2013.

> Nenhuma orientação política ou religiosa pode ser considerada imediatamente um transtor-

no mental. Expressões como *esquerdopatia* não são apenas uma alegoria, uma metáfora ou um exagero retórico, mas representam uma crença real de que as pessoas que pensam e votam diferente de nós são *portadoras de um problema mental*. Elas estão *realmente* sancionando os milhões de mortes ocasionados pelos ditadores cubanos, chineses ou cambojanos. O fato é que a associação entre orientação política e diagnóstico de transtorno mental é repudiada explícita e veementemente, até mesmo pelos manuais mais conservadores em psicopatologia, como o DSM-V e o CID-10. Mesmo assim há quem defenda que determinadas ideias, e não a relação de cada um com essas ideias, possam se tornar um crivo para diagnóstico, como o psiquiatra Lyle Rossiter.[4]

Uma determinada orientação de personalidade, circunstanciada em um contexto social, mediada por alternativas politicamente definidas, pode favorecer a adesão a certas ideologias, mas aí, e este é o ponto, há personalidades autoritárias de direita e personalidades autoritárias de esquerda. O erro aqui é pensar que a personalidade autoritária, a psicopatia ou a personalidade antissocial liga-se necessariamente a um tipo de partido, religião, gênero ou raça. O segundo erro, e mais importante, é inverter essa relação imaginando então que pessoas de tal partido ou orientação política ou religiosa, que coincidentemente não é a sua própria, tem uma determinada compleição patológica específica. É assim que se engendra, discursivamente, um processo como a homofobia. É assim que se desdobram os fenômenos de preconceito contra grupos e classes.

Quem leu o excelente estudo de Daniel Goldhagen sobre *Os carrascos voluntários de Hitler*,[5] ou passou pelo *Eichmann*

4 Lyle H. Rossiter, *A mente esquerdista: as causas psicológicas da loucura política*. São Paulo: Vide Editorial, 2015.

5 Daniel Goldhagen, *Os carrascos voluntários de Hitler*. São Paulo: Companhia das Letras, 1997.

*em Jerusalém*, de Hannah Arendt,[6] chegando ao mais recentemente traduzido *Sonhos no Terceiro Reich*, de Charlotte Beradt,[7] sabe que as atrocidades nazistas não foram causadas pelo repentino nascimento de milhões de alemães acometidos subitamente pela psicopatia. Os carrascos voluntários que trabalharam em Auschwitz e Treblinka eram, no geral, banais funcionários de Estado, interessados em valores como conformidade, adequação e obediência. Pessoas que se sentiam irrelevantes, mas que podiam substituir essa irrelevância por um grandioso projeto coletivo se obedecessem ao discurso correto.

Ou seja, eles não sofriam de patologias diferentes de todos nós, mas foram "mobilizados" por um discurso. Um discurso que, como o do bom burocrata, os fazia adivinhar a vontade do mestre produzindo uma escalada de violência institucionalizada. Um discurso que suspendia o universal pela divisão entre espécies: loucos e normais, homens e mulheres, bons e maus, judeus e arianos. Em outras palavras, os carrascos voluntários não eram pessoas *indecentes*, mas personalidades excessivamente orientadas para o que eles achavam ser a *decência* do momento. Passar de categorias clínicas e disciplinas psicológicas ou psiquiátricas para categorias morais como *decência* e *indecência* não é um acidente. Isso remonta a uma antiga e errônea convicção de que transtornos mentais implicam rebaixamento cognitivo (expressões como *idiota* e *imbecil* nasceram no alienismo psiquiátrico) ou desvios de caráter que pactuam de uma moral duvidosa. Nada mais errado e nada mais preconceituoso. Aliás, vejamos como o psiquiatra supracitado, Lyle Rossiter, caracteriza a esquerda antes de patologizá-la:

6 Hannah Arendt, *Eichmann em Jerusalém: um relato sobre a banalidade do mal*, trad. José Rubens Siqueira. São Paulo: Companhia das Letras, 1999.
7 Charlotte Beradt, *Sonhos no Terceiro Reich: com o que sonhavam os alemães depois da ascensão de Hitler*. São Paulo: Três Estrelas, 2017.

> Para salvar-nos de nossas vidas turbulentas, a *agenda esquerdista* recomenda a negação da responsabilidade pessoal, incentiva a autopiedade e autocomiseração, promove a dependência do governo, assim como a indulgência sexual, racionaliza a violência, pede desculpas pela obrigação financeira, justifica o roubo, ignora a grosseria, prescreve reclamação e imputação de culpa, denigre o matrimônio e a família, legaliza todos os abortos, desafia a tradição social e religiosa, declara a injustiça da desigualdade e se rebela contra os deveres da cidadania.[8]

O curioso nesse retrato, no qual nenhum esquerdista real consegue se reconhecer, é que ele não contém nenhum elemento clínico, apenas ilações morais, semelhantes às que são mobilizadas na onda de ódio que precedeu e sucedeu as eleições.

O grande caso de uso político da doença mental historicamente denunciado ocorreu na União Soviética dos anos 1950, onde se diagnosticava massivamente a "esquizofrenia progressiva" nos que discordavam de Stálin, antes de enviá-los aos gulags.

Contudo, o verdadeiro problema do discurso da nova direita conservadora e injustificadamente intitulada "liberal" não é o clamoroso erro de uso de categorias indevidas, em contexto de desqualificação do adversário. No caso da "esquerdopatia" isso é simplesmente ignorância. O problema é que esse discurso possui efeitos de incitação, desencadeamento e estimulação sobre nossas formas habituais de sofrimento e seus sintomas associados. O que esse discurso faz é nomear nosso mal-estar, atribuindo-lhe uma causa precisa e localizável: *os esquerdistas e suas mentes doentias*. Ele nos faz pensar nosso sofrimento como causado por um determinado objeto intrusivo que veio, não se sabe de onde, perturbar nossa paz e harmonia. Podemos não acreditar nessa bobagem de que a esquer-

8 L. Rossiter, op. cit.

da ou a direita é uma patologia mental, mas mesmo assim somos expostos e absorvemos essa lógica discursiva. A lógica que suspende o universal, a lógica anti-São Paulo, não se faz em nome de nossa singularidade, mas em nome de nossas particularidades adesivas, do grupo que garante e certifica minha identidade. Contudo, a novidade nessa onda de ódio é que ela não age em nome da identidade de cada qual, ela não fala sobre a certeza de "quem somos nós", mas da certeza de quem é o outro. Surge assim a crença de que somos o que somos, não porque pertencemos a este ou aquele clube, mas porque não somos do clube do vizinho.

Ou seja, a nossa percepção da política, ainda que parcial ou equivocada, muda nossa relação com o mundo e a interpretação de quem são esses outros com quem vivemos. Um discurso que pregue que *só existem* homens e mulheres, loucos e normais, judeus e gregos, ricos e pobres, nordestinos e sulistas, para em seguida perguntar: *De que lado você está?*, incidirá em todas as psicopatologias, transversalmente, extraindo de cada uma delas o que há de pior. Este efeito *soma de todos os males* acontece porque identificamos nossa própria divisão subjetiva com uma divisão objetiva no mundo de tal forma que se torna tentador eliminar um dos polos do conflito, que tanto nos assedia e nos faz sofrer. Silenciando o outro, tornando-o irracional, louco e desprezível, nós nos "normalizamos". Aderindo a um dos dois lados no qual o mundo se simplificou, nos demitimos do trabalho e da incerteza de ter que escolher, como meros indivíduos, dotados de almas inconstantes, em meio a uma geografia indeterminada. E assim esquecemos que o universal que nos constitui é exatamente essa divisão, que nos torna paulineamente seres capazes de loucura.

## 48 O NEOLIBERALISMO E SEUS NORMALOPATAS

Muito frequentemente confunde-se o neoliberalismo com o conjunto de práticas que definem o capitalismo contemporâneo em sua capilaridade globalizada. Isso dificulta o trabalho de circunstanciar críticas e analisar problemas locais, tornando as objeções ao neoliberalismo o enfrentamento de um inimigo mais poderoso do que ele realmente é. O problema inverso também deveria ser evitado, subdimensionar o neoliberalismo apenas como uma teoria econômica nascida nos anos 1930, expressa na obra de autores como Walter Lippmann, Von Mises e Hayek, renovada pela Escola de Chicago (Stigler, Friedman) nos anos 1960 e adaptada por governos em forma de políticas de austeridade, privatização e monetarização a partir dos anos 1980.

Nesta zona intermediária entre uma etapa difusa do capitalismo e uma teoria econômica bem definida, propomos que o neoliberalismo é uma forma de vida. Enquanto tal, ele compreende uma gramática de reconhecimento e uma política para o sofrimento. Ao passo que liberais clássicos, descendentes de Jeremy Bentham e Stuart Mill, consideravam que o sofrimento, seja do trabalhador, seja do cidadão, é um problema que atrapalha a produção e cria obstáculos para o desenvolvimento e para o cálculo da felicidade como máximo de prazer com mínimo de desprazer, a forma de vida neoliberal descobriu que se pode extrair mais produção e mais gozo do próprio sofrimento. Encontrar o melhor aproveitamento do sofrimento no trabalho, extraindo o máximo de cansaço com o mínimo de risco jurídico, o máximo de engajamento no projeto com o mínimo de fidelização recíproca da empresa, torna-se regra espontânea de uma vida na qual cada relação deve apresentar um balanço.

Dessa forma não existem zonas protegidas "fora do mercado", e quem é contra isso é contra o neoliberalismo, e quem é contra o neoliberalismo é a favor do Estado. Tudo é mercado. Educação é investimento. Saúde é segurança. Relações são *networking*. Imagem é marketing pessoal. Cultura é entretenimento. Pessoa é o empreendedor de si mesmo.

Nos anos 1990, quando o neoliberalismo passava por amplas e efetivas implementações ao redor do mundo, ele estava marcado por práticas como o *downsizing*, redução de custos, reengenharia e flexibilização de funções. A deslocalização da produção incide de tal forma que a competição deveria ser deslocada para o interior da própria empresa, cada setor tendo que se justificar pelo seu acréscimo ou déficit de valor agregado. Ao mesmo tempo cada um deve se ocupar individualmente de aumentar sua produtividade e garantir sua empregabilidade. Essa nova lei culminou no escândalo imobiliário dos bônus e das maquiagens de balanços. Curiosamente, nesse mesmo período emergiu um novo quadro psicopatológico: personalidade limítrofes ou *borderlines*. Descritas no fim dos anos 1930, contemporâneas da invenção teórica do neoliberalismo, tais personalidades estão marcadas por uma espécie de contradição fundamental entre mecanismos esquizoides e funcionamentos narcísicos, de tal forma que elas obedecem à lei desobedecendo-a. Nos anos 1960 havia um modelo de resistência que estava baseado na transgressão da oposição à lei constituída. Todavia, há outras maneiras de resistências, por exemplo, pelo exagero da obediência à lei, pelo deslocamento crítico de seu contexto de aplicação e pela superidentificação com seus ideais.

Isso sugere que talvez tenham sido as artes e a política, antes das ciências psicológicas, que captaram essa deriva e transformação de nossos modos compulsórios de sofrer e de exprimir nosso sofrimento, bem como elas que nos provêm novas formas e linguagens para novas maneiras de sofrer.

Todos nos preocupamos em ser reconhecidos pelos outros e nos tornamos cientes de que nosso valor depende de como os outros nos veem. O reconhecimento não é apenas amealhar gratificações narcísicas em torno da imagem de si, mas uma experiência envolvendo conflito e negociação em torno de como e por quem queremos ser reconhecidos. A maneira pela qual conquistamos reconhecimento é mediada pelas regras fundamentais da troca social: dar, receber e retribuir. Estabelecer os termos, o momento e a forma como a experiência de reconhecimento se dá pode envolver a descoberta de que existem reconhecimentos falsos, como os que provêm de nossas ilusões, como também os falsos reconhecimentos, baseados no cumprimento de expectativas supostas pelo Outro. Procurar mais reconhecimento torna-se assim um objetivo específico e gramática geral de nosso desejo. É o que Lacan, Kojève e Hegel chamavam de luta pelo reconhecimento ou luta por prestígio. A luta para fazer reconhecer nosso próprio desejo ao Outro, mas também a luta por descobrir nosso próprio desejo em meio ao mar de alienações, demandas e identificações ocasionado por seus diferentes tipos de objetificação. Para uma personalidade *borderline*, esse cultivo da insatisfação com o que o outro oferece, em termos de amor e desejabilidade, é extrapolado ao extremo. Insaciável, ele vive atormentado pelo vazio e pela iminência de ser abandonado. Curiosamente, quando obtém sinais de que sua demanda está sendo respondida, isso desencadeia reações agressivas e de ódio, incompreensíveis para o outro. Talvez isso ocorra porque ao agirmos assim estamos sancionando a lei contra a qual o *borderline* se revolta e aceita exageradamente. Outro exemplo. Para a forma de vida liberal todos nós podemos trabalhar muito esperando grandes momentos de férias e prazer. Para o *borderline* neoliberal, essa alternância intermitente é um problema. Por que não trabalhar divertindo-se e divertir-se trabalhando? Por que manter essa linha demarcatória tão rígida? Isso confere com sua imagem diagnóstica de um sujeito frequentemente envolvido em conflito com a lei, seja pelo abuso de drogas, seja por sexo ou consumo errático que o levam a dívidas. Segundo a última versão do *Manual Estatístico e Diagnóstico de Transtornos Mentais*, de 2015, o Transtorno de Personalidade Borderline envolve um padrão de instabilidade interpessoal e relacional que afeta a imagem de si, afetos e impulsividade, começando na adolescência e marcado por cinco ou mais dos seguintes traços:

1) Esforços frenéticos para evitar o abandono real ou imaginário.
2) Relações instáveis marcadas pela alternância entre idealização e decepção.
3) Preocupações com identidade, imagem e senso de si.
4) Impulsividade autodestrutiva em duas destas áreas: consumo, sexo, drogas, bebida ou alimentação.
5) Pensamentos, atos suicidas ou de automutilação.
6) Reatividade e labilidade de afetos, alternância entre excitação e irritabilidade, ansiedade e agressividade.
7) Sentimento crônico de esvaziamento.
8) Raiva intensa e incontrolável.
9) Sentimentos de perseguição e sintomas dissociativos.

*Borderline* é um nome clinicamente péssimo. Ele não está entre a neurose e a psicose em uma espécie de situação intermediária ou de *no man's land*. Contudo, é um significante perfeito para designar o sofrimento padrão daquele momento neoliberal. Alguém que desafia limites, mas também que não se prende a territórios fixos, compromissos identitários e funções definidas. Essa flutuação livre, leve e solta é apenas o exagero da normalopatia de sua época. Quando *borderline* começou a rimar demais com os que cruzam fronteiras, por exemplo, terroristas, imigrantes, refugiados e demais subjetividades indeterminadas, o quadro desapareceu do interesse teórico. Mas aqui está o ponto crucial. Ele desapareceu porque de certa maneira todos nós nos tornamos *borderlines*; essa modalidade de sofrimento integrou-se ao comum da vida como um novo paradigma de normalopatia.

Este não é um processo novo, mas uma espécie de sincronia repetitiva entre teorias econômicas e sociais e modalidades preferenciais de sofrimento. As neuroses e sua problemática com a lei e com a paternidade foram um paradigma clínico até os anos 1950, com sua clara e definida linha que separava a desobediência e a obediência à *borderline* paterna. Algo análogo ocorre com as personalidades narcísicas, com seus sentimentos de esvaziamento, fragmentação e inautenticidade durante os anos 1970, tal qual foi descrito por Christopher Lasch em seu clássico *A cultura do narcisismo*.[9] Seu estudo baseia-se nas personalidades narcísicas caracterizadas pela "sensibilidade terapêutica", fundada na confissão, no sentimento de irrelevância e vazio interior, na evasão do espaço público, na espetacularização da vida, no ponto de vista resignado sobre o mundo, na renúncia à realização da vida e seu recuo para o ideal de sobrevivência social. Contra essa existência menor se ergue a figura do herói e seu sistema de idealizações, a experiência da vida como um teatro ou como um jogo e o valor onipresente e indiscutível da segurança. Apesar de criticado, o ideal de vida burocrático e a cultura

9 Christopher Lasch, *A cultura do narcisismo*. São Paulo: Imago, 1983.

do entretenimento preenchem quase todos os quesitos da personalidade narcísica. Derivada de uma instrumentalização dos valores ligados à família e à autenticidade, a personalidade narcísica dos anos 1960 surgiu de uma reformulação do sistema escolar e universitário, com suprema ascensão dos valores ligados ao mérito. A educação como mercadoria teria desacreditado o sistema de formação de autoridade e aberto caminho para uma permissividade na qual a conquista do amor é mais importante do que o real desafio representado pela competição entre indivíduos em uma sociedade agonística. Surge assim a nostalgia em torno do pai ausente e da autoridade legítima, efeito específico da trivialização das relações pessoais e da emergência da relação de desempenho como gramática geral de reconhecimento. O horror à velhice, a emergência da problemática da diferença entre gêneros, o medo do descenso social e o ideal de ascensão de classe geram um complexo generalizado de impostura e a demanda por um paternalismo, seja estatal seja legalista, sobre a regulação administrada do mundo.

Fazia parte do sofrimento pós-revolucionário de 1968 uma onda de intenso desejo de adaptação, conformidade e ajustamento, como no chamado paradigma das donas de casa ansiosas, dependentes e infantilizadas, consumidoras contumazes e crônicas de Valium, sofrendo dentro da *borderline* da adequação feminina. É porque tornamo-nos "todos neuróticos" que o sofrimento histérico (paradigma da neurose) tornou-se invisível. Lembremos que a histeria caracterizava-se em sua descrição moderna, por Charcot e Freud, pela presença de ausências de consciência, por espasmos que denunciam a autonomia do corpo sobre a mente, pela desrazão melancólica ou hipocondríaca e pela fraqueza da experiência de si. É também porque tornamo-nos "todos narcísicos" que o sofrimento com a imagem de si tornou-se imperceptível. A partir de então a normalopatia exige a recusa da dignidade do sofrimento daqueles que não são suficiente ou exageradamente neuróticos ou narcísicos.

Entre os anos 2000 e 2010 emergem duas novas normalopatias neoliberais: a depressão, de um lado, e as anorexias, de outro. A primeira representa o colapso na produção e a segunda, no consumo. Os antigos devotos da crença na produtividade trouxeram visibilidade ao fato de que nem todos poderiam entrar no novo sistema reduzido e flexível de produção. O que fazer com os excluídos senão atribuir-lhes uma dificuldade "individual"? A ascensão da salvação pelo consumo torna muito mais visível e problemático alguém que se recusa a comer (ou come exageradamente e vomita, como os bulímicos). A ascensão da adequação à produção torna explícito demais aqueles que se recusam a produzir, como o depressivo (ou aquele que acumula ou consome demasiadamente, como o adicto e o acumulador). Notemos que nesse ponto o neoliberalismo também sofreu uma pequena modulação, com a entrada dos discursos sobre a emoção e o talento, com as práticas de *coaching* e com o marketing orientado para a experiência. Com a assimilação dietética e higienista de novos regramentos na *borderline* entre saúde e doença, o quadro tende a declinar. Ademais, o empuxo de produção e desempenho vem sendo suplementado por ingestão de substâncias, legais e ilegais, em forma de doping tolerado, se não estimulado em nome de resultados. Afinal, por que se contentar com seu filho que tira 6.0 em História se ele poderia tirar 7.5 tomando metilfenidato?

Depois dos Frankenstein, esquizoides errantes sem fronteiras (no desejo), e dos Fantasmas alienados que vagam da pressão, descompressão e depressão (no trabalho), chegamos finalmente aos Zumbis (sem linguagem) que hoje se tornaram nossa mais próxima normalopatia.

Zumbis são gerados por um desrespeito ao trato dos viventes, pela suspensão da relação de continuidade simbólica entre passado e futuro, pela violação da *borderline* entre vivos e mortos. É a normalopatia da vingança dos Brexits (pela qual a terceira idade rural e conservadora percebe que sair da União Europeia lhe é vantajoso). É a normalopatia das previdências abreviadas, dos imigrantes e refugiados deixados boiando no Mediterrâneo ou da devastação causada pela construção da hidrelétrica de Belo Monte. É a normalopatia que sabe perfeitamente que certas coisas são erradas, injustas ou falsas, *mas... e daí?* É contando com isso que um juiz em Brasília pode autorizar o uso da tortura (corte de água, comida e comunicação, bem como o uso de aparelhos sonoros em alto volume) contra estudantes que ocupam escolas de Taguatinga em outubro de 2016. No fundo deslocamos o poder de quem faz as leis para uma *borderline* móvel de quem as aplica e manipula ao sabor da opinião pública, remetendo os descontentes ao estado de Zumbis, cuja palavra é livre, mas sem consequência.

Essa nova normalopatia emerge no quadro de substituição da cultura do narcisismo pela cultura da indiferença. Um Zumbi não pode ser propriamente morto, ele perdeu seu lugar simbólico de descanso em sua tumba. Ele só pode ser eliminado com um tiro na cabeça, capaz de interromper sua monomania de devorar cérebros, dos quais se alimenta. Zumbis não falam, não se agrupam, apenas repetem sua própria inanidade. O mito haitiano dos Zumbis elabora uma explicação para a desigualdade a partir da arte de fabricar servos que trabalharão sem fim para seus mestres. Os ricos são ricos porque sabem fabricar Zumbis, e os Zumbis são aqueles que trabalham, sem saber que são Zumbis, para os seus senhores. Talvez um Zumbi seja feito quando alguém se apropria de um corpo morto, particularmente de alguém que morre sozinho. De fato, a revolução haitiana de 1808 foi um exemplo de como uma colônia resistiu ao poderio francês de Napoleão. Liderados por Toussaint Louverture, os haitianos estabeleceram um regime livre da escravidão, mas não conseguiram evitar o empobrecimento da antes próspera colônia francesa de São Domingos, vítima da retaliação comercial que se seguiu à revolução. Vê-se assim que os Zumbis são um exemplo narrativo compatível com um novo momento de nossas relações com o trabalho e com os novos tipos de sofrimento que eles elaboram.

## 49

**REINVENÇÃO DA INTIMIDADE** Lacan dizia que "a metafísica é o que colocamos no buraco da política", ou seja, a política se organiza em torno de um buraco, de um vazio central que tentamos ocupar com saberes, ideais e horizontes que produzem alguma orientação para o antagonismo social e o seu conflito imanente. Portanto, temos que pensar de que maneira estamos, a cada momento, produzindo ou desconstruindo metafísicas gozosas, teologias políticas que ocupam esse espaço com líderes salvadores, ideais narcísicos ou inimigos projetivos.

Tornou-se uma banalidade afirmar que a psicanálise tem pouco a dizer sobre a política porque esta seria uma aventura coletiva, enquanto a clínica é uma experiência para indivíduos, que ademais teria o individualismo como valor fundamental. O argumento remonta a Jdanov, ministro da Cultura de Stálin, que, nos anos 1940, decretou a extinção da incipiente psicanálise soviética encabeçada por autores como Vygotsky e Luria. A psicanálise migrou assim de ciência judaica para ciência burguesa, na pena de Bakhtin; foi execrada pelo marxismo francês de Sartre a Lucien Sève, antes de ser reabilitada por Althusser nos anos 1960. Essa reabilitação só se tornou possível porque a psicanálise foi percebida como uma antipsicologia, capaz de fornecer um modelo de sujeito que não se confundia com o indivíduo. Essa concepção está localizada em Lacan e em sua tese central de que o sujeito é dividido, ao mesmo tempo universal e particular, efemeramente singular.

Desde então estão dadas as condições para um novo tipo de crítica que não se contenta apenas em desmascarar falsas consciências e educar as massas para a emancipação. A ideologia não é somente uma questão de saber e de esclarecimento, pois há em seu fulcro um núcleo de gozo, que é o mais difícil de abandonar em um processo transformativo qualquer, seja ele clínico ou político. Um caso particular dessa divisão do sujeito é sintetizado pela fórmula: *Sei muito bem que isso está errado, mas continuo agindo como se não soubesse*. Retrato de como o saber é impotente diante do gozo. Constatação que, uma vez generalizada, nos leva às ideologias da força e da purificação.

Assim chegamos a um dos impasses mais importantes tanto para os que estão interessados em novos modelos de crítica quanto para os que querem pensar estratégias de ação coletiva. Um bom exemplo está no crescente interesse das pessoas comuns por temas políticos. Isso é em parte facilitado pela forma de vida digital, em parte pelo fato de que nela as minorias organizadas estão na vanguarda do gradual processo de reinterpretação do cotidiano. Contudo, o desastre que se pressente por toda parte deriva da ascensão inquestionada de políticas baseadas em identidades, com sua combinatória de idealização e ódio, ressentimento e vingança. Aqui faz falta a crítica psicanalítica das identificações de grupo. Lembremos que o jdanovismo não se apoiava apenas na objeção aos modelos individualistas de mente, presentes em Freud, mas, sobretudo, à sua crítica do funcionamento da identificação em grupos. Em outras palavras, Freud não analisou grupos propriamente, mas massas organizadas como o exército e a igreja. Descreve-se assim um conjunto de processos envolvendo a regressão de seus membros a um laço social mais simples e empobrecedor. Todos eles representam antípodas do que antigamente chamava-se "consciência de classe": submissão irreflexiva ao líder, criação de inimigos pela projeção paranoica de desejos inaceitáveis para o grupo, perda de capacidade judicativa, agressividade e paixão imaginária, recalque da sexualidade e devoção pela causa. O modelo é simples. Uma forte identificação horizontal entre irmãos é reforçada continuamente por um líder carismático, uma disciplina moral, um traço estético ou uma condição de equivalência, que passa a ocupar um lugar definitivo no ideal de eu das pessoas. Temos, portanto, três termos que exprimem o coletivo em psicanálise: massa, grupo e classe, e não apenas dois, como na oposição entre indivíduo e sociedade. Como vimos neste livro, um casal pode funcionar como uma pequena massa, mas também como uma classe, ainda que fraturada pela não relação sexual. Ou seja, a não binariedade presumida pela teoria psicanalítica das relações humanas contém uma crítica do indivíduo como figura única de subjetivação tanto no plano dos semblantes (como "homem" ou "mulher") como no plano do gozo e ainda da fantasia. Reinventar a intimidade é pensar também numa forma crítica de individualismo para além da massa e da identificação.

Examinemos agora como a antiga ideologia voltada para as massas, dependente das grandes narrativas e de sua falsa universalidade, transformou-se, graças à dialética *digitalis* do neoliberalismo, em uma política de grupos, com suas demandas particulares, sem que o conceito de classe tivesse a menor chance de sobrevida. Os grupos, categorias ou demais formas sintéticas de organizar a experiência empírica são eles mesmos forças políticas como efeitos de linguagem para as políticas de sofrimento.

Perdeu-se nesse caminho uma ideia recorrente entre os continuadores de Freud, ou seja, a de que existem coletivos que não funcionam nem como massa nem como grupo. É o caso do que Bion chamou de "grupo de trabalho", do que Pichon Rivière designou como "grupo operativo orientado para a tarefa" e do que Lacan nomeou como "transferência de trabalho". Salta aos olhos a recorrência da expressão "trabalho" entre autores de linhagens psicanalíticas tão distintas, indicando exatamente o tipo de relação contra-alienante que se pode esperar da prática ou da ação de um coletivo, neste caso mais apropriadamente chamado de uma classe. A grande intuição transversal aqui é de que não precisamos ser iguais para fazer algo juntos. Essa é também uma condição da intimidade como experiência produtiva de indeterminação.

Mais do que isso, é quase uma regra: quanto mais nos preocupamos com quem nós somos, menos nos orientamos para o que queremos. Aqui precisaríamos distinguir noções que operam separadamente no funcionamento dos coletivos: demanda, transferência e identificação. Ernesto Laclau mostrou como o significante flutuante e equívoco de uma mesma demanda comunitária é essencial para a organização de movimentos sociais. Esse significante, como bem ilustram movimentos como o espanhol Podemos ou o brasileiro Passe Livre, tem uma duração específica, correspondendo a um agenciamento contingente. Ao contrário dos grupos definidos por uma identidade de gozo, eles têm uma data de término e envolvem um princípio de autodissolução.

Grupos organizados pela demanda podem ou não estar articulados com um suposto saber. Nesse caso está implicada uma indeterminação do sentido ou, como diria Badiou, do "percurso de verdade" dos significantes da demanda. Um coletivo como esse terá por característica manter aberto o sentido de seus significantes constitutivos, como "democracia", "justiça" ou "igualdade". O interesse dessa distinção é que coletivos formados em torno de transferências ou de demandas são grupos de baixa densidade identitária. Ao passo que aqueles que se definem por identidades são politicamente muito mais perigosos justamente porque a identidade é algo que precisa ser permanentemente reposto e confirmado. Minha identidade de gozo tende sempre a ser imposta ao meu vizinho. A identidade de gozo suposta ao vizinho será sempre ameaçadora para minha fantasia. A fantasia de meu próximo, como suposição, é sempre uma ameaça a meus semblantes narcísicos.

É por isso que Lacan dizia que o gozo é um mal, porque ele comporta o mal do próximo. Dissociados de demandas e de transferências, grupos de identificação, também chamados por Freud de "paróquias", tendem ao efeito entrópico de autopurificação disciplinar. Quando só resta ao revolucionário *ser revolucionário*, ele se afasta da transformação do mundo e começa a se esgueirar para a comparação com seu próximo em busca de saber quem é o *mais revolucionário*. E ainda confundirá crítica com denúncia, acasalamento ideal para que o masoquismo do eu se junte ao sadismo do supereu, produzindo e reproduzindo a culpa. E a culpa é um afeto de baixa potência transformativa. Aqueles que lidam com catástrofes, tragédias e situações de vulnerabilidade social estão advertidos de que, quando se constituem grupos à base da identificação com a condição de vítimas, o processo tende a se tornar mais longo e às vezes insolúvel. É assim que se criam formas de vida condominiais, à esquerda ou à direita, com os mesmos costumes narcísicos: essencialização de si, moralização das escolhas de gosto, crítica permanente do desvio, purificação infinita da própria subjetividade, seleção contínua dos que podem e dos que não podem participar da grande imagem que define quem é "nós", covardia na relação com a palavra própria, valentia segregatória. É assim que a contradição entre universal e particular tornou-se, no varejo, uma concorrência imaginária e indefinida entre particulares: ricos e pobres, negros e brancos, mulheres e homens, cultores do axé e adeptos do funk, palmeirenses e corintianos, enquanto no atacado somos todos engolidos pelo universal do consumo. Invertemos o princípio do apóstolo Paulo, criador do universalismo: agora só há judeus e gregos, servos e livres, homens e mulheres. Sólidas identidades são refratárias, por natureza, a qualquer experiência de intimidade.

Para a mentalidade particularista, sua própria opinião carrega um a mais de valor cujo compartilhamento é problemático, gerando identificações narcísicas cada vez mais segmentadas e condomínios cada vez menores e mais exclusivos. O grande problema é que não parece possível uma autêntica dedicação política sem algum engajamento identitário. Nesse ponto muitos concordarão sobre o valor "estratégico" de colocações como *só uma mulher pode falar sobre feminismo, pois só ela sabe o que é viver sua opressão de gênero*. Como se uma mulher trans fosse no fundo "impura", pois não é essencialmente uma mulher, posto que nascida homem. *Só um negro tem autoridade para falar da segregação*. Como se precisássemos essencializar a raça para reconhecer o dever de reparação. *Só a mulher, negra, pobre e objeto de violência possuirá a autoridade para falar de sua condição*. Como se a pena e a compaixão fossem os afetos políticos centrais de uma verdadeira transformação. Como se a autenticidade do sofrimento fosse o motor espontâneo da autoridade política. Exemplos cabais de metafísicas de gozo que podemos usar para suturar o buraco da política. Exemplos de metafísicas da propriedade, da propriedade mais fascinante e fetichista que pode haver na era do capitalismo imaterial: a própria identidade.

Lacan distinguiu fortemente política, estratégia e tática no âmbito do tratamento psicanalítico. O grau de liberdade que temos nas táticas de interpretação se subordina a uma liberdade menor no plano da estratégia da transferência. Esta, por sua vez, nos oferece menos liberdade do que a política do tratamento, que consiste na ética da psicanálise e em sua prerrogativa dada à palavra e à recusa do exercício do poder. Essa separação é crucial para entendermos como as políticas de identidade são essenciais no plano tático e estratégico, mas constituem uma metafísica que requer crítica quando se torna uma política. Pois nesse caso ela será uma política da generalização (grupo) ou da totalização (massa) de uma identidade particular.

Valor "estratégico" quer dizer aqui que tal política exprime um desejo de empoderamento de minorias historicamente silenciadas. Contudo, "estratégico" quer dizer também *provisório, contingente*, útil em determinado *contexto*. Quem diz "estratégico" diz também *subordinado a uma política*. Se essa política não for universal, estaremos diante do totalitarismo. Ainda que seja a totalidade dos pobres, das mulheres ou das vítimas, ela será uma forma criada para silenciar seu oponente, favorecendo o autopreconceito e reproduzindo, de forma invertida, a lógica da segregação. Para Lacan, a segregação é o retorno no Real do que não se inscreve no Simbólico. Todas as políticas de sofrimento giram em torno desse buraco e a segregação é simplesmente a identificação de algo ou de alguém com a matéria-prima da qual o buraco é feito.

A generalização do grupo apenas torna um particular mais forte, porque mais extenso, o que não o faz por si mesmo mais universal. O que determina a diferença é a lógica de funcionamento, e não o tamanho. Assim também não há massa que não se reduza a um falso universal. Nesse caso, temos a ampliação de formas de vida que funcionam em estrutura de "igreja" ou em estrutura de "exército" - que é a maneira como o neoliberalismo produz indivíduos infinitamente trabalhadores e indefinidamente crentes. Há pequenas massas e grandes grupos sem nenhuma perspectiva de classe. Contra isso a experiência da intimidade introduz o compartilhamento do possível, o reconhecimento do que não se pode partilhar e o cuidado com o impossível de ter e de ser (gozo).

Mas então de onde virá essa efemeridade crucial se, como vimos, ela está mais ligada à demanda e à transferência do que à identificação? Efemeridade, que é o traço distintivo de qualquer posição singular. Está aqui a chave para pensar a crítica da ideologia para além do desmascaramento de impostores, da disciplina da pureza (na qual radicam os discursos da corrupção) e da reificação dos oprimidos, fora disso condenados essencialmente a eternizar e a repor sua própria condição de exclusão.

## ÍNDICE REMISSIVO

## C

## D

## E



## F

## G



## H



## I

## J



## K



## L

M



N

## O



## P

## T

## V



## W



## Z

## FONTES DOS TEXTOS

Os textos foram editados com base em artigos publicados anteriormente em outros veículos.

Capítulos **1, 2, 4, 5, 8, 9, 10, 11, 13, 14, 15, 17, 18, 19, 20, 21, 22, 23, 26, 29, 30, 33, 34, 38, 41, 42, 43, 45** - *Revista Mente e Cérebro.*
Capítulos **3, 27, 32, 35, 36, 37, 44** - *Revista Cult.*
Capítulo **16** - *Revista Fórum.*
Capítulos **12, 25, 28, 31, 40, 47, 48** - *Blog da Boitempo.*
Capítulos **6, 7** - *Revista Viver.*
Capítulos **24, 49** - *Revista Brasileiros.*
Capítulo **46** - *Portal Namu.*

## SOBRE O AUTOR

Christian Ingo Lenz Dunker é psicanalista e professor-titular do Departamento de Psicologia Clínica do Instituto de Psicologia da USP. Fez sua livre-docência em psicopatologia e psicanálise (Departamento de Psicologia Clínica, 2011) e pós-doutorado na Manchester Metropolitan University. É Analista Membro de Escola (A.M.E.) do Fórum do Campo Lacaniano. Coordenador do Laboratório de Teoria Social, Filosofia e Psicanálise da USP (Latesfip), publicou, entre outros, *Mal-estar, sofrimento e sintoma* (Boitempo, 2015, Prêmio Jabuti de 2016), *Estrutura e constituição da clínica psicanalítica* (Annablume, Prêmio Jabuti de 2012), *O cálculo neurótico do gozo* (Escuta, 2002), *Por que Lacan?* (Zagodoni, 2015), *O palhaço e o psicanalista* (Planeta, 2019, em coautoria com Claudio Thebas) e *Uma biografia da depressão* (2021). Colunista, youtuber e colaborador regular de diversos jornais e revistas, dedica-se à pesquisa sobre clínica psicanalítica de orientação lacaniana e suas relações com as ciências da linguagem e com a filosofia.

**COLEÇÃO EXIT** Como pensar as questões do século XXI? A coleção Exit é um espaço editorial que busca identificar e analisar criticamente vários temas do mundo contemporâneo. Novas ferramentas das ciências humanas, da arte e da tecnologia são convocadas para reflexões de ponta sobre fenômenos ainda pouco nomeados, com o objetivo de pensar saídas para a complexidade da vida hoje.

**LEIA TAMBÉM**

*24/7 – capitalismo tardio e os fins do sono*
Jonathan Crary

*Reinvenção da intimidade – políticas do sofrimento cotidiano*
Christian Dunker

*Esperando Foucault, ainda*
Marshall Sahlins

*Big Tech – a ascensão dos dados e a morte da política*
Evgeny Morozov

*Depois do futuro*
Franco Berardi

*Diante de Gaia – oito conferências sobre a natureza no Antropoceno*
Bruno Latour

*Tecnodiversidade*
Yuk Hui

*Genética neoliberal – uma crítica antropológica da psicologia evolucionista*
Susan McKinnon

*Políticas da imagem – vigilância e resistência na dadosfera*
Giselle Beiguelman

*O mundo do avesso – Verdade e política na era digital*
Letícia Cesarino

*Terra arrasada – além da era digital, rumo a um mundo pós-capitalista.*
Jonathan Crary

*Ética na inteligência artificial*
Mark Coeckelbergh

*Estrada para lugar nenhum*
Paris Marx

COORDENAÇÃO EDITORIAL Florencia Ferrari
ASSISTENTES EDITORIAIS Julia Fagá e Mariana Schiller
PREPARAÇÃO Livia Almeida
REVISÃO Mariana Delfini e Rita de Cássia Sam
PROJETO GRÁFICO DA COLEÇÃO Elaine Ramos e Flávia Castanheira
PROJETO GRÁFICO DESTE TÍTULO Livia Takemura
PRODUÇÃO GRÁFICA Marina Ambrasas

*6ª reimpressão, 2025.*

Dados Internacionais de Catalogação na Publicação (CIP)
Bibliotecário Odilio Hilario Moreira Junior - CRB 8/9949

Dunker, Christian [1966-]
Reinvenção da intimidade - políticas do sofrimento cotidiano. São Paulo: Ubu Editora, 2017 / 320 pp. / Coleção Exit
ISBN 978 85 92886 46 2

1. Psicologia. 2. Psicanálise. 3. Cotidiano. I. Título.
2017-238 CDD 150 / CDU 159.9

Índice para catálogo sistemático:
1. Psicologia 150 2. Psicologia 159.9

UBU EDITORA
Largo do Arouche 161 sobreloja 2
01219 011 São Paulo SP
professor@ubueditora.com.br
ubueditora.com.br
/ubueditora

**FONTE** Edita e Flama
**PAPEL** Alta alvura 75 g/m²
**IMPRESSÃO** Margraf

# Roteiro de Trabalho

## A megera domada

### William Shakespeare • Adaptação de Hildegard Feist

*O rico senhor Batista é viúvo e tem duas filhas: Catarina, a primogênita, a quem todos encaram como uma fera, e Bianca, a caçula, doce, meiga e sonhadora. Bianca tem muitos pretendentes e quer se casar, mas, de acordo com a tradição, a filha mais velha deveria casar-se primeiro. Catarina não quer nem pensar na possibilidade de casamento, e afasta todos os seus pretendentes, apesar de sua beleza física e da riqueza de seu pai. Eis que aparece Petrúquio, que se apaixona por Catarina e não teme seu mau gênio.*

**3.** Compare Bianca com Catarina. O que você observa quanto a:

- aspectos físicos:

________________________________________
________________________________________
________________________________________
________________________________________
________________________________________
________________________________________
________________________________________
________________________________________

- aspectos psicológicos:

________________________________________
________________________________________
________________________________________
________________________________________
________________________________________
________________________________________
________________________________________

**5.** Considere agora a relação entre os patrões e seus empregados, principalmente entre Lucêncio e Trânio, Petrúquio e Grúmio, Catarina e Rosalina e Catarina e Ludovica. O que você observa?

________________________________________
________________________________________
________________________________________
________________________________________
________________________________________
________________________________________
________________________________________
________________________________________
________________________________________
________________________________________
________________________________________
________________________________________
________________________________________
________________________________________
________________________________________
________________________________________

## II – REVENDO OS ACONTECIMENTOS

**1.** Você leu uma adaptação da comédia *A megera domada*. Considerando que o texto original foi escrito para ser representado, teríamos, nesta história, uma representação dentro da própria representação, pois alguns personagens desempenham outros papéis além dos seus próprios. Sendo assim, complete este quadro:

| **Quem é** | **Faz passar-se por** | **Para conseguir** |
|---|---|---|
| Lucêncio | Câmbio, professor de línguas | aproximar-se de Bianca e conquistá-la |
| Trânio | ______ | ______ |
| ______ | Lício, professor de música | ______ |
| Graciano, professor de filosofia | ______ | ______ |
| ______ | um homem maluco, descontrolado | ______ |

**2.** Essa "segunda representação" tem a cumplicidade do público/leitor. Qual a importância disso para a obra?

**3.** Você se divertiu com a leitura de *A megera domada*? Então responda:

a) Decorridos 400 anos de seu surgimento, o que faz a obra atual ainda hoje?

b) O que provoca a graça no texto?

c) Além de fazer rir, que mais o autor pretendeu com a obra?

## III – REFLETINDO SOBRE AS DECISÕES DO AUTOR

**1.** Várias são as tentativas dos personagens, em seus projetos, mas apenas alguns conseguem seus intentos. O fato de Lucêncio e Petrúquio terem se saído bem nos faz crer que o autor quer nos mostrar que:

a) A vida é assim mesmo: ora perdemos, ora ganhamos, sem razões aparentes. ( )

b) Os verdadeiros sentimentos devem prevalecer sobre as meras paixões. ( )

c) As pessoas não só aparentam ser como realmente são bondosas e desinteressadas em seus relacionamentos pessoais. ( )

d) Na época em que se passa a história, os pais têm autoridade sobre os filhos e tomam todas as decisões por eles. ( )

**2.** O casamento tem, sem dúvida, grande importância nessa história. Sobre essa instituição, os diversos personagens têm opiniões variadas. Faça um levantamento dessas opiniões e explique quais delas o autor faz prevalecer.

4. Após essa comparação, justifique a seguinte afirmação: "Bianca e Catarina poderiam ser uma só mulher".

6. Seria correto afirmar que os patrões têm atitudes aristocráticas, enquanto os empregados, os representantes do povo, são sempre retratados como bobos e ignorantes?

Encarte elaborado por **Maria Sílvia Gonçalves.**

## I – CONHECENDO OS PERSONAGENS

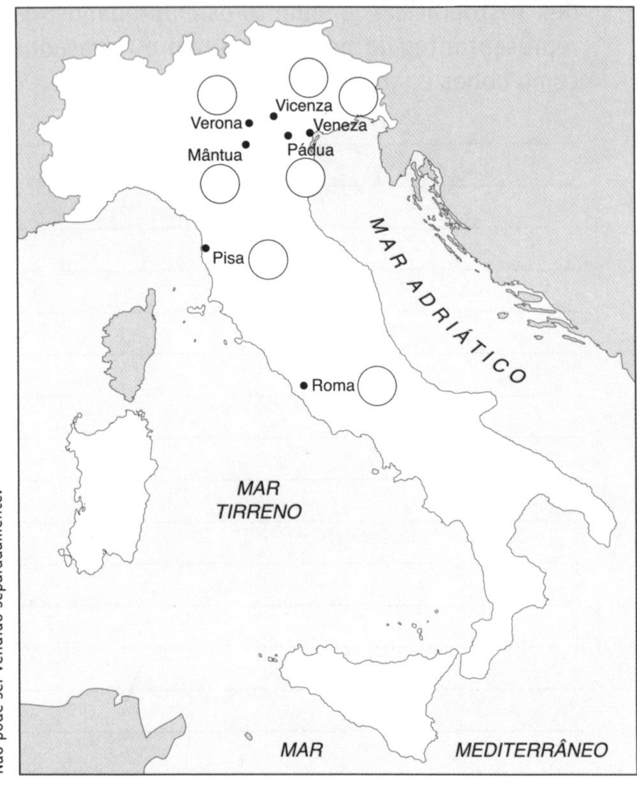




**1.** No mapa aparecem as localidades citadas na obra. Escreva nos pequenos círculos o número que corresponde aos núcleos de personagens que vivem nessas cidades.

( 1 ) Batista Minola e suas filhas
( 2 ) Vicêncio Bentivoli, seu filho e Trânio
( 3 ) Petrúquio, seus criados e a viuvinha Valéria
( 4 ) Graciano

**2.** O palco dos acontecimentos é Pádua, na Itália, mas, como se percebe, muitos personagens provêm de outras cidades. Formule uma hipótese sobre o fato de o autor buscar em Pisa, Verona e Mântua os demais participantes de sua história.

______________________________________________

______________________________________________

______________________________________________

______________________________________________

______________________________________________

______________________________________________